आर. गुप्ता® कृत

रेलवे अभिरुचि परीक्षण

(Railway Aptitude Test)

असिस्टेंट स्टेशन मास्टर, ट्रैफिक असिस्टेंट, असिस्टेंट लोको-पायलट, डीजल/इलेक्ट्रिकल असिस्टेंट पायलट, मोटरमैन, स्टेशन कंट्रोलर तथा ट्रेन ऑपरेटर के लिए उपयोगी

RPH संपादक मंडल
द्वारा संपादित

रमेश पब्लिशिंग हाउस, नई दिल्ली

प्रकाशकः ओ॰पी॰ गुप्ता, **रमेश पब्लिशिंग हाउस**

प्रशासनिक कार्यालय

12-H, न्यू दरियागंज रोड, ऑफिसर्स मेस के सामने,
नई दिल्ली-110002 ✆ 23261567, 23275224, 23275124
E-mail: info@rameshpublishinghouse.com
Website: www.rameshpublishinghouse.com

विक्रय केन्द्र

- बालाजी मार्किट, नई सड़क, दिल्ली-6 ✆ 23253720, 23282525
- 4457, नई सड़क, दिल्ली-6, ✆ 23918938

5th Edition: 1704

Book Code: R-1533

ISBN: 978-93-5012-306-5

मूल्यः ₹ 95

मुद्रकः दीपक ऑफसैट, दिल्ली

अनुक्रमणिका

रेलवे अभिरुचि परीक्षण

1

एक परिचय
(An Introduction)

रेलवे भर्ती बोर्ड द्वारा सहायक स्टेशन मास्टर (ASM), यातायात सहायक (Traffic Assistant) एवं सहायक लोको पायलट या डीजल/इलेक्ट्रिकल असिस्टेंट पायलट आदि पदों पर नियुक्ति के लिए लिखित परीक्षा के बाद अभिरुचि परीक्षण (Aptitude Test) का आयोजन किया जाता है। अभिरुचि परीक्षण का आयोजन उन अभ्यर्थियों के लिए किया जाता है जो लिखित परीक्षा में सफल होते हैं।

अभिरुचि परीक्षण के माध्यम से अभ्यर्थियों की मानसिक योग्यता एवं उनके व्यक्तित्व का परीक्षण किया जाता है। विभिन्न पदों के लिए आयोजित होने वाले अभिरुचि परीक्षणों से परीक्षण घटक में थोड़ी-बहुत विभिन्नताएं होती हैं।

Assistant Station Master/Traffic Assistant/Assistant Loco-Pilot/Diesel/Electrical Assistant Pilot आदि पदों के लिए आयोजित अभिरुचि परीक्षण के विभिन्न घटकों को विस्तारपूर्वक विभिन्न अध्यायों में उदाहरण सहित समझाया गया है ताकि परीक्षार्थी कम-से-कम समय में अधिकतम प्रश्नों को हल कर सकें।

अभिरुचि परीक्षण
(Aptitude Test)

सहायक स्टेशन मास्टर	सहायक लोको पायलट या डीजल/विद्युत् सहायक पायलट
1. समान आकृति परीक्षण	1. ईंट परीक्षण
2. असमान आकृति परीक्षण	2. हाँ या नहीं परीक्षण
3. संक्षिप्त रास्ता खोज परीक्षण	3 समानता परीक्षण
4. अभिरुचि परीक्षण	4. तालिका परीक्षण
5. आकृति, आकार एवं रंग पर आधारित परीक्षण	5. स्मृति परीक्षण
6. अंकों पर आधारित परीक्षण	6. अंकों पर आधारित परीक्षण

नोट: प्रत्येक परीक्षण के लिए भिन्न-भिन्न समय सीमा होती है जिसकी सूचना अभ्यर्थियों को परीक्षण सत्र के दौरान दे दी जाती है। अभ्यर्थियों को निर्धारित समय के अन्दर ही विभिन्न प्रश्नों को हल करना होता है।

2

असमान आकृति परीक्षण
(Odd/Dissimilar Figure Test)

इस प्रकार के परीक्षण के अन्तर्गत प्रत्येक प्रश्न में पाँच चित्र या आकृतियाँ दिये गये होते हैं, जिनमें से चार आकृतियाँ किसी-न-किसी प्रकार से एक समान रहती हैं और एक आकृति इन चारों से भिन्न होती है। वही भिन्न आकृति आपका उत्तर होगा।

उदाहरण-1

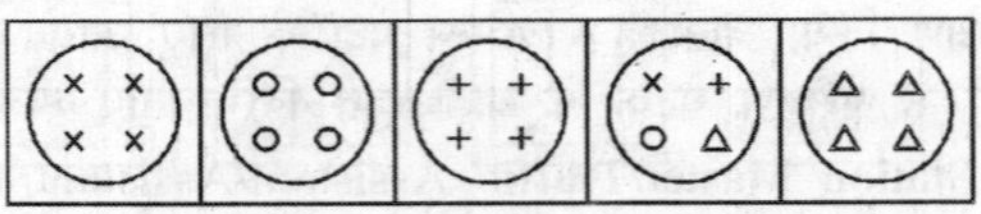

A B C D E

उत्तर: अन्य सभी आकृतियों में दिये गये चारों चित्र एक समान हैं, परन्तु विकल्प D के वृत्त में चारों चित्र एक-दूसरे से भिन्न हैं। अतः विकल्प D उत्तर होगा।

उदाहरण-2

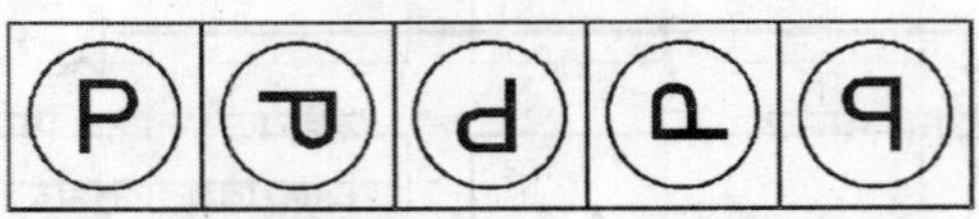

A B C D E

उत्तर: अन्य सभी आकृतियों में गोले के अन्दर (P) अक्षर दक्षिणावर्त्त (clock wise) 90° के आधार पर घूम रहा है परन्तु विकल्प E में गोले के अन्दर P को पलटकर दर्शाया गया है। अतः उत्तर E होगा।

अभ्यास-1

निर्देश (प्रश्न संख्या 1 से 25) : *निम्नलिखित प्रत्येक प्रश्न में दी गयी पांच आकृतियों में से चार किसी-न-किसी प्रकार से एक समान हैं और इस प्रकार अपना एक समूह बनाती*

हैं, जबकि कोई एक आकृति अन्य सभी से भिन्न है। परीक्षार्थी को ज्ञात करना है कि प्रत्येक प्रश्न में पांच में से कौन-सी एक आकृति भिन्न है।

1. 

A B C D E

2. 
A B C D E

3. 
A B C D E

4. 
A B C D E

5. 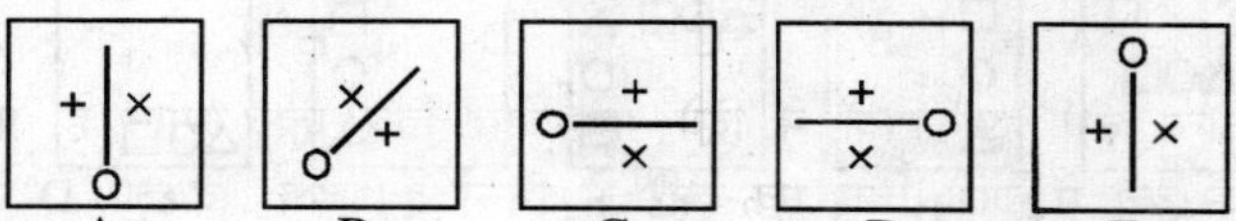
A B C D E

6. 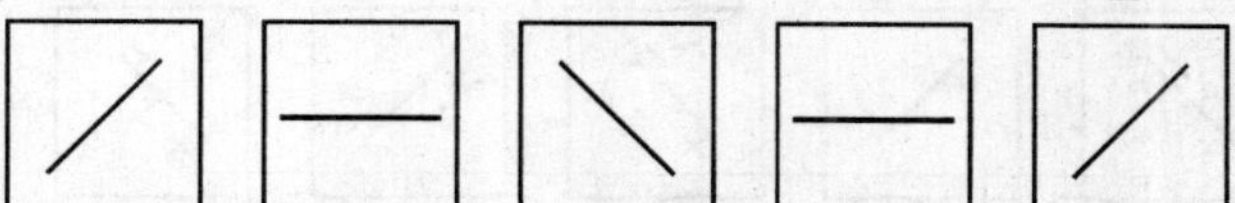
A B C D E

7. 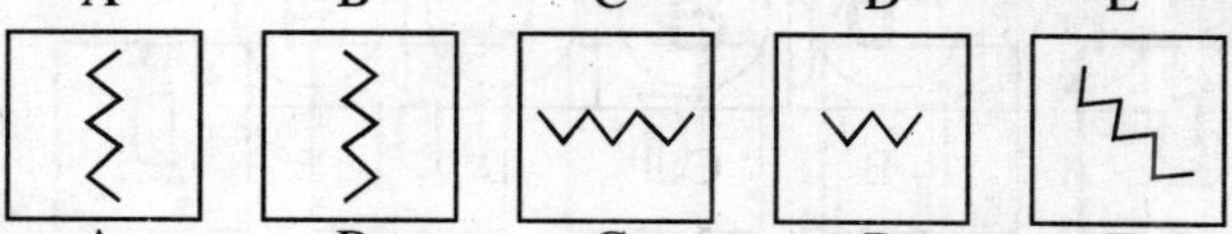
A B C D E

8. 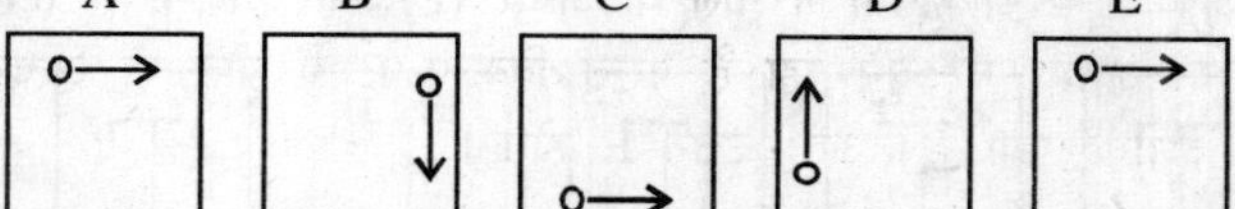
A B C D E

9. 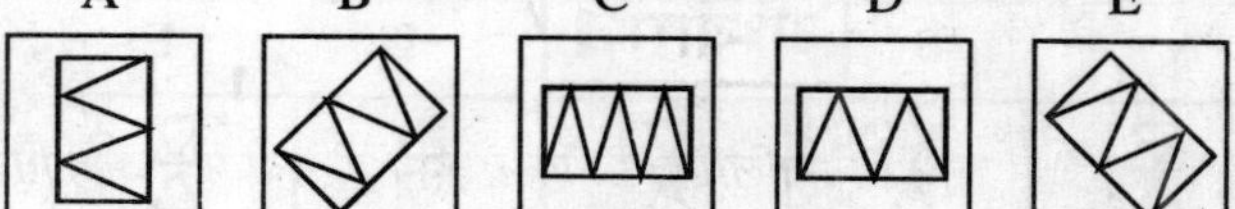
A B C D E

10. 

A B C D E

11. 

A B C D E

12. 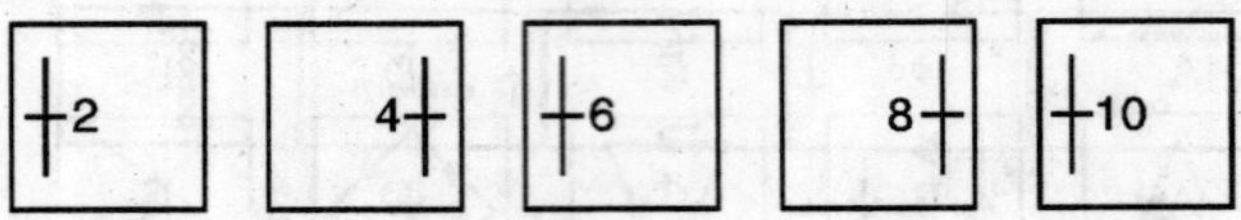

A B C D E

13. 

A B C D E

14. 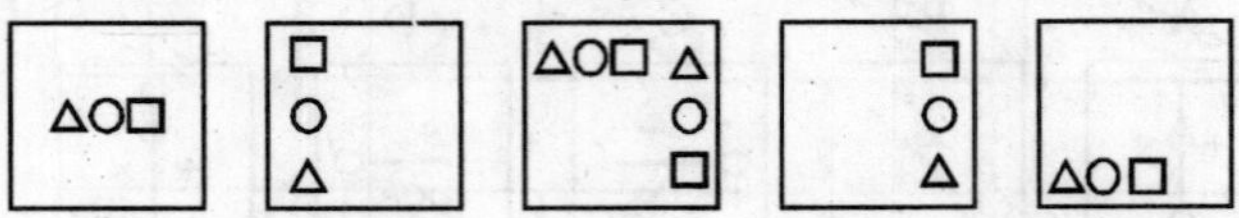

A B C D E

15. 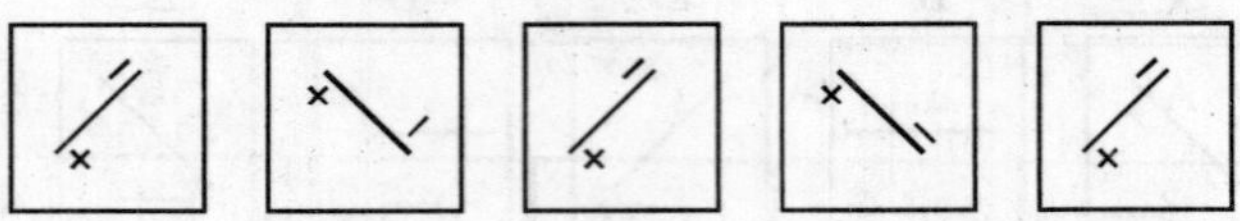

A B C D E

16. 

A B C D E

17. 

A B C D E

18. 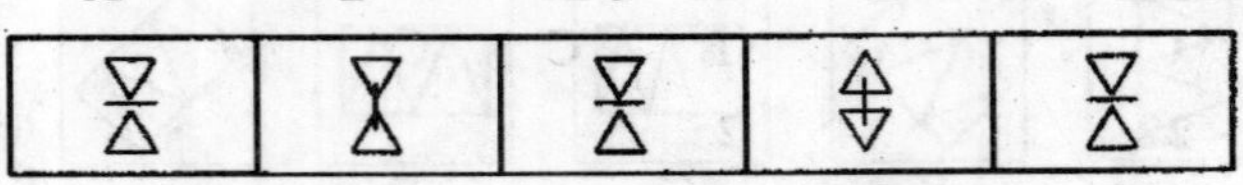

A B C D E

19. 

A B C D E

20.

11	31	41	51	61
A	B	C	D	E

21. 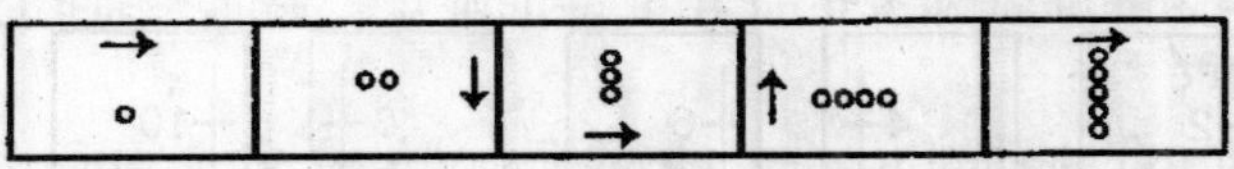

A B C D E

22. 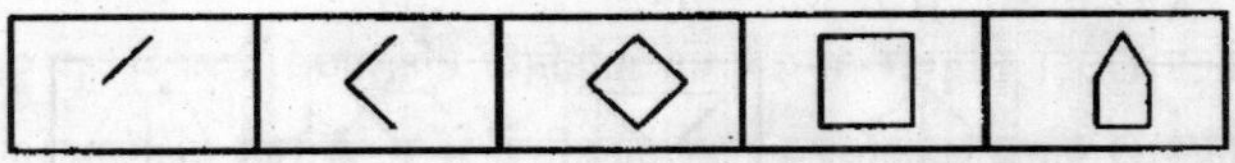

A B C D E

23. 

A B C D E

24. 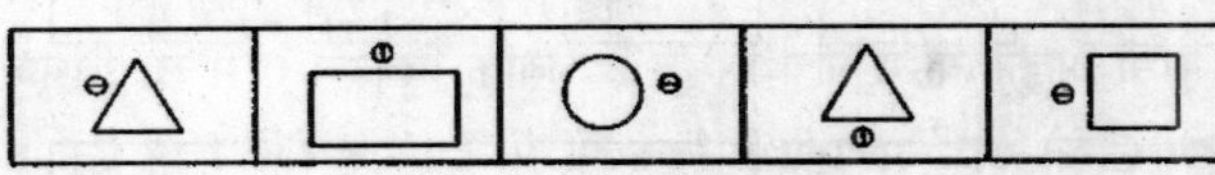

A B C D E

25. 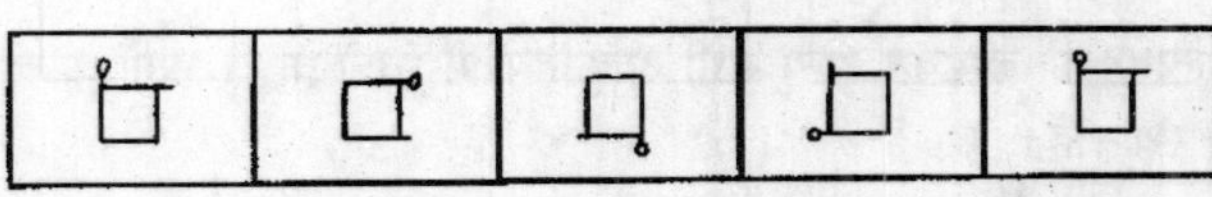

A B C D E

उत्तरमाला

1	2	3	4	5	6	7	8	9	10
E	D	E	C	D	D	D	C	C	C
11	**12**	**13**	**14**	**15**	**16**	**17**	**18**	**19**	**20**
C	C	C	C	B	C	C	D	C	A
21	**22**	**23**	**24**	**25**					
C	C	D	E	B					

व्याख्यात्मक उत्तर

1. अन्य सभी आकृतियों में मुख्य आकृति की भुजाओं की संख्या तथा आकृति के अंदर के अक्षरों की संख्या बराबर है लेकिन विकल्प E में ऐसा नहीं है।
2. अन्य सभी विकल्पों में अक्षरों का क्रम SNTP है जबकि विकल्प D में यह SNPT है।
3. अन्य सभी आकृतियां घड़ी की सूइयों की दिशा में है जबकि विकल्प E इसके विपरीत है।
4. अन्य सभी आकृतियों में अन्तिम तीर की दिशा नीचे की ओर है जबकि विकल्प C में इसकी दिशा ऊपर की तरफ है।
5. विकल्प D को छोड़कर अन्य सभी आकृतियां दक्षिणावर्त दिशा में घूम रही है।
6. विकल्प D को छोड़कर अन्य सभी आकृतियों में सीधी रेखा दक्षिणावर्त दिशा में घूमती है।
7. प्रत्येक आकृति में छः रेखाओं की एक शृंखला है जबकि आकृति 'D' में केवल पांच रेखाएं हैं।
8. विकल्प C को छोड़कर अन्य सभी आकृतियां दक्षिणावर्त दिशा में घूम रही हैं।
9. अन्य सभी आकृतियों में पांच त्रिभुज हैं जबकि विकल्प C में छः त्रिभुज हैं।
10. विकल्प C को छोड़ अन्य सभी विकल्पों में दिए गए दोनों चित्र एक-दूसरे के समरूप तथा विपरीत दिशा में है।
11. विकल्प C को छोड़कर अन्य सभी आकृतियों में चित्रों के दो भागों के बीच एक रिक्त स्थान है।
12. अन्य सभी आकृतियों में अंक अंग्रेजी में लिखे गए हैं। जबकि विकल्प C में दिया गया अंक हिन्दी में लिखा गया है।
13. अन्य सभी आकृतियों में विकर्ण एक-दूसरे को लम्बवत् प्रतिच्छेद करते हैं जबकि विकल्प C में ऐसा नहीं होता है।
14. अन्य सभी आकृतियों में त्रिभुज, वृत्त और वर्ग एक-एक हैं जबकि विकल्प C में ये दो-दो हैं।
15. अन्य सभी आकृतियों में एक सीधी रेखा के दोनों ओर एक धनात्मक (+) और एक ऋणात्मक (–) चिह्न है और ऋणात्मक चिह्न सीधी रेखा के समानान्तर है। जबकि विकल्प B में ऋणात्मक चिह्न ऊर्ध्वाधर है।
16. विकल्प C में अक्षर 'D' उल्टा है।

17. अन्य सभी आकृतियों में 'T' के निचले भाग में एक रेखिका है लेकिन विकल्प C में T के निचले भाग में एक रेखिका नहीं है।

18. विकल्प D में दोनों त्रिभुजों की आधार रेखाएं एक ही ओर हैं जबकि अन्य सभी आकृतियों में त्रिभुजों की आधार रेखाएं अलग-अलग हैं।

19. अन्य सभी आकृतियों में उत्तल वक्र हैं जबकि विकल्प C में वक्र अवतल है।

20. दो लगातार आकृतियों के बीच संख्याओं का अंतर 10 है जबकि पहली और दूसरी आकृति B की संख्याओं में 20 का अंतर है।

21. अन्य सभी आकृतियों में तीर दक्षिणावर्त दिशा में घूमता है किंतु विकल्प C में इस नियम का पालन नहीं होता है।

22. अन्य विकल्पों में पार्श्वों की संख्या में क्रमश: एक की वृद्धि होती जाती है किंतु विकल्प C में पार्श्वों की संख्या में पूर्ववर्ती विकल्प की तुलना में 2 की वृद्धि होती है।

23. अन्य सभी आकृतियों में मूली की रचना अवतल है किंतु विकल्प D में यह उत्तल है।

24. विकल्प E में वर्ग के स्थान पर आयत होना चाहिए।

25. आयत का वर्धित पार्श्व दक्षिणावर्त दिशा में घूमता है किंतु विकल्प B में इस नियम का पालन नहीं हो रहा है।

अभ्यास-2

निर्देश (प्रश्न संख्या 1 से 25) : *निम्नलिखित प्रत्येक प्रश्न में दी गयी पांच आकृतियों में से चार किसी-न-किसी प्रकार से एक समान हैं और इस प्रकार अपना एक समूह बनाती हैं, जबकि कोई एक आकृति अन्य सभी से भिन्न है। परीक्षार्थी को ज्ञात करना है कि प्रत्येक प्रश्न में पांच में से कौन-सी एक आकृति भिन्न है।*

1.

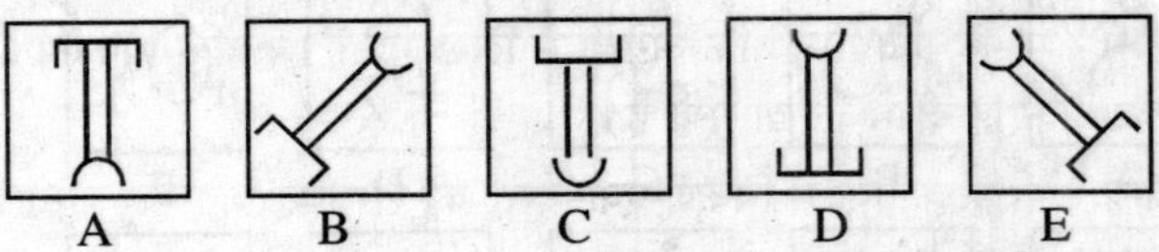

2.

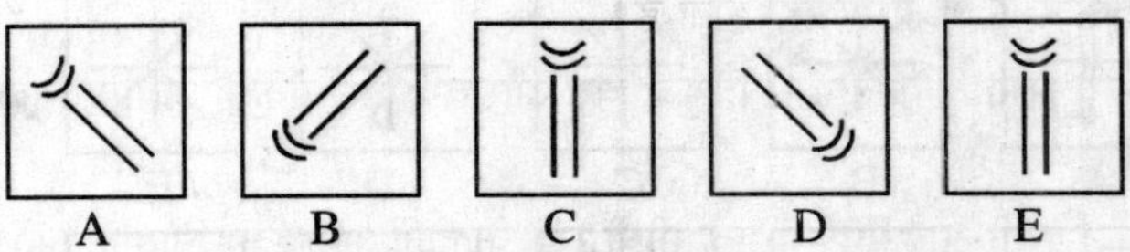

3.

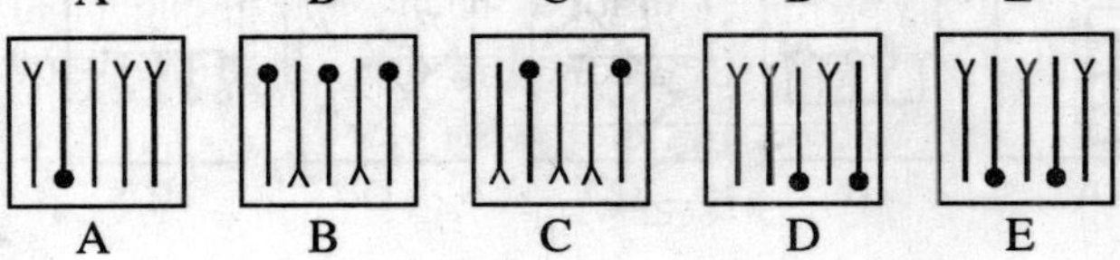

4.

A B C D E

5.

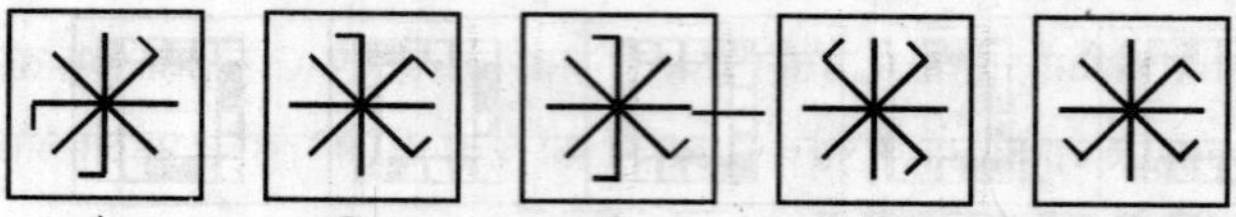

A B C D E

6.

A B C D E

7.

A B C D E

8.

A B C D E

9.

A B C D E

10.

A B C D E

11.

A B C D E

12.

A B C D E

13. 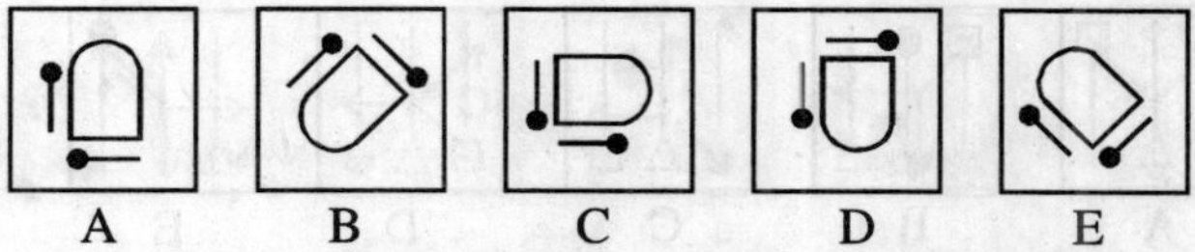

14. 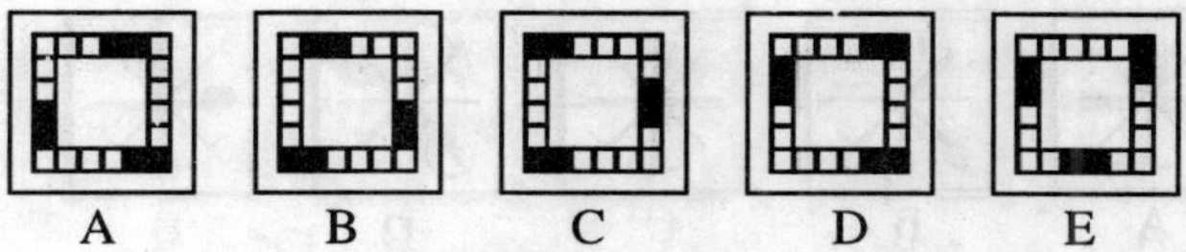

15. 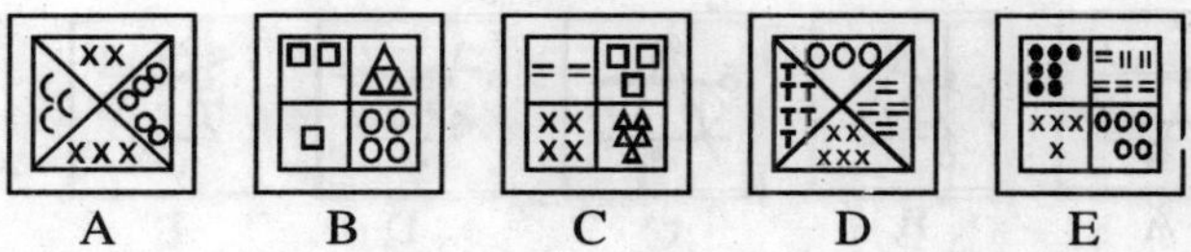

16. 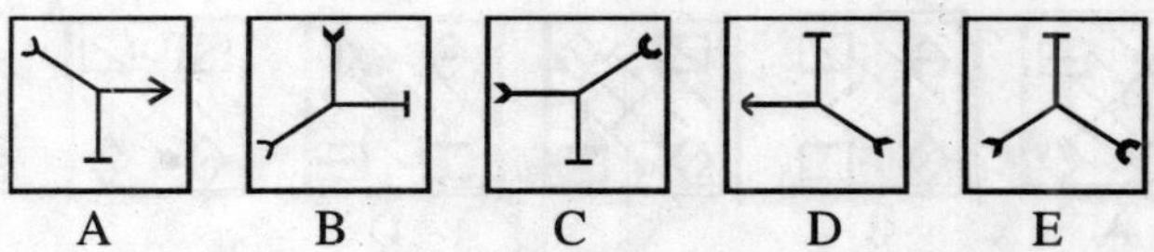

17. 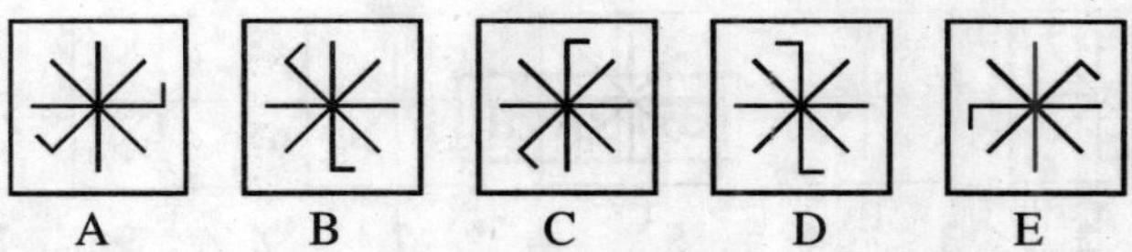

18. 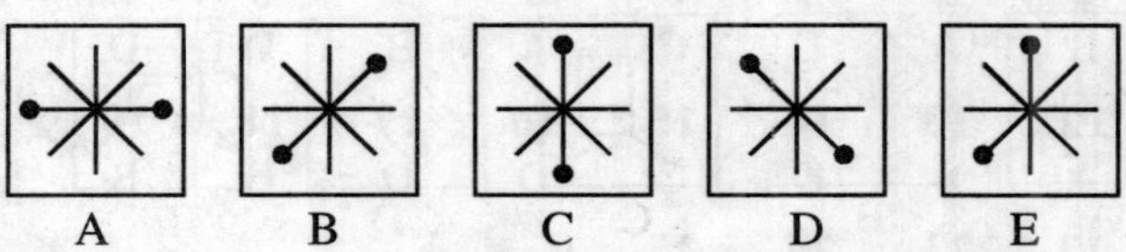

19. 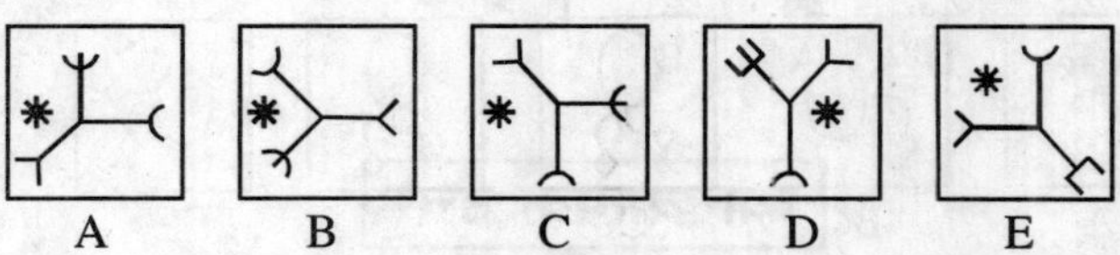

20. 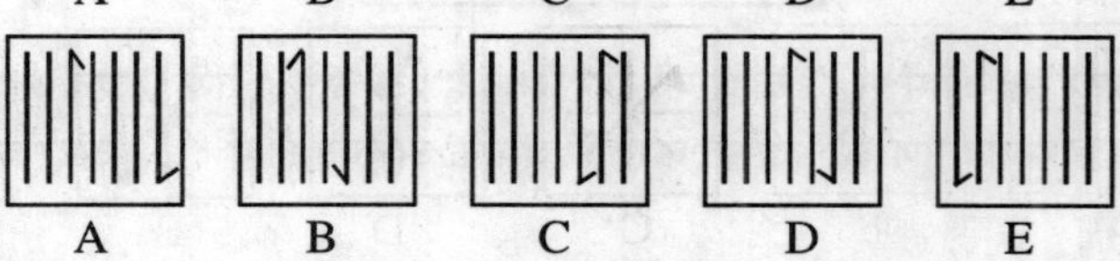

21. 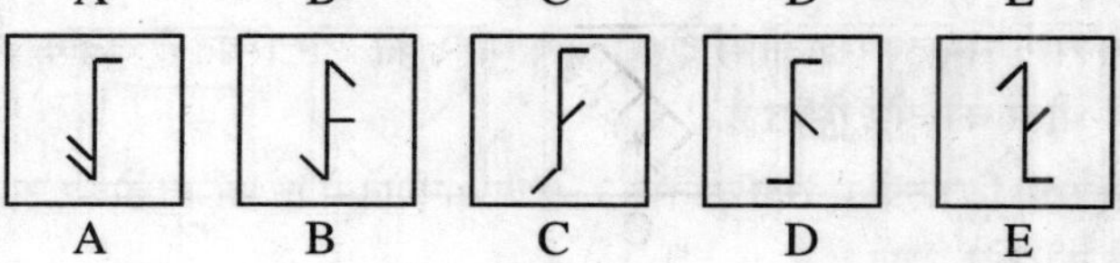

22. 

A B C D E

23. 

A B C D E

24. 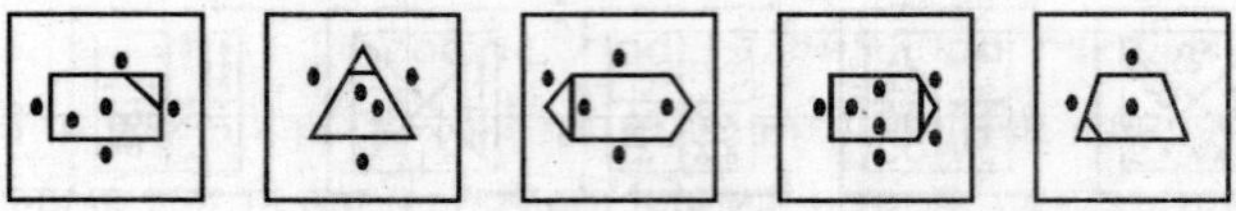

A B C D E

25. 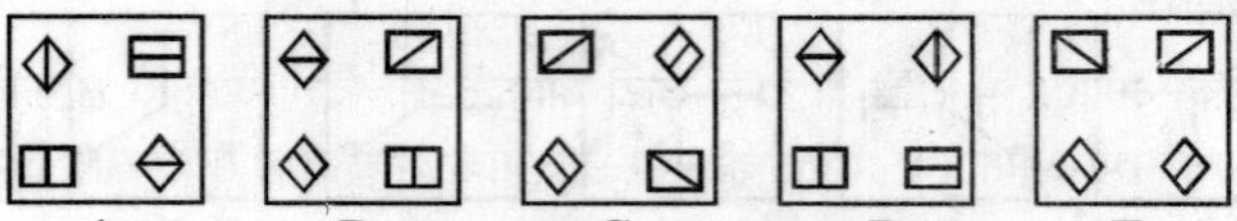

A B C D E

उत्तरमाला

1	2	3	4	5	6	7	8	9	10
C	B	A	E	C	A	B	D	D	B
11	**12**	**13**	**14**	**15**	**16**	**17**	**18**	**19**	**20**
E	A	B	D	C	D	D	E	B	D
21	**22**	**23**	**24**	**25**					
A	E	D	A	B					

व्याख्यात्मक उत्तर

1. समांतर रेखाओं में '∪' बाहर की ओर स्थित है। आकृति A तथा D एवं आकृति B तथा E समान गुण को प्रदर्शित करते हैं जबकि आकृति C में '∪' अंदर की ओर है।

2. अन्य सभी समांतर रेखाओं में दोहरी चाप बाहर की ओर स्थित है जबकि विकल्प B में भीतर की ओर स्थित है।

3. अन्य सभी विकल्पों में रेखा कृतियां 3 : 2 के अनुपात में विभाजित होकर ऊपर तथा नीचे की ओर स्थित हैं।

4. अन्य सभी आकृतियों में त्रिभुज की संख्या एक है।

5. विकल्प C में एक सीधी रेखा से जुड़ी दो छोटी रेखाएं एक ही ओर मुड़ी हुई हैं, जबकि अन्य किसी में भी ऐसा नहीं है।

6. आकृति A को छोड़कर अन्य किसी भी आकृति को घुमाने पर दूसरी आकृति प्राप्त की जा सकती है।

7. अन्य सभी आकृतियों में दोनों तीर का चिह्न एक–दूसरे के विपरीत दिशा में है।

8. अन्य सभी आकृतियों में से किसी भी एक आकृति को घुमाने पर अन्य कोई भी आकृति प्राप्त की जा सकती है।

9. अन्य सभी आकृतियों में वृत्त और बराबर का चिन्ह विपरीत भुजा या विकर्ण के विपरीत छोर पर अवस्थित है जबकि विकल्प D में एक ही भुजा के दोनों छोर पर अवस्थित है।

10. मुख्य आकृति से जुड़ी दो अन्य छोटी आकृति की दिशा आकृति B को छोड़कर अन्य सभी आकृतियों में एक ही ओर है जबकि आकृति B में विपरीत दिशा में हैं।

11. शेष सभी आकृतियों में मुख्य आकृति को वामावर्त या दक्षिणावर्त दिशा के अनुदिश घुमाकर प्राप्त किया जा सकता है।

12. अन्य सभी आकृतियों में मुख्य आकृति को एक निश्चित स्थिति में घुमाने पर आकृति '⋎', आकृति '⋊' के सदैव बाएं दिखती है।

13. अन्य सभी आकृतियों में आकृति '▽' के वक्रीय भाग की तरफ आकृति '⫯' की बिंदु अवश्य है।

14. अन्य सभी आकृतियों में मुख्य आकृति के अंदर के काले भागों के बीच क्रमशः पांच, पांच एवं चार सफेद भाग वाली आकृतियां हैं।

15. अन्य सभी आकृतियों में मुख्य आकृति के अंदर की आकृतियां वामावर्त या दक्षिणावर्त दिशा के अनुदिश संख्या के बढ़ते क्रम में व्यवस्थित हैं।

16. केवल विकल्प D में '∩' की दिशा बाहर की तरफ है।

17. अन्य सभी में सभी मुड़ा हुआ भाग विपरीत दिशाओं में दो भिन्न सरल रेखाओं पर स्थित हैं, जबकि विकल्प D में एक ही रेखा पर स्थित है।

18. अन्य सभी आकृति में दो गोलों से संबंधित रेखा शेष सभी रेखाओं को दो बराबर–बराबर भागों में विभाजित करती है।

19. अन्य सभी में उल्टे तीर के पास तारा स्थित है।

20. अन्य सभी आकृतियों में मुड़ी हुई रेखाएं सदैव एक दिशा में स्थित हैं।

21. अन्य सभी आकृतियों में एक ही ओर की दो रेखाएं समांतर नहीं है।

22. विकल्प D में आकृति दो बड़े कोणों के बीच स्थित है जबकि अन्य सभी में दो छोटे कोणों के बीच स्थित है।

23. अन्य सभी आकृतियों में काला तथा सफेद अर्द्धवृत्त एक-दूसरे के विपरीत स्थित है।

24. शेष सभी आकृतियों में मुख्य डिजाइन के बाहर के बिंदुओं की संख्या अंदर से एक अधिक है।

25. अन्य सभी आकृतियों में चारों डिजाइनों में से दो-दो डिजाइनों के अंदर एक समान रेखाएं व्यवस्थित हैं।

अभ्यास-3

निर्देश (प्रश्न संख्या 1 से 25) : *निम्नलिखित प्रत्येक प्रश्न में दी गयी पांच आकृतियों में से चार किसी-न-किसी प्रकार से एक समान हैं और इस प्रकार अपना एक समूह बनाती हैं, जबकि कोई एक आकृति अन्य सभी से भिन्न है। परीक्षार्थी को ज्ञात करना है कि प्रत्येक प्रश्न में पांच में से कौन-सी एक आकृति भिन्न है।*

1. 

A B C D E

2. 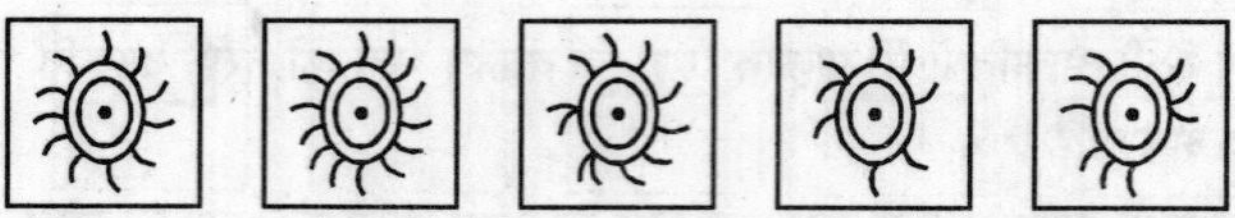

A B C D E

3. 

A B C D E

4. 

A B C D E

5. 

A B C D E

6. 

A B C D E

7. 

A B C D E

8. 

A B C D E

9. 

A B C D E

10. 

A B C D E

11. 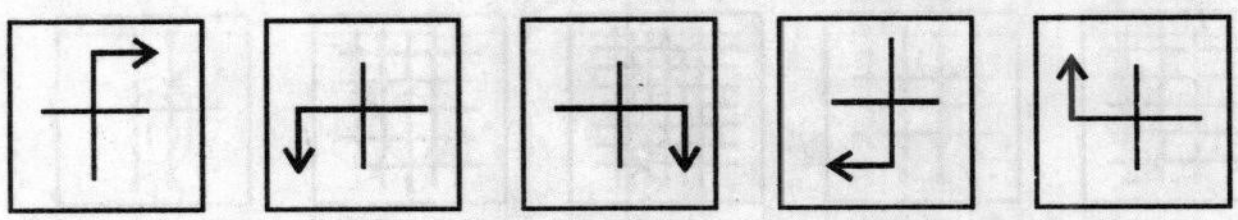

A B C D E

12. 

A B C D E

13. 

A B C D E

14. 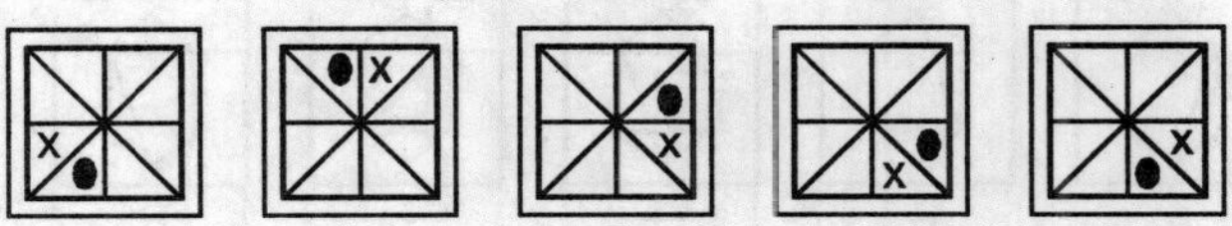

A B C D E

15. 

A B C D E

16. 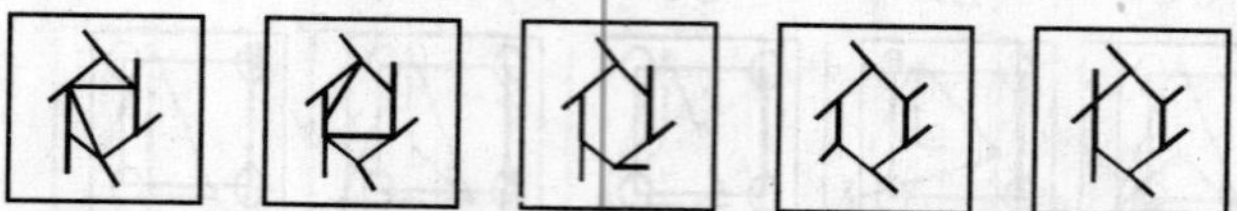

A B C D E

17. 

A B C D E

18. 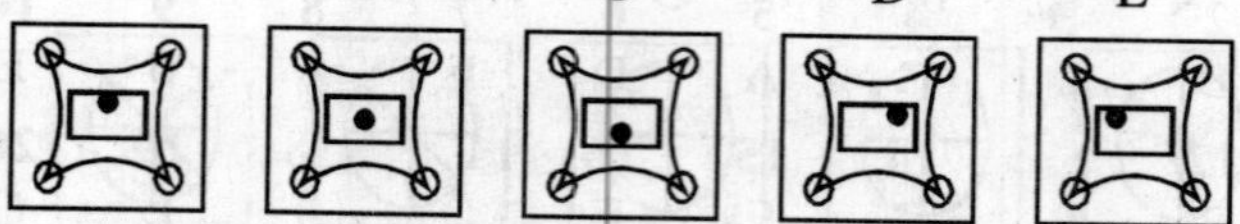

A B C D E

19. 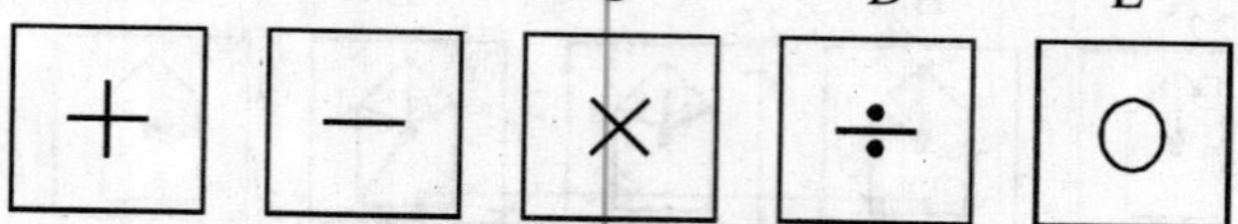

A B C D E

20. 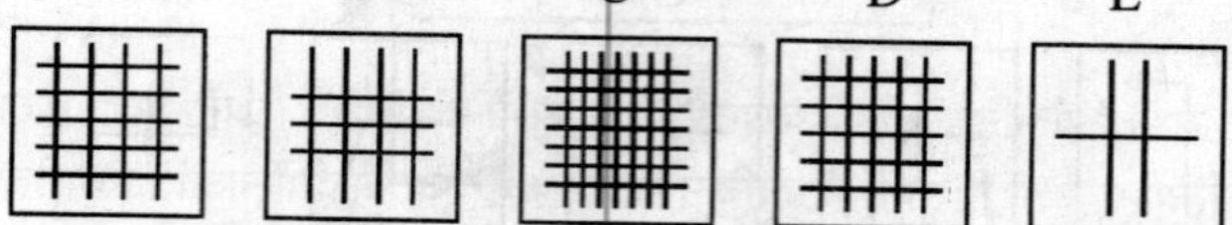

A B C D E

21. 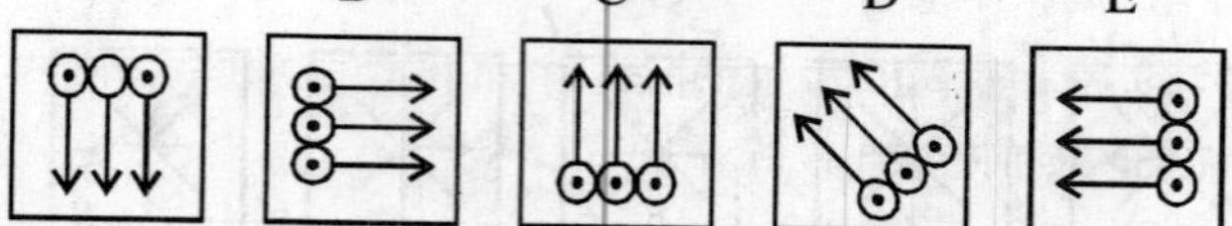

A B C D E

22. 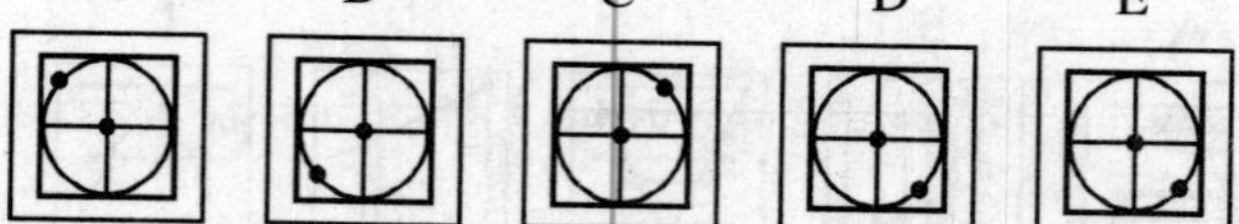

A B C D E

23. 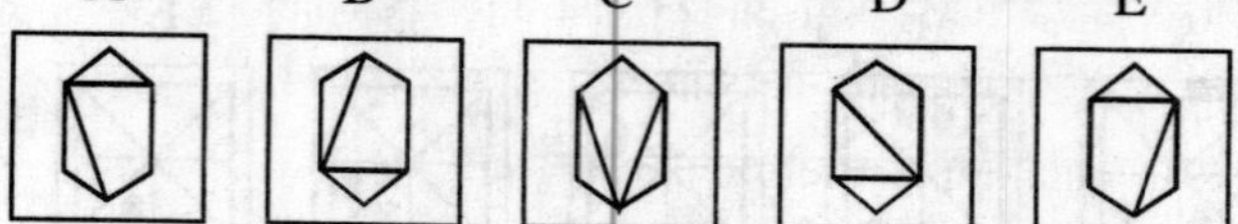

A B C D E

24. 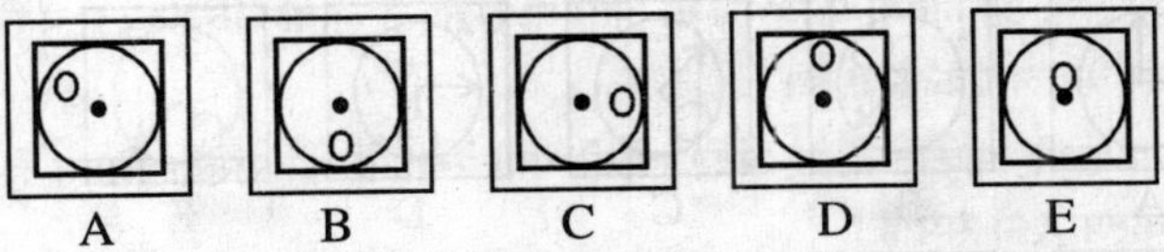

25. 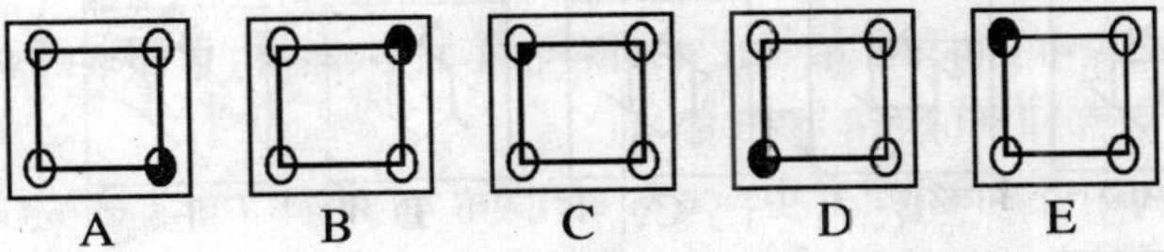

उत्तरमाला

1	2	3	4	5	6	7	8	9	10
A	D	D	C	A	D	E	A	B	E
11	**12**	**13**	**14**	**15**	**16**	**17**	**18**	**19**	**20**
B	B	B	E	E	E	D	B	E	C
21	**22**	**23**	**24**	**25**					
A	D	D	E	C					

व्याख्यात्मक उत्तर

1. अन्य सभी आकृतियों में डिजाइन M के सभी सिरों पर स्थित अर्द्ध गोला की आकृतियां एक ही दिशा में है, लेकिन विकल्प A एक अर्द्धगोलाकृति विपरीत दिशा में है।

2. अन्य सभी आकृतियों में वक्र रेखाओं की संख्या विषम है, लेकिन विकल्प D में रेखाओं की संख्या सम है।

3. अन्य सभी आकृतियों में एक तीर विपरीत दिशा में है लेकिन विकल्प D में सभी तीर एक ही दिशा में हैं।

4. अन्य सभी आकृतियों में बड़ी आकृति पंचभुज है लेकिन विकल्प C में बड़ी आकृति चतुर्भुजाकार है।

5. अन्य सभी आकृतियों में बड़ी आकृति नीचे और छोटी आकृति ऊपर है, लेकिन विकल्प A में छोटी आकृति नीचे और बड़ी आकृति ऊपर है।

6. अन्य सभी आकृतियों में छोटी आकृति नीचे और बड़ी आकृति ऊपर है लेकिन विकल्प D में बड़ी आकृति नीचे और छोटी आकृति ऊपर है।

7. अन्य सभी आकृतियों में त्रिभुज के अंदर दो रेखाएं हैं लेकिन विकल्प E में त्रिभुज के अंदर केवल एक रेखा है।
8. अन्य सभी आकृतियों के अंदर खींची गयी रेखाओं की संख्या विषम है लेकिन विकल्प A में सम है।
9. अन्य सभी आकृतियों के अंदर बनी त्रिज्याओं की संख्या सम है लेकिन विकल्प B में त्रिज्याओं की संख्या विषम है।
10. अन्य सभी आकृतियों में पंचभुज के अंदर एक या अधिक रेखा है लेकिन विकल्प E में स्थित आकृति में कोई रेखा नहीं है।
11. अन्य सभी आकृतियों में तीर दक्षिणावर्त दिशा में हैं, लेकिन विकल्प B में यह वामावर्त दिशा में है।
12. अन्य सभी आकृतियों में तीर के अतिरिक्त छः रेखाएं हैं जबकि विकल्प B में तीर के अतिरिक्त सात रेखाएं हैं।
13. अन्य सभी आकृतियों में त्रिभुज को छोड़कर सरल रेखाओं की संख्या सम है, जबकि विकल्प B में रेखाओं की संख्या विषम है।
14. अन्य सभी आकृतियां वामावर्त या दक्षिणावर्त दिशा में घुमाकर प्राप्त की जा सकती हैं, लेकिन 'O' और 'X' का स्थान आपस में बदल जाने के कारण विकल्प E अन्य सभी से भिन्न है।
15. अन्य सभी आकृतियां दक्षिणावर्त दिशा या वामावर्त दिशा में घुमाकर प्राप्त की जा सकती हैं लेकिन वृत्त के अंदर की आकृति की दिशा बदल जाने के कारण विकल्प E अन्य सभी से भिन्न है।
16. अन्य सभी आकृतियों आकृतियों में बाहर की ओर छः रेखाएं निकली हुई हैं जबकि विकल्प E में बाहर की ओर सात रेखाएं निकली हुई हैं।
17. अन्य सभी आकृतियों में कालांकित भाग अंदर से तीसरे और बाहर से दूसरे वृत्त पर घूम रहा हैं, लेकिन विकल्प D में यह अंदर से तीसरे वृत्त के बाहर है।
18. अन्य सभी आकृतियों में कालांकित गोला चतुर्भुज के किनारे पर है लेकिन विकल्प B में कालांकित गोला चतुर्भुज के मध्य में है।
19. अन्य सभी गणना में प्रमुख होने वाले गणितीय चिह्न हैं जबकि विकल्प E ज्यामितीय आकृति है।
20. अन्य सभी आकृतियों में उदग्र और क्षैतिज रेखाओं की संख्या में एक का अंतर है लेकिन विकल्प C में रेखाओं की संख्या समान है।
21. अन्य सभी आकृतियों में तीर से लगे वृत्त के केंद्र में एक बिंदु है लेकिन आकृति A में तीर से लगे एक वृत्त में बिंदु नहीं है।

22. अन्य सभी आकृतियों में एक कालांकित बिंदु सिर्फ वृत्त को स्पर्श करता है लेकिन विकल्प D में यह वृत्त और चतुर्भुज दोनों को स्पर्श करता है।

23. अन्य सभी आकृतियों में षष्ठभुज के अंदर खींची गई रेखा एक कोण छोड़कर दूसरे कोण को स्पर्श करती है लेकिन विकल्प D में इसने दो कोण छोड़कर स्पर्श किया है।

24. अन्य सभी आकृतियों में छोटा वृत्त केंद्र से दूर होकर घूम रहा है, लेकिन विकल्प E में छोटा वृत्त केंद्र से सट गया है।

25. अन्य सभी आकृतियों में चतुर्भुज के चारों कोणों में लगे वृत्त में से एक वृत्त का बाहर का भाग कालांकित होता है जबकि विकल्प C में अंदर का भाग कालांकित है।

अभ्यास-4

निर्देश (प्रश्न संख्या 1 से 25) : *निम्नलिखित प्रत्येक प्रश्न में दी गयी पांच आकृतियों में से चार किसी-न-किसी प्रकार से एक समान हैं और इस प्रकार अपना एक समूह बनाती हैं, जबकि कोई एक आकृति अन्य सभी से भिन्न है। परीक्षार्थी को ज्ञात करना है कि प्रत्येक प्रश्न में पांच में से कौन-सी एक आकृति भिन्न है।*

1. 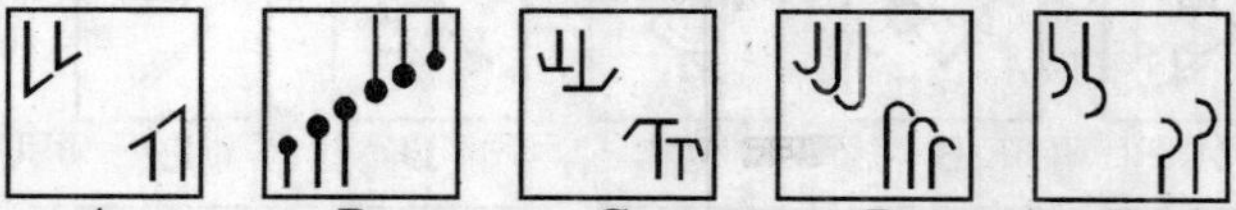

A B C D E

2. 

A B C D E

3. 

A B C D E

4. 

A B C D E

5. 

A B C D E

6. 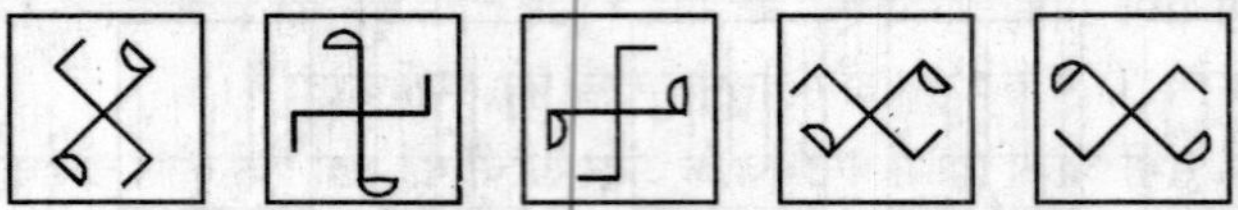

A B C D E

7. 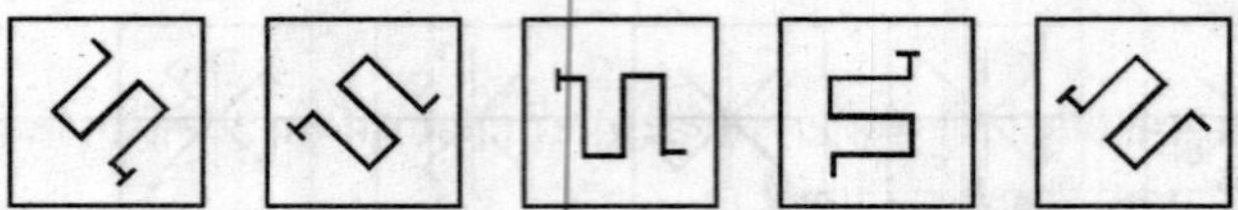

A B C D E

8. 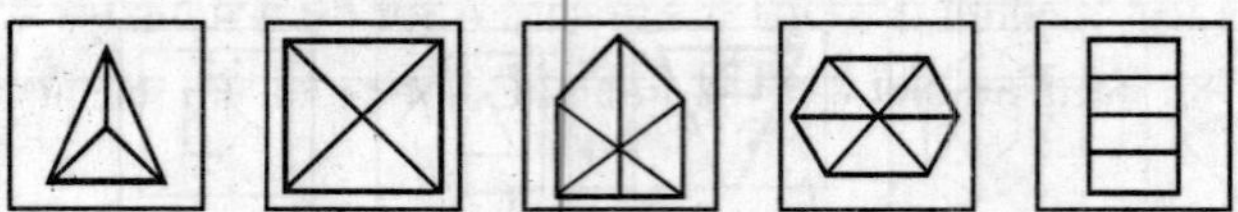

A B C D E

9.

A	B	C	D	E
A D J G	C F L I	O N L M	S V Z X	K M Q O

10. 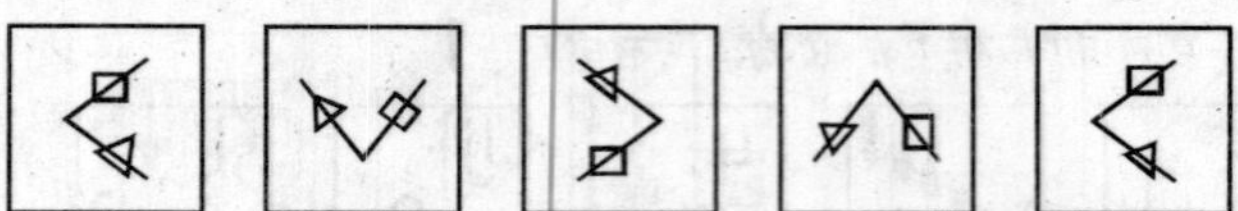

A B C D E

11. 

A B C D E

12. 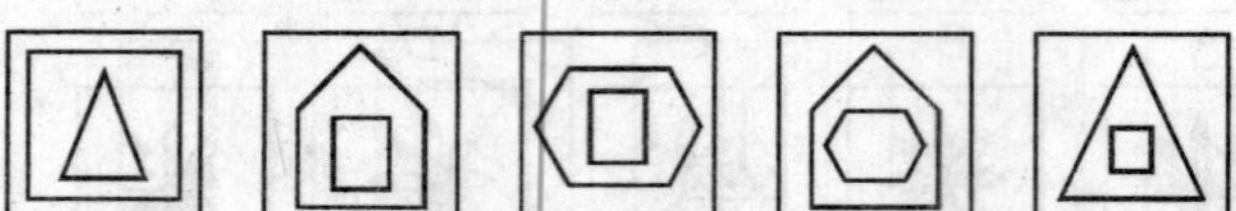

A B C D E

13. 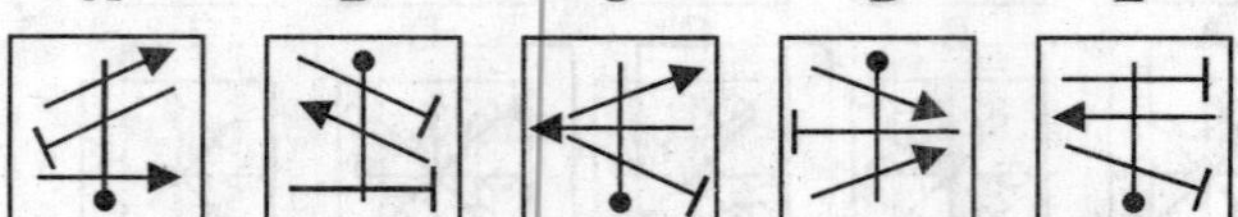

A B C D E

14. 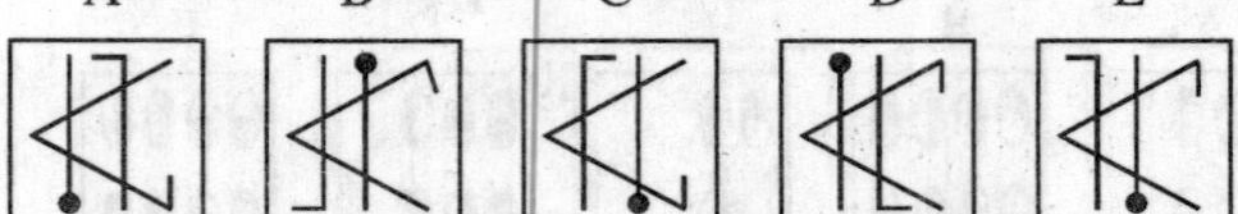

A B C D E

15. 

A B C D E

16. 

A B C D E

17. 

A B C D E

18. 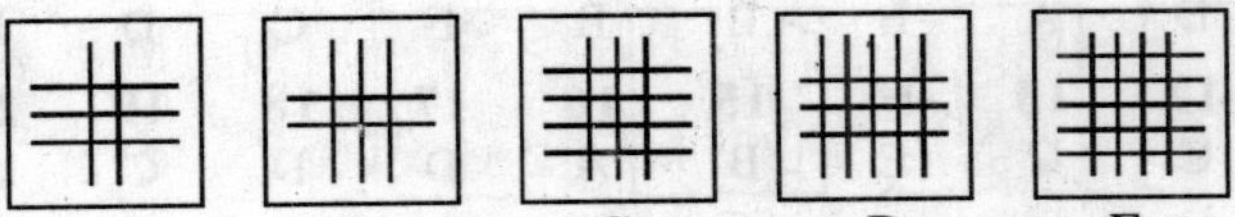

A B C D E

19. 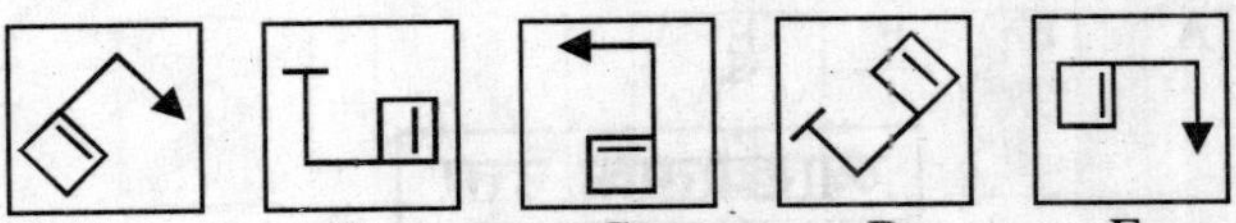

A B C D E

20. 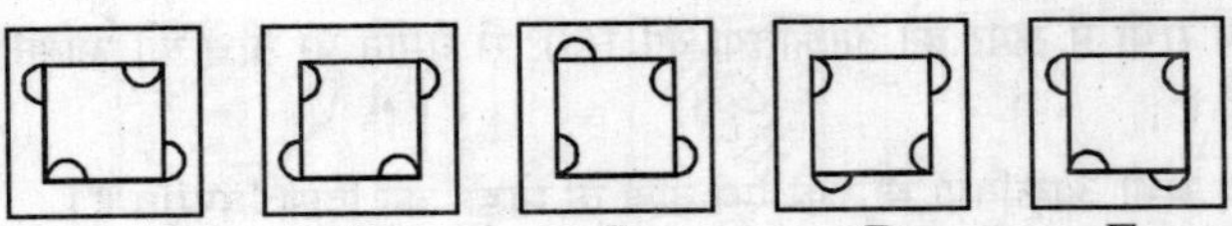

A B C D E

21. 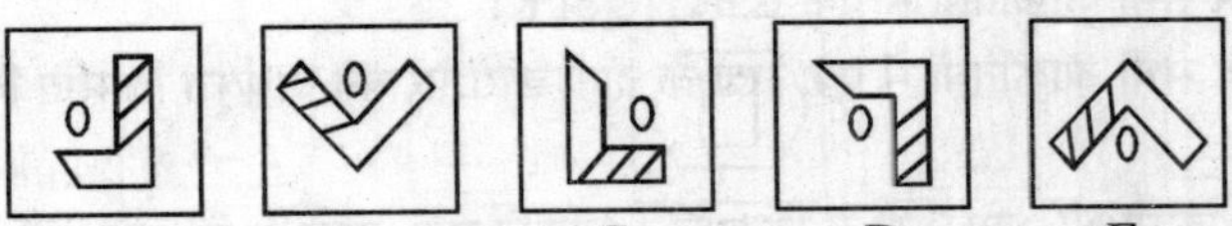

A B C D E

22. 

A B C D E

23. 

A B C D E

24. 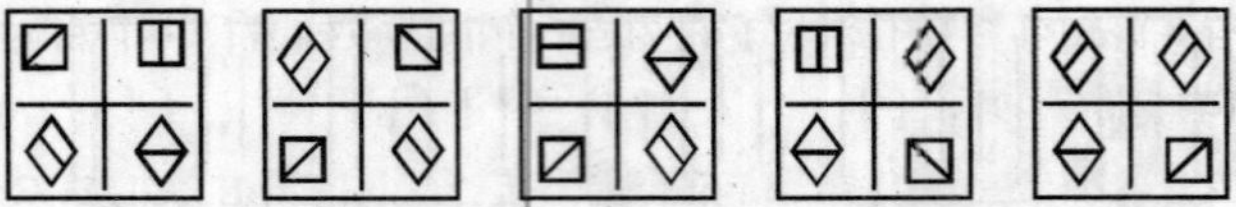

A B C D E

25. 

A B C D E

उत्तरमाला

1	2	3	4	5	6	7	8	9	10
E	D	A	B	B	B	E	C	D	B
11	**12**	**13**	**14**	**15**	**16**	**17**	**18**	**19**	**20**
C	C	C	E	B	A	D	D	C	A
21	**22**	**23**	**24**	**25**					
B	A	E	E	E					

व्याख्यात्मक उत्तर

1. अन्य सभी में ऊपर की आकृतियों को 180° से घुमाने पर नीचे की आकृति प्राप्त होती है।

2. अन्य सभी आकृतियों में ऊपर एवं नीचे के मोड़ों की दिशा विपरीत है।

3. अन्य सभी आकृतियों में एक सफेद पंखुड़ी है।

4. अन्य सभी आकृतियों में एक रेखा के दोनों छोरों पर बने अर्धवृत्त विपरीत दिशा में हैं।

5. शेष किसी भी आकृतियों में विकर्णवत् आकृति एक-दूसरे के विपरीत नहीं है।

6. अन्य सभी आकृतियों में जुड़ी हुई रेखा तथा अर्द्धचन्द्र एक-दूसरे के विपरीत ओर है। लेकिन आकृति B में दोनों एक ही दिशा की ओर हैं।

7. आकृति A, B, C, तथा D में किसी भी एक आकृति को घुमाकर शेष सभी आकृति प्राप्त की जा सकती है। लेकिन विकल्प E से ऐसा नहीं प्राप्त किया जा सकता है।

8. आकृति संख्या C को छोड़कर शेष आकृतियों में जितनी भुजाएं हैं वह उतनी ही भागों में बंटा है।

9. अन्य सभी आकृतियों के अक्षरों के बीच का अंतर Clockwise या Anticlockwise चलने पर वर्णमाला क्रम के अनुसार है।

10. अन्य आकृतियों को घुमाने के पश्चात् शेष आकृतियां प्राप्त की जा सकती हैं।

11. अन्य आकृतियों में मूल आकृति की संख्या समानांतर रेखा की युग्मों की संख्या के बराबर है।

12. अन्य आकृतियों में बाहर की आकृति और अंदर की आकृति में रेखा की संख्या का अंतर एक है। जो विकल्प C में नहीं है।

13. अन्य सभी आकृतियों में दो समान डिजाइनों के बीच एक दूसरी डिजाइन है।

14. अन्य सभी आकृतियों में रेखा जिसके शीर्ष पर एक कालांकित गोला है, उस तरफ है जिस तरफ मुख्य आकृति के खुले हुए भाग में एक छोटी रेखा जुड़ी हुई है। अत: विकल्प E अन्य से भिन्न है।

15. अन्य सभी आकृतियों में दो छोटे, दो मझोले एवं एक बड़ी रेखा है। अत: विकल्प B अन्य से भिन्न है।

16. अन्य सभी आकृतियों में डिजाइन 'न' का मुख वक्र रेखा की तरफ है जबकि A में यह विपरीत दिशा में है।

17. अन्य सभी विकल्पों में बाहर एवं भीतर की डिजाइनों में एक भुजा का अंतर है।

18. शेष सभी आकृतियों में उदग्र तथा क्षैतिज रेखा की संख्या के बीच एक अंतर है जबकि विकल्प D में दो का अंतर है।

19. आकृति A से D या D से A तथा आकृति B से E या E से B प्राप्त किया जा सकता है। जबकि आकृति C दी हुई किसी भी आकृति को घुमाकर नहीं प्राप्त किया जा सकता है।

20. अन्य सभी आकृतियों में एक रेखा ऐसी है जिससे अर्द्धचन्द्र नहीं जुड़ा है। परंतु आकृति A में सभी रेखा से अर्द्धचन्द्र जुड़ा हुआ है।

21. आकृति B के दोनों मुख सीधी रेखा से बंद है जबकि अन्य सभी में एक मुख तिरछी रेखा से बंद है।

22. अन्य सभी आकृतियों में किसी-न-किसी एक सीधी रेखा के दोनों सिरों पर एक-एक छोटी रेखा जुड़ी हुई है जबकि विकल्प A में सीधी रेखा पर सिर्फ एक रेखा जुड़ी है अन्य जुड़ी रेखाएं क्रॉस या विकर्ण पर हैं।

23. अन्य सभी आकृतियों के बाहर विषम संख्या में बिन्दु हैं जबकि विकल्प E में सम संख्या में बिन्दु हैं।

24. विकल्प E में ऊपरी कतार में दोनों आकृतियां समान हैं तथा साथ-साथ हैं जबकि अन्य सभी में आकृतियां अलग-अलग हैं।

25. अन्य सभी घड़ियों में घंटे की सूई विषम संख्या के स्थान पर है जबकि विकल्प E में घंटे की सूई सम स्थान पर है।

3

समान आकृति परीक्षण
(Similar Figure Test)

इस परीक्षण के अंतर्गत बायीं ओर एक प्रश्नाकृति दी जाती है तथा दायीं ओर उनके पाँच वैकल्पिक उत्तर-आकृतियाँ दिये जाते हैं। प्रत्येक प्रश्न के दिये गये उत्तर-आकृतियों में से केवल उसी आकृति का चयन करना होता है जो प्रश्नाकृति के बिल्कुल समान हो। चयन किया गया वही समान आकृति आपका सही उत्तर होगा।

उदाहरण:

प्रश्न आकृति **उत्तर आकृतियाँ**

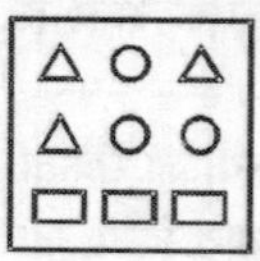

A B C D E

उत्तर: बायीं ओर दिए गए प्रश्नाकृति, दायीं ओर दिए गए पाँच उत्तर आकृतियों के विकल्पों में से विकल्प C प्रश्नाकृति से बिल्कुल मिलती-जुलती है। अतः उत्तर विकल्प E होगा।

अभ्यास-1

निर्देश (प्रश्न संख्या 1 से 20) : *निम्नांकित प्रत्येक प्रश्न में बायीं ओर एक प्रश्नाकृति दी गयी है तथा दायीं ओर पांच-पांच उत्तर आकृतियां दी गई हैं। दी गयी उत्तर आकृतियों में से केवल उस आकृति का चयन करना है जो प्रश्न आकृति के बिल्कुल समान हो। सही विकल्प का चयन करके अपने उत्तर को यथास्थान दर्शायें।*

प्रश्न आकृति **उत्तर आकृतियां**

1. 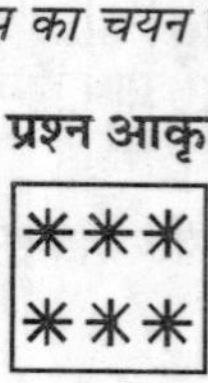

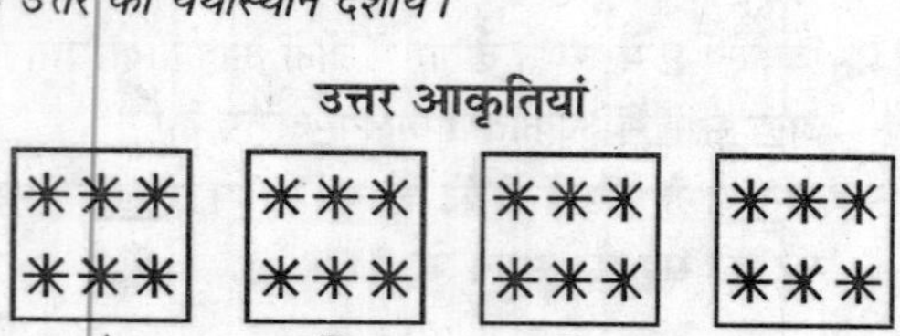

A B C D

प्रश्न आकृति	उत्तर आकृतियां

2.  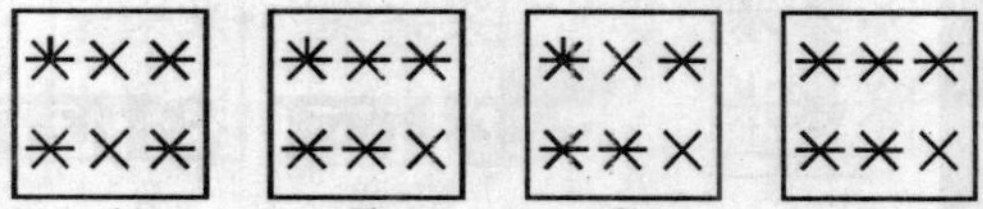

A B C D

3.  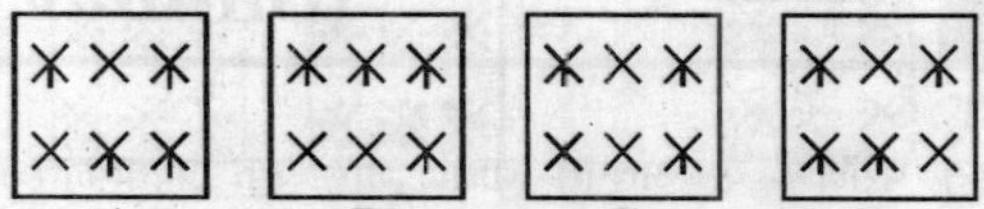

A B C D

4.  

A B C D

5.  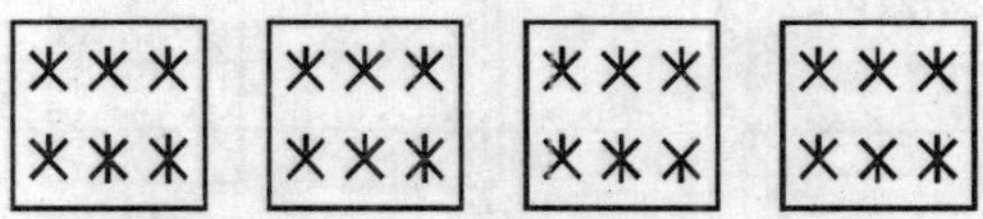

A B C D

6.  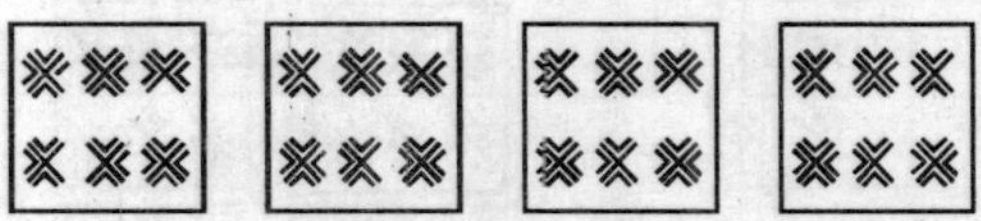

A B C D

7.  

A B C D

8.  

A B C D

9.  

A B C D

10.  

A B C D

प्रश्न आकृति | उत्तर आकृतियां

11.  

A B C D

12.  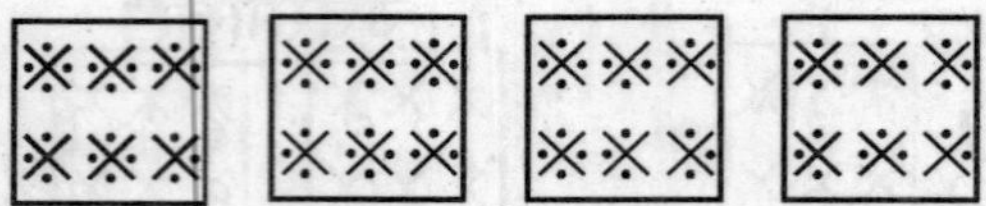

A B C D

13.  

A B C D

14.  

A B C D

15.  

A B C D

16.  

A B C D

17.  

A B C D

18.  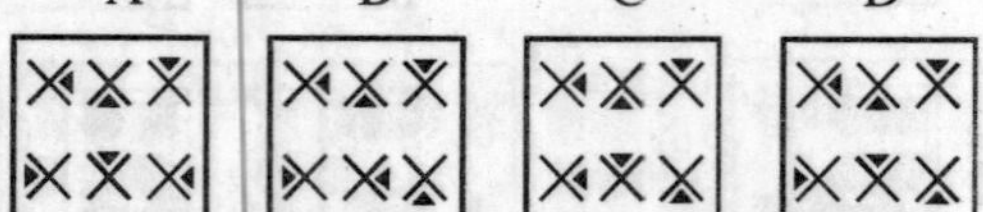

A B C D

19. 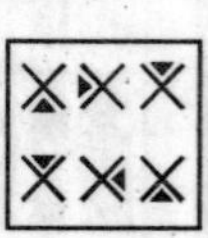 

A B C D

20. 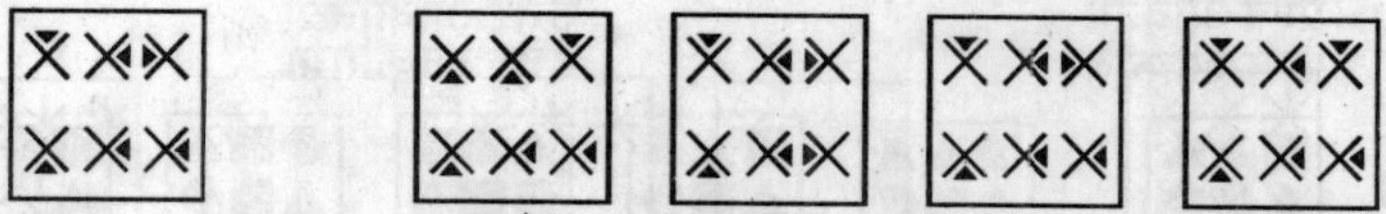

A B C D

उत्तरमाला

1	2	3	4	5	6	7	8	9	10
D	B	C	A	C	C	B	D	A	C
11	**12**	**13**	**14**	**15**	**16**	**17**	**18**	**19**	**20**
B	A	A	D	A	C	B	D	A	C

अभ्यास-2

निर्देश (प्रश्न संख्या 1 से 40) : *निम्नांकित प्रत्येक प्रश्न में बायीं ओर एक प्रश्नाकृति दी गयी है तथा दायीं ओर पांच-पांच उत्तर आकृतियां दी गई हैं। दी गयी उत्तर आकृतियों में से केवल उस आकृति का चयन करना है जो प्रश्न आकृति के बिल्कुल समान हो। सही विकल्प का चयन करके अपने उत्तर को यथास्थान दर्शायें।*

प्रश्न आकृति **उत्तर आकृतियां**

1. 

A B C D E

2. 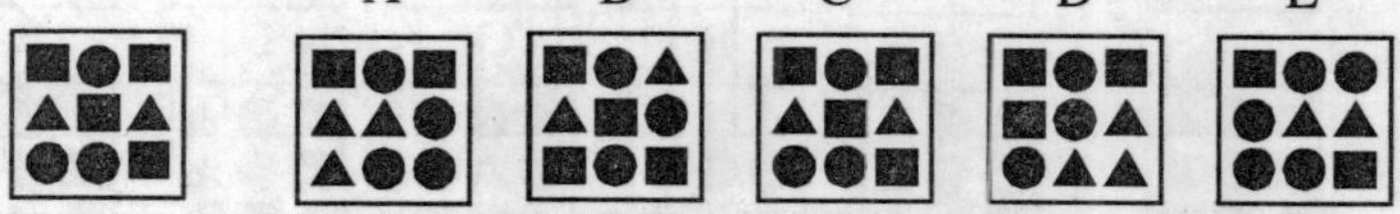

A B C D E

3. 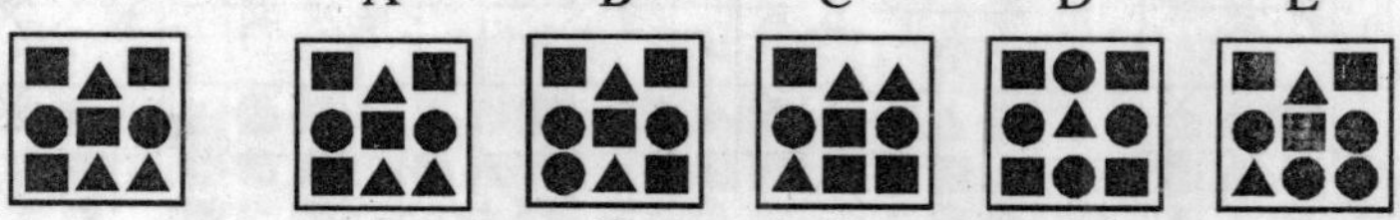

A B C D E

4. 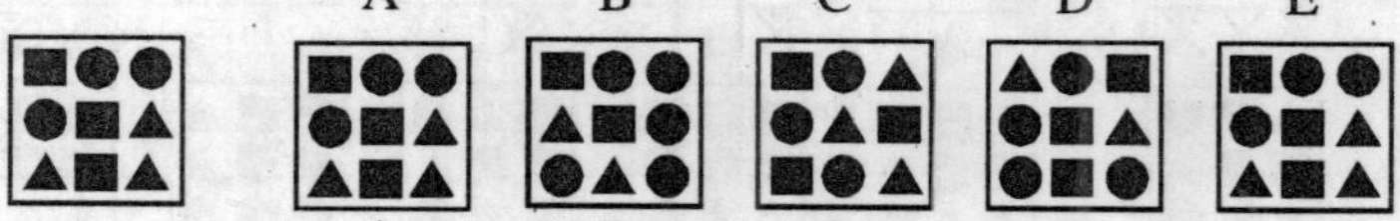

A B C D E

5. 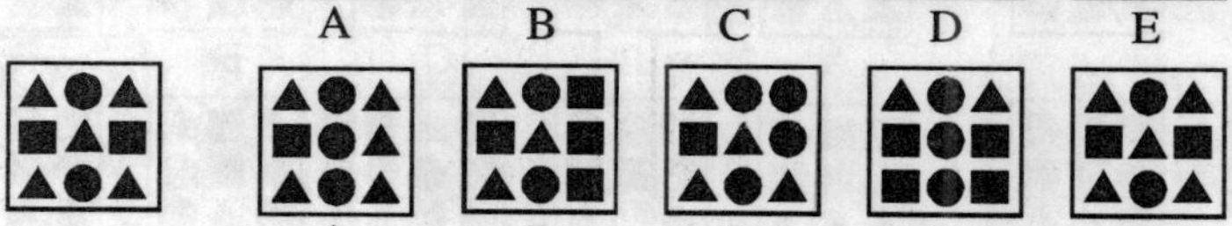

A B C D E

प्रश्न आकृति | उत्तर आकृतियां

6. 

A B C D E

7. 

A B C D E

8. 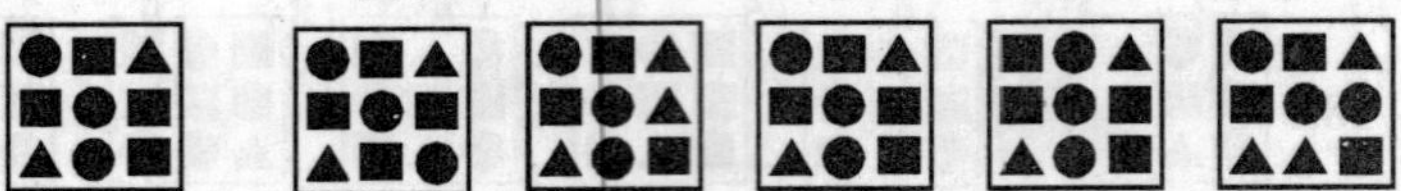

A B C D E

9. 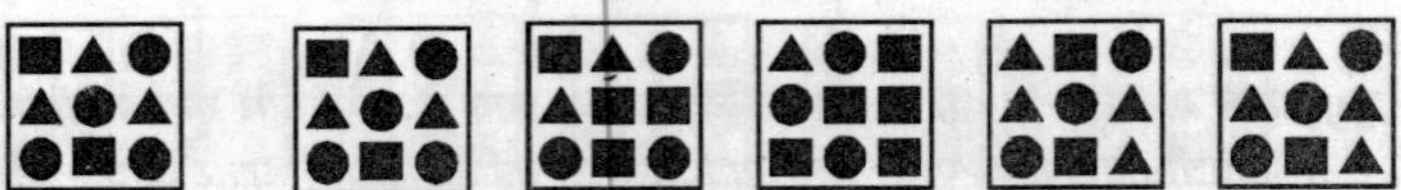

A B C D E

10. 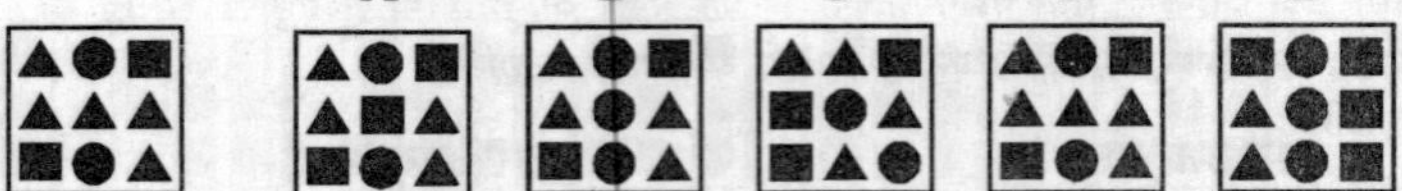

A B C D E

11. 

A B C D E

12. 

A B C D E

13. 

A B C D E

14. 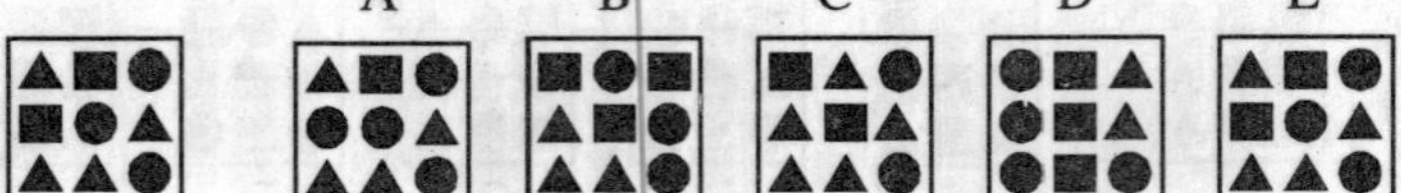

A B C D E

15. 

A B C D E

प्रश्न आकृति **उत्तर आकृतियां**

16.

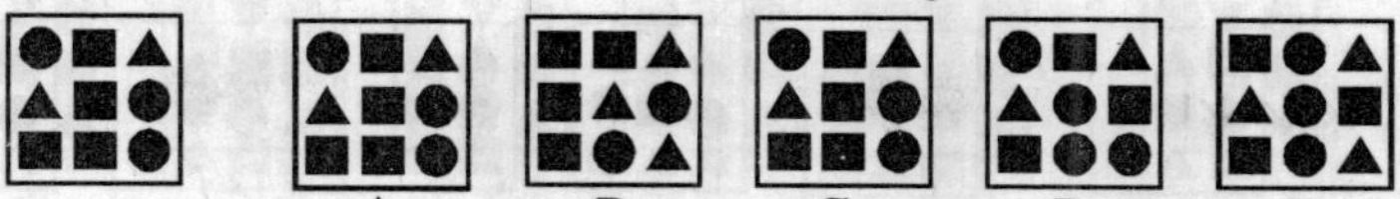

A B C D E

17.

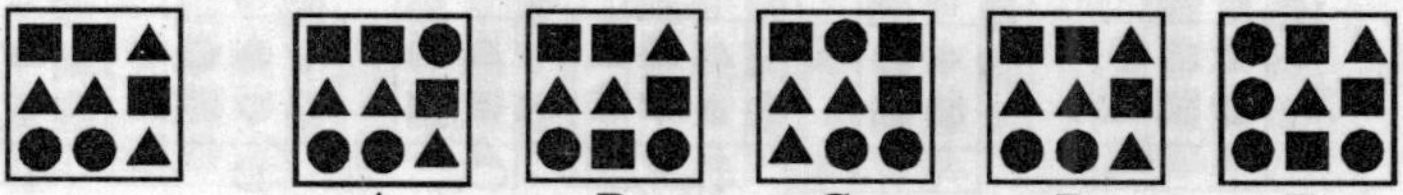

A B C D E

18.

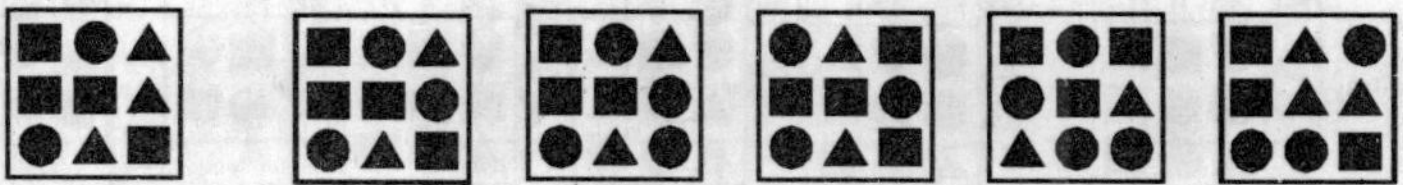

A B C D E

19.

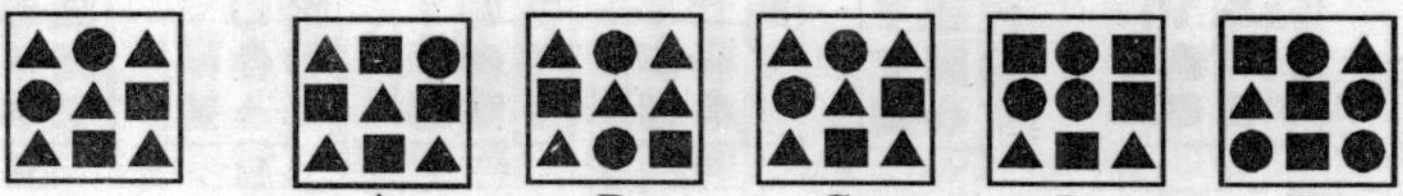

A B C D E

20.

A B C D E

21.

A B C D E

22.

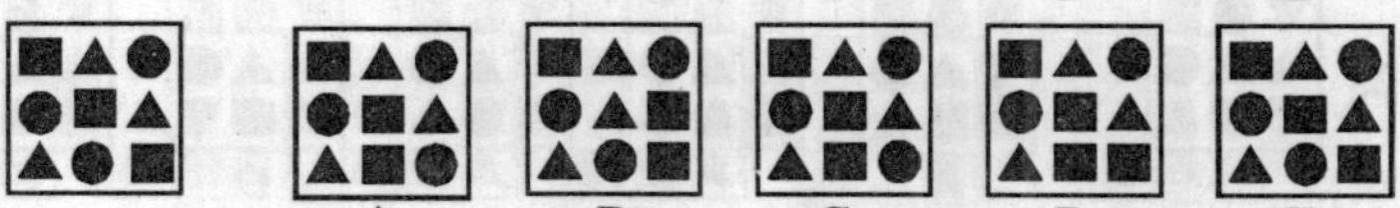

A B C D E

23.

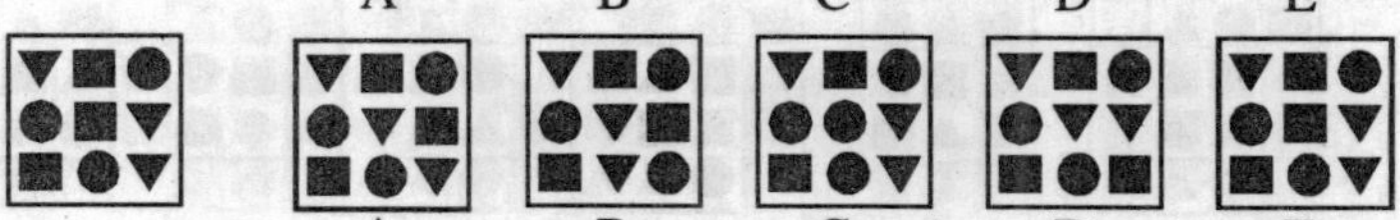

A B C D E

24.

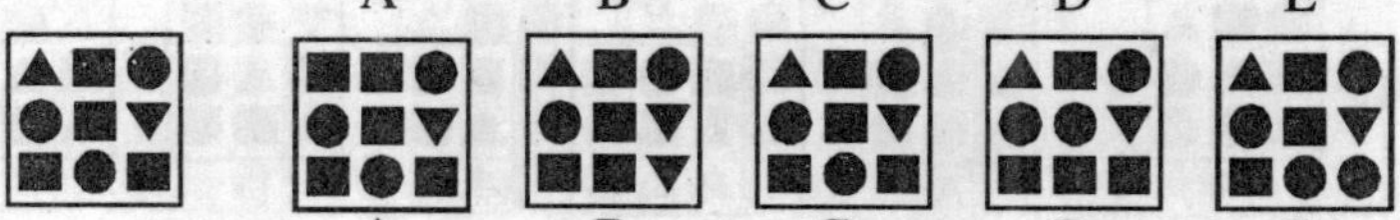

A B C D E

25.

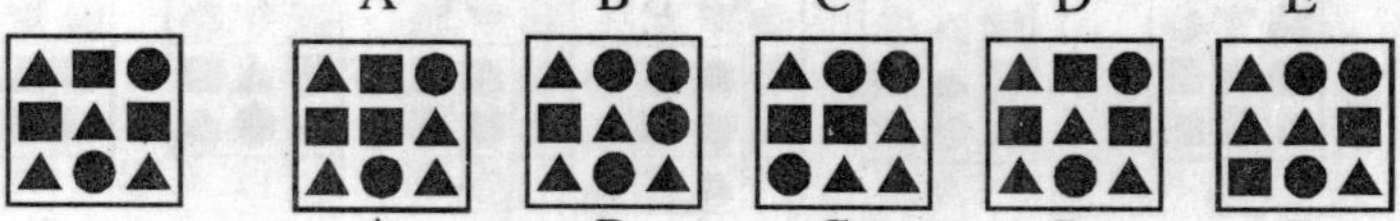

A B C D E

प्रश्न आकृति उत्तर आकृतियां

26. 

A B C D E

27. 

A B C D E

28. 

A B C D E

29. 

A B C D E

30. 

A B C D E

31. 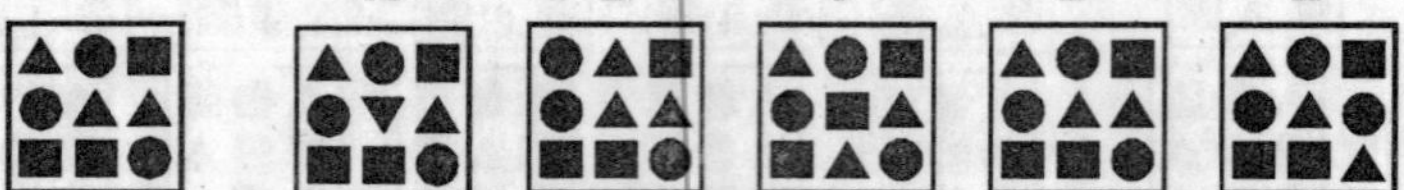

A B C D E

32. 

A B C D E

33. 

A B C D E

34. 

A B C D E

35. 

A B C D E

प्रश्न आकृति　　　　　　　　　　उत्तर आकृतियां

36. 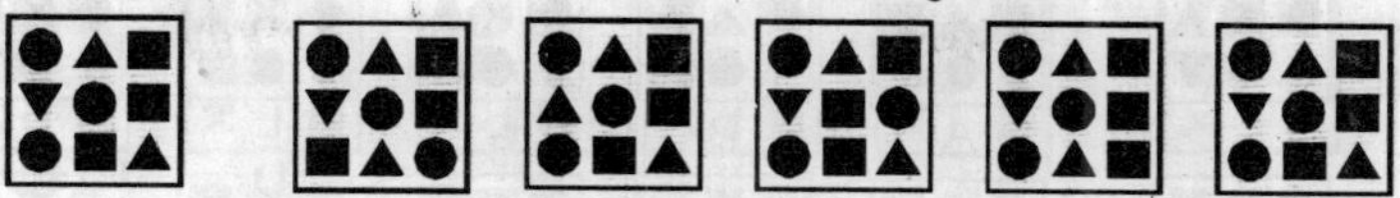

A B C D E

37. 

A B C D E

38. 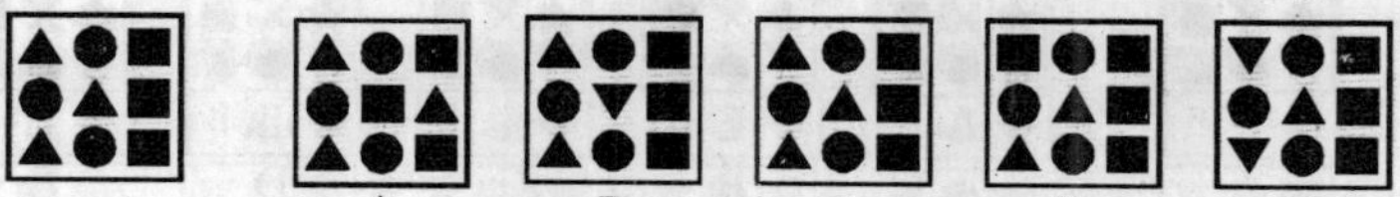

A B C D E

39. 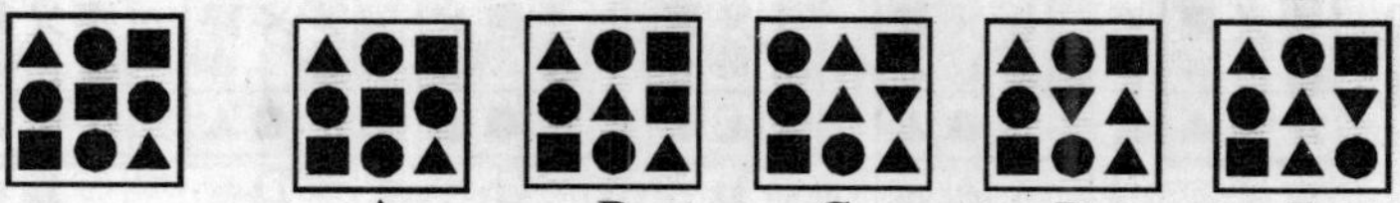

A B C D E

40. 

A B C D E

उत्तरमाला

1	2	3	4	5	6	7	8	9	10
B	C	A	E	E	B	D	C	A	D
11	**12**	**13**	**14**	**15**	**16**	**17**	**18**	**19**	**20**
E	D	C	E	A	C	D	A	C	E
21	**22**	**23**	**24**	**25**	**26**	**27**	**28**	**29**	**30**
D	E	E	C	D	D	E	C	E	D
31	**32**	**33**	**34**	**35**	**36**	**37**	**38**	**39**	**40**
D	E	B	B	C	E	D	C	A	E

अभ्यास-3

निर्देश (प्रश्न संख्या 1 से 40) : *निम्नांकित प्रत्येक प्रश्न में बायीं ओर एक प्रश्नाकृति दी गयी है तथा दायीं ओर पांच-पांच उत्तर आकृतियां दी गई हैं। दी गयी उत्तर आकृतियों में से केवल उस आकृति का चयन करना है जो प्रश्न आकृति के बिल्कुल समान हो। सही विकल्प का चयन करके अपने उत्तर को यथास्थान दर्शायें।*

प्रश्न आकृति **उत्तर आकृतियां**

1.
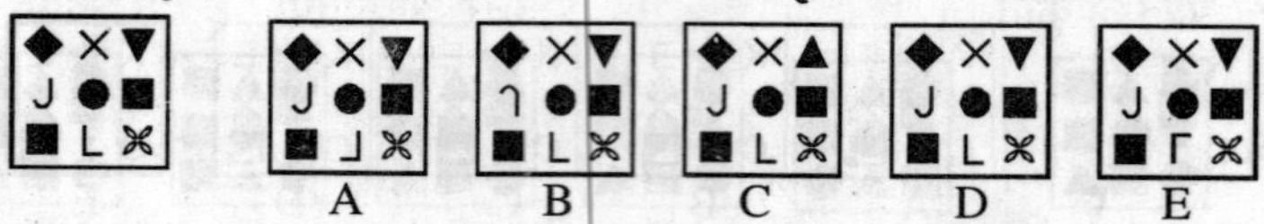

2.
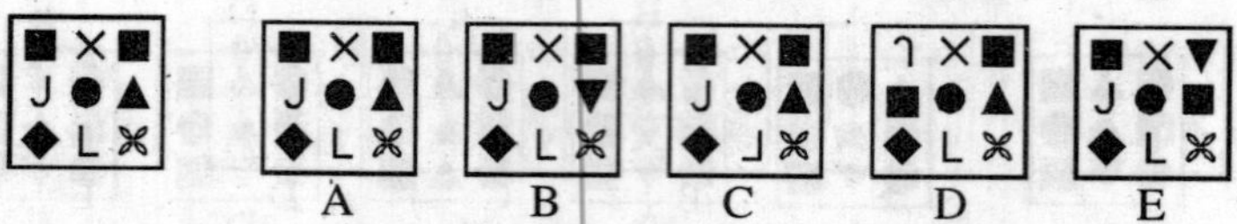

3.
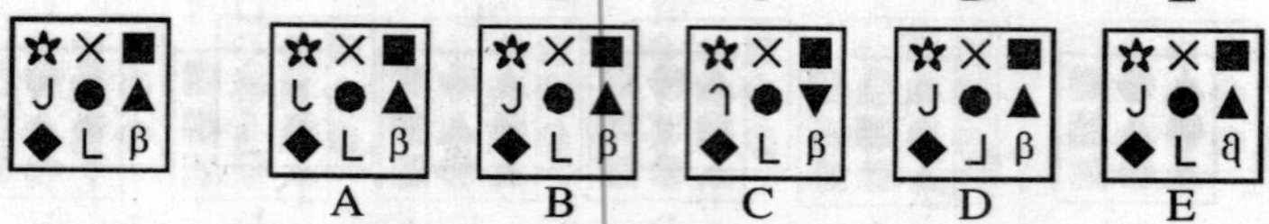

4.
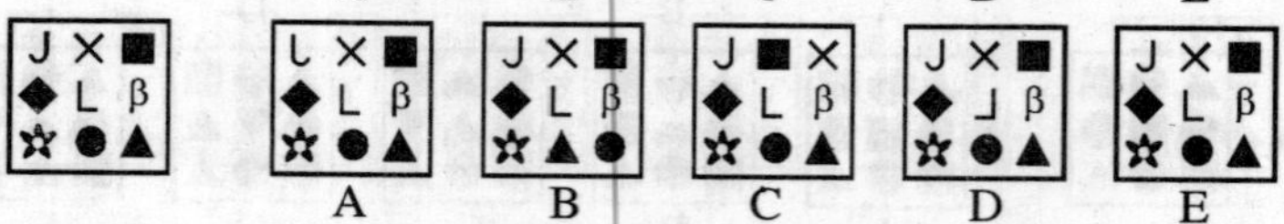

5.

6.

7.

8.

9.

10.
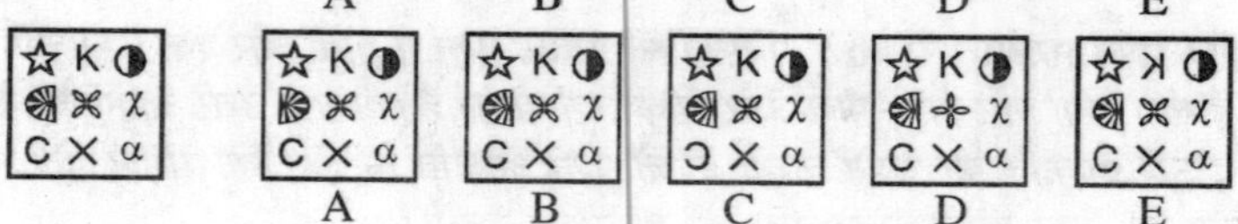

प्रश्न आकृति **उत्तर आकृतियां**

11.

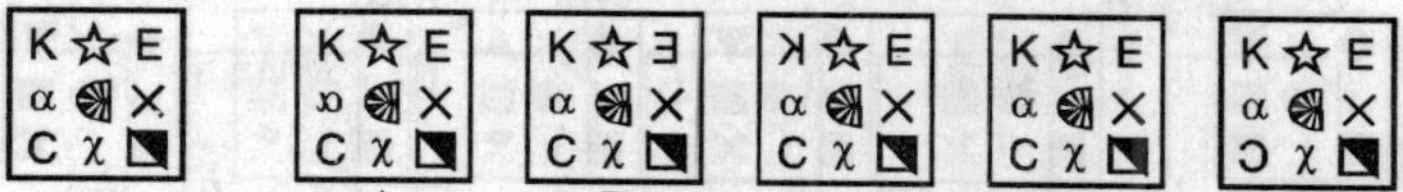

A B C D E

12.

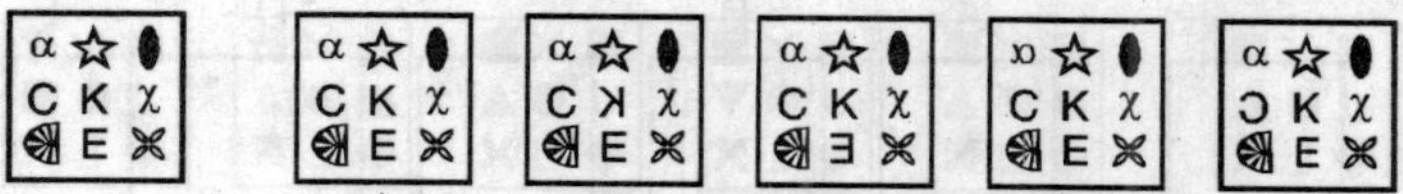

A B C D E

13.

A B C D E

14.

A B C D E

15.

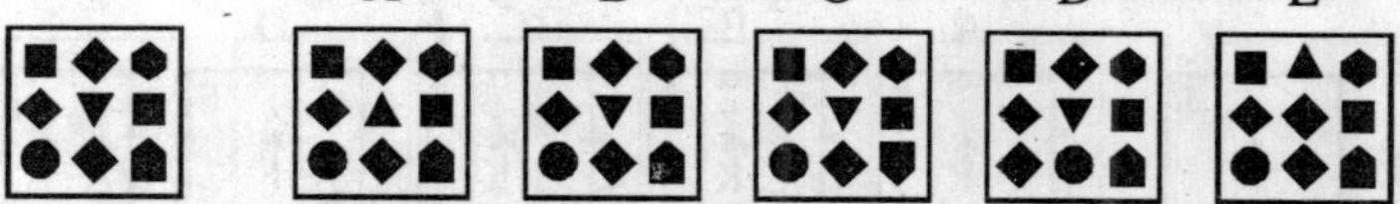

A B C D E

16.

A B C D E

17.

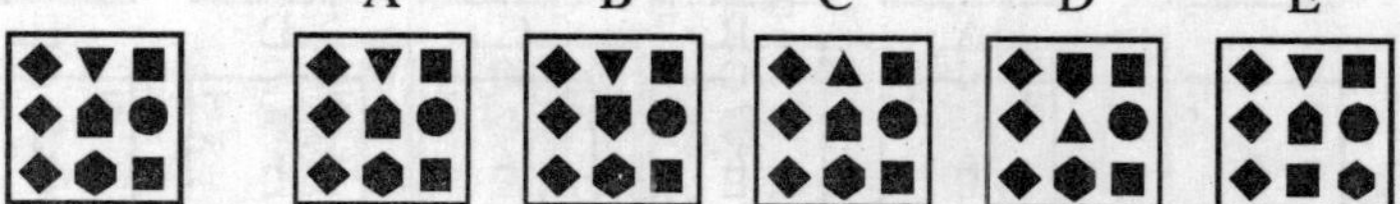

A B C D E

18.

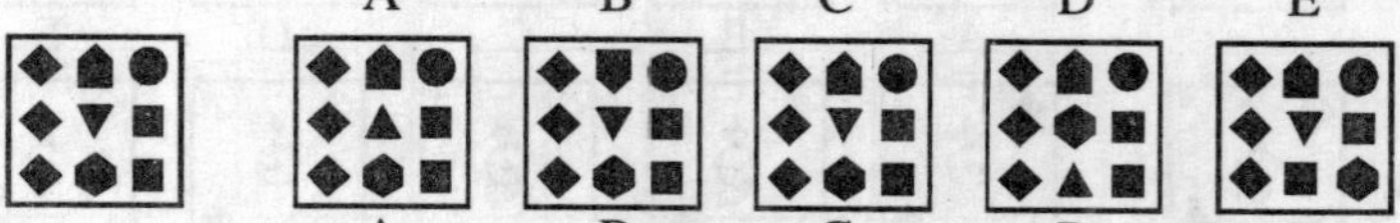

A B C D E

19.

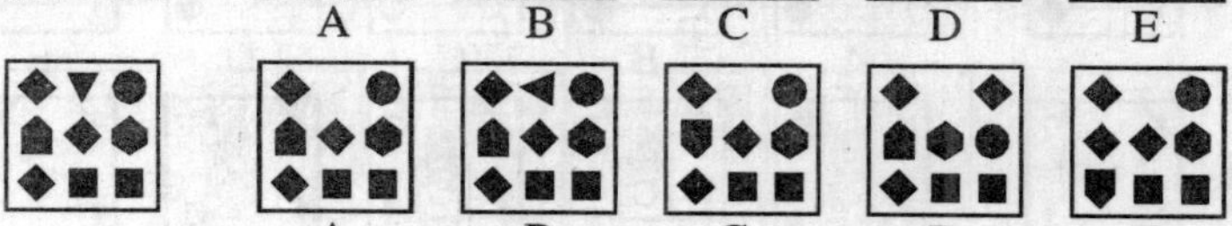

A B C D E

20.

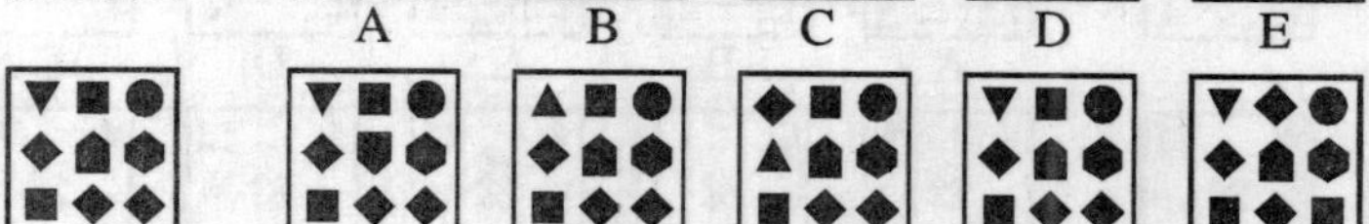

A B C D E

प्रश्न आकृति **उत्तर आकृतियां**

21.
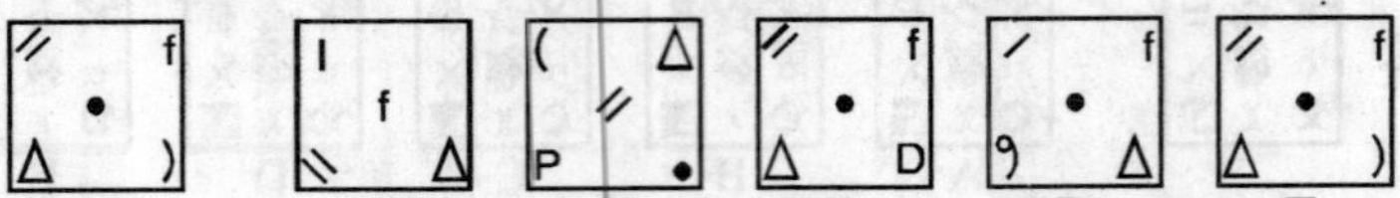
A B C D E

22.
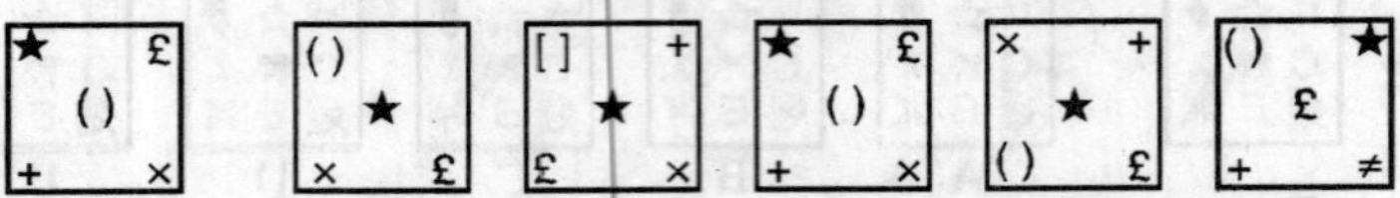
A B C D E

23.
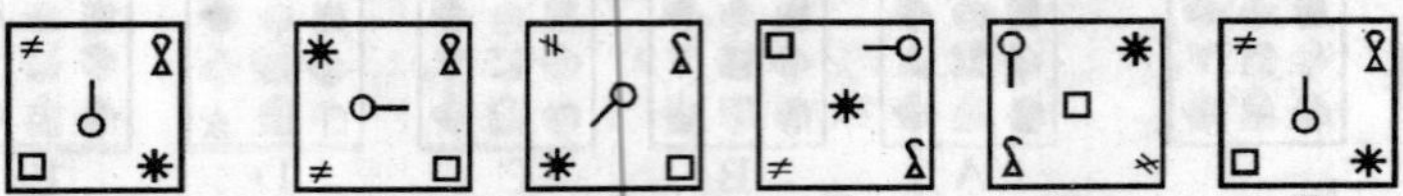
A B C D E

24.
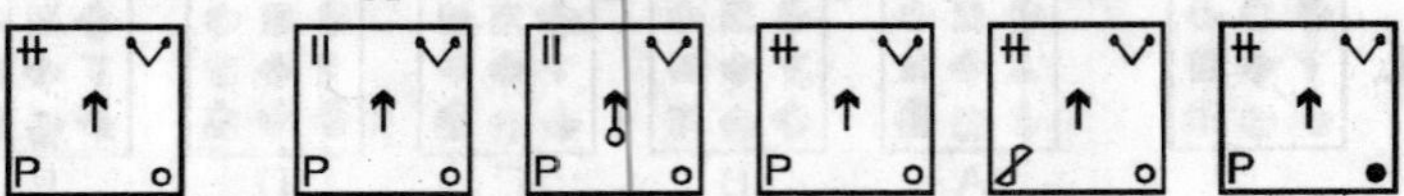
A B C D E

25.
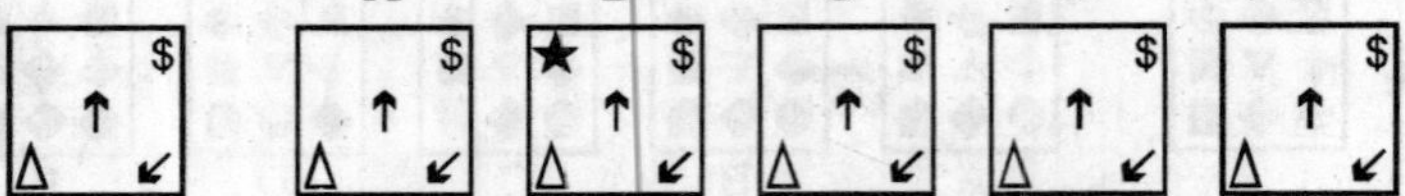
A B C D E

26.

A B C D E

27.
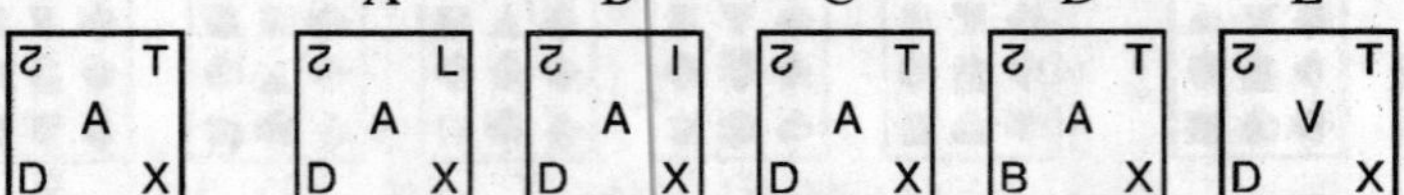
A B C D E

28.
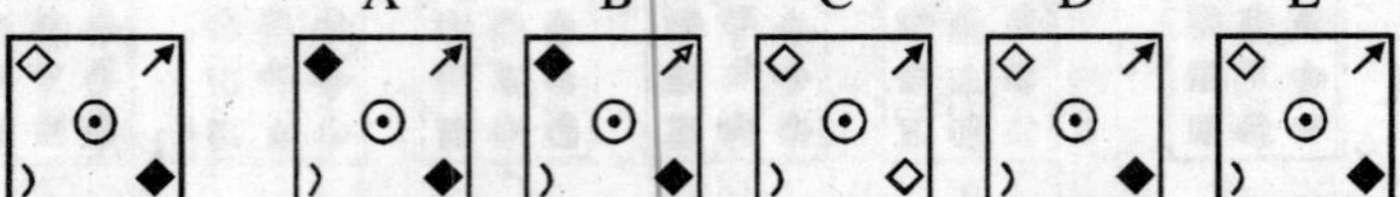
A B C D E

29.

A B C D E

30.

A B C D E

प्रश्न आकृति — उत्तर आकृतियां

31. 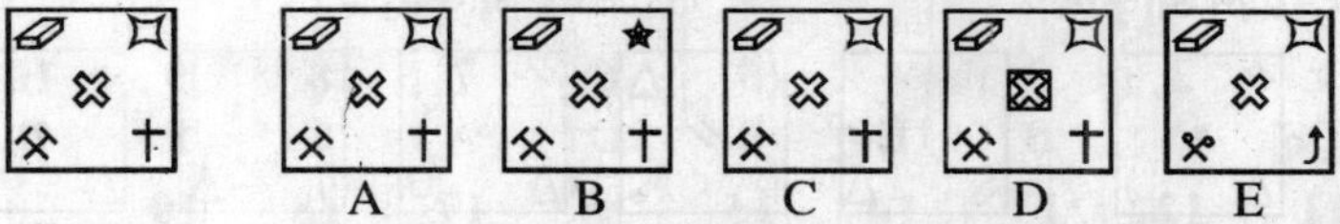

32. 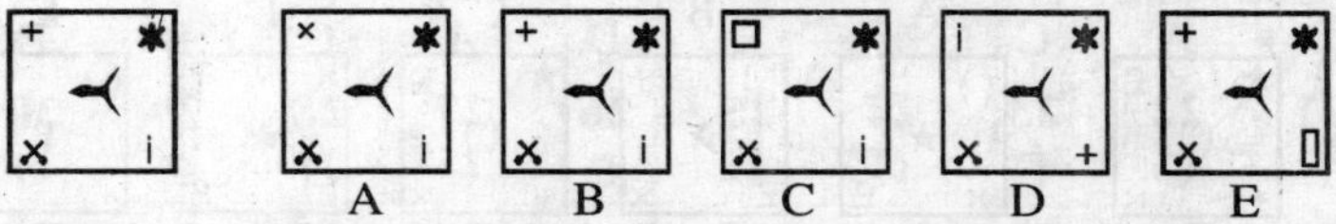

33. 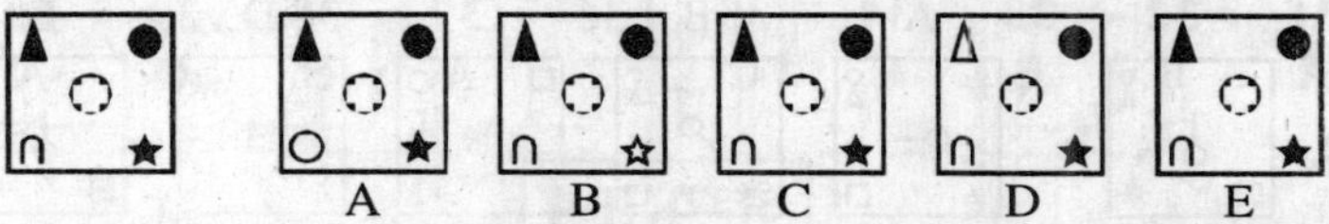

34. 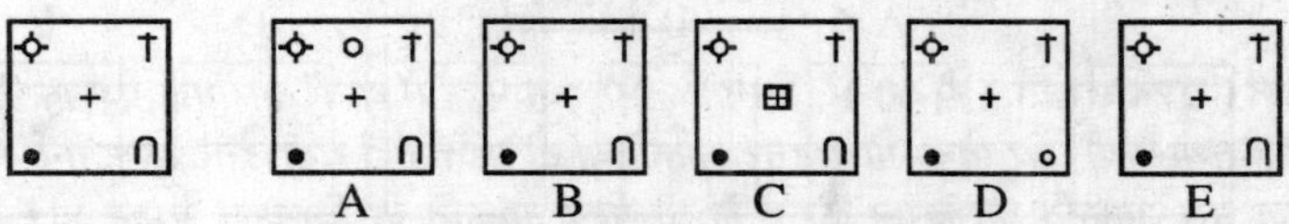

35. 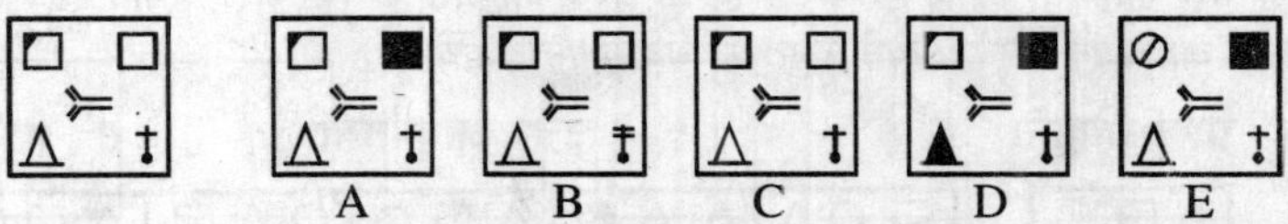

36. 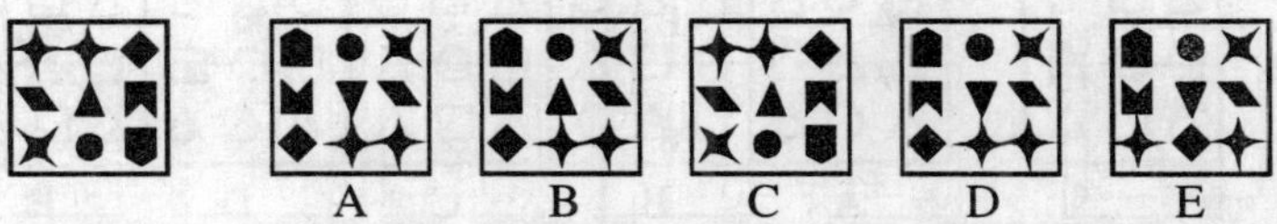

37. 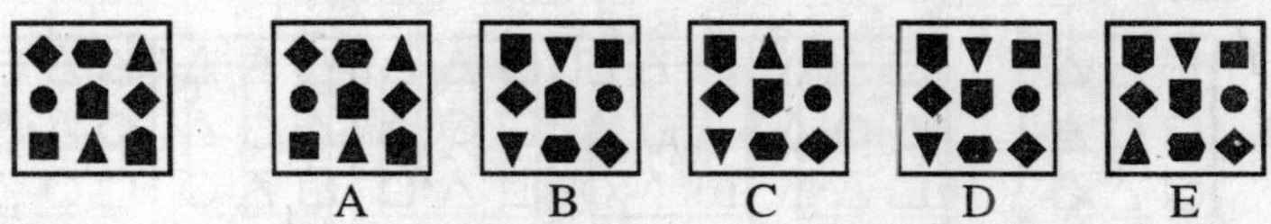

38. 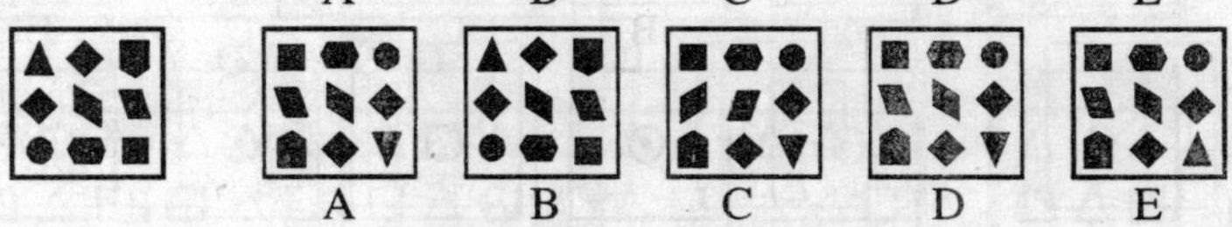

39. 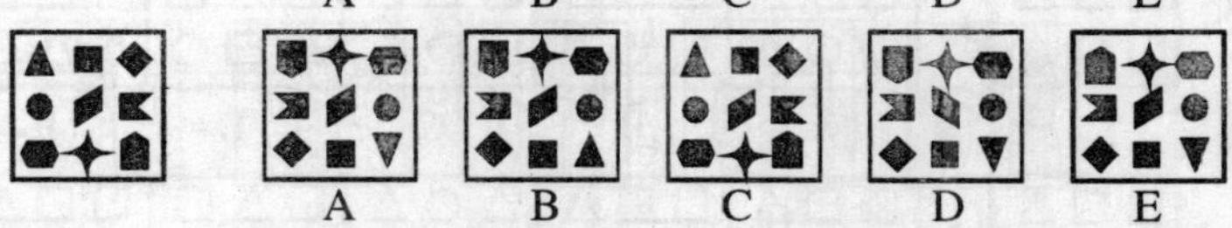

40. 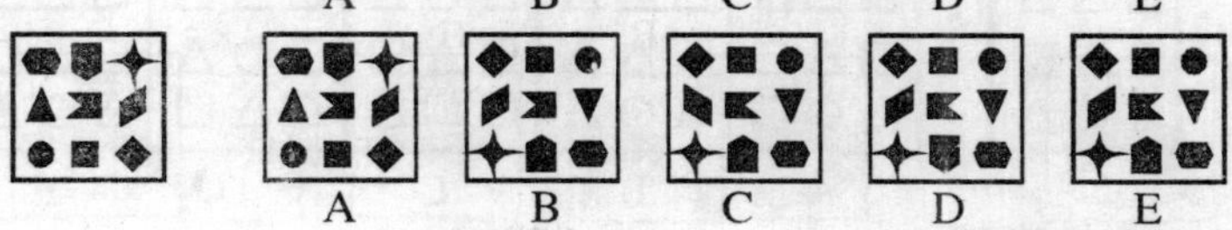

उत्तरमाला

1	2	3	4	5	6	7	8	9	10
D	A	B	E	B	D	A	C	E	B
11	**12**	**13**	**14**	**15**	**16**	**17**	**18**	**19**	**20**
D	A	C	E	B	D	A	C	B	D
21	**22**	**23**	**24**	**25**	**26**	**27**	**28**	**29**	**30**
E	C	E	C	D	E	C	D	C	D
31	**32**	**33**	**34**	**35**	**36**	**37**	**38**	**39**	**40**
A	B	E	E	C	C	A	B	C	A

अभ्यास-4

निर्देश (प्रश्न संख्या 1 से 40) : *निम्नांकित प्रत्येक प्रश्न में बायीं ओर एक प्रश्नाकृति दी गयी है तथा दायीं ओर पांच-पांच उत्तर आकृतियां दी गई हैं। दी गयी उत्तर आकृतियों में से केवल उस आकृति का चयन करना है जो प्रश्न आकृति के बिल्कुल समान हो। सही विकल्प का चयन करके अपने उत्तर को यथास्थान दर्शायें।*

प्रश्न आकृति **उत्तर आकृतियां**

1. 

A B C D E

2. 

A B C D E

3. 

A B C D E

4. 

A B C D E

प्रश्न आकृति **उत्तर आकृतियां**

5.

A B C D E

6.
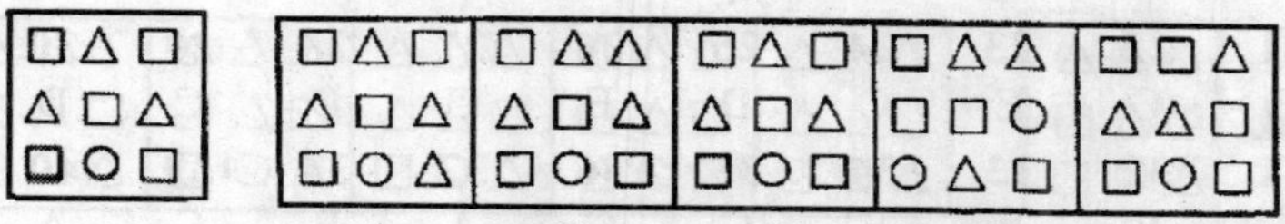
A B C D E

7.
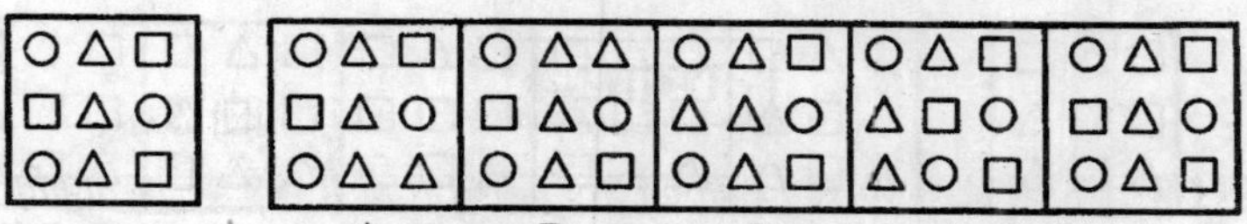
A B C D E

8.
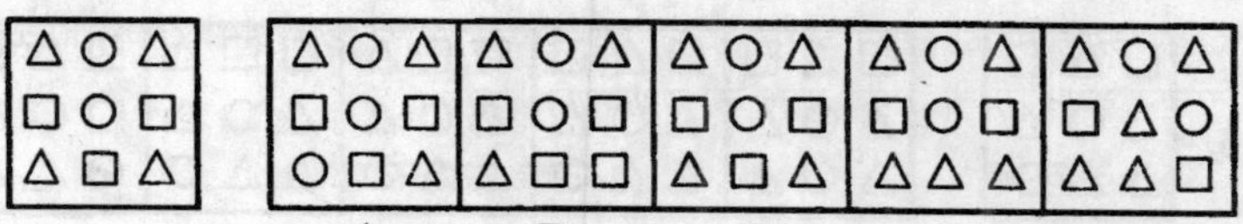
A B C D E

9.
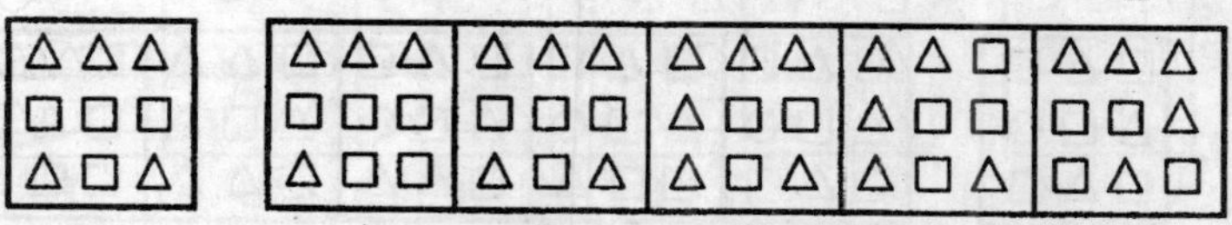
A B C D E

10.
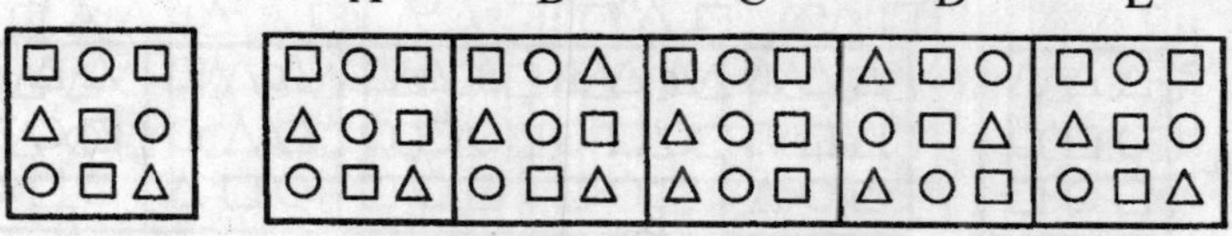
A B C D E

11.
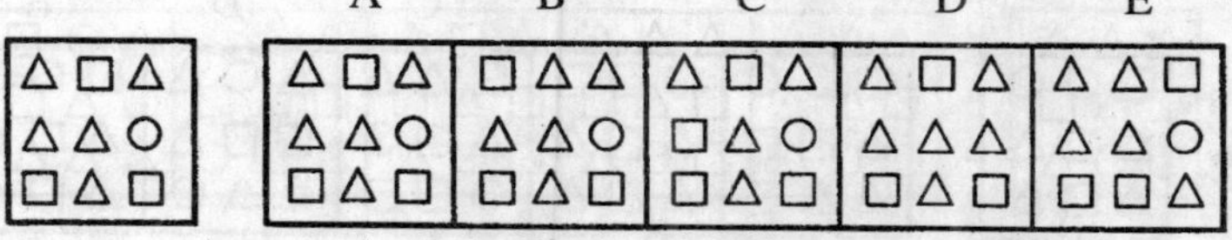
A B C D E

12.
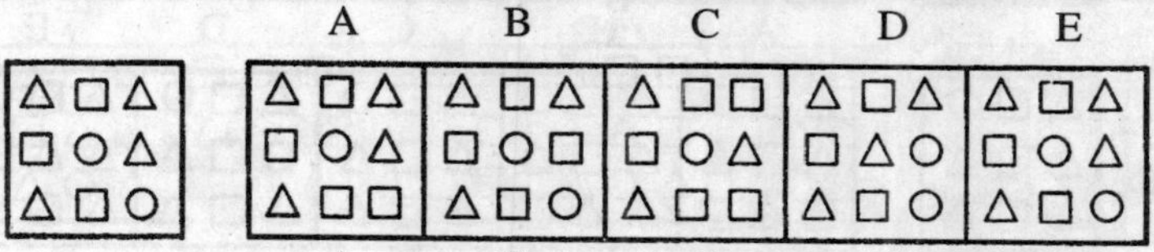
A B C D E

	प्रश्न आकृति	उत्तर आकृतियां A	B	C	D	E
13.	□△○ △○△ □△△	□△○ △○△ □△△	□△△ △○△ □△△	□△○ △○△ △□△	□△○ □○△ △□△	△○□ △○△ □△△
14.	△△△ □△□ △○□	△△△ □△△ △○□	△△△ □△□ □○△	△△△ □△△ △○□	△△△ □△□ △○□	△□△ □△□ △○□
15.	□△□ □□△ △□△	□△□ △□△ △□△	□△□ □□△ △△□	□△□ □□□ △□△	□△□ □□△ △△□	□△□ □□△ △□△
16.	□△□ △○△ △△○	□△□ △○△ △○△	□△□ △○△ △△○	□□△ △○△ △△○	□□△ △○△ △△○	□△□ □○△ ○△△
17.	□△□ △□○ □△□	□△□ △□○ □△□	□△□ △□○ □□△	□△□ △□○ □△△	□△△ △□△ □△△	□△△ □△□ □□△
18.	△△△ ○□○ □○□	△△△ △□○ □○△	△△△ ○□○ □○□	△△□ ○□○ □○□	△△□ □△○ ○□△	△△△ □○□ ○□○
19.	□○○ △□△ △□△	□○○ △□□ △△□	○□□ △□△ △□△	□△△ △□○ ○□□	△○△ □□△ △△○	□○○ △□△ △□△
20.	△□○ △□△ △□△	△□○ △□△ □△□	△□○ △□△ △△□	△□○ △□△ △□△	△□○ ○□△ △□△	△□○ △△□ △□△

प्रश्न आकृति — उत्तर आकृतियां

21. 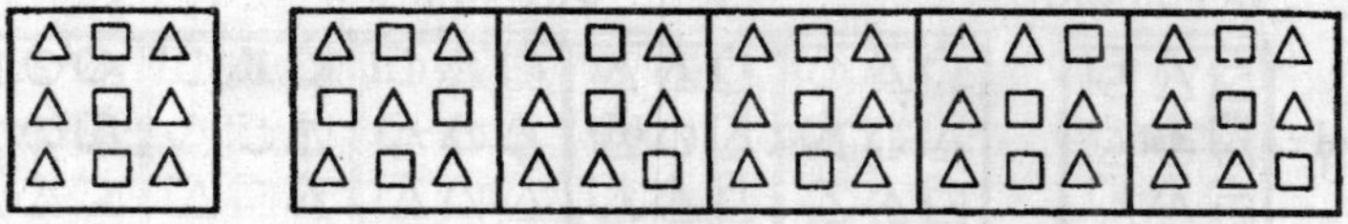

A B C D E

22. 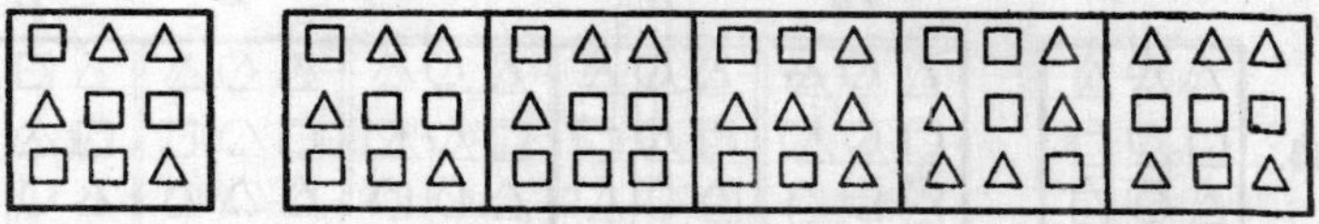

A B C D E

23. 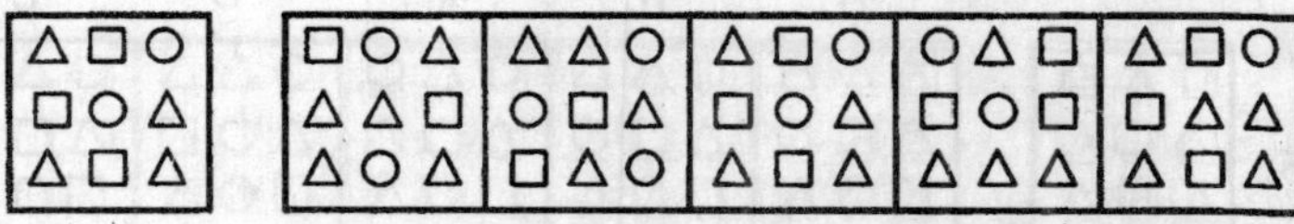

A B C D E

24. 

A B C D E

25. 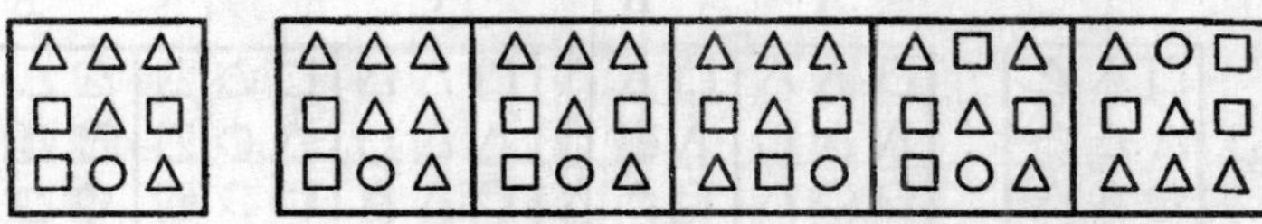

A B C D E

26. 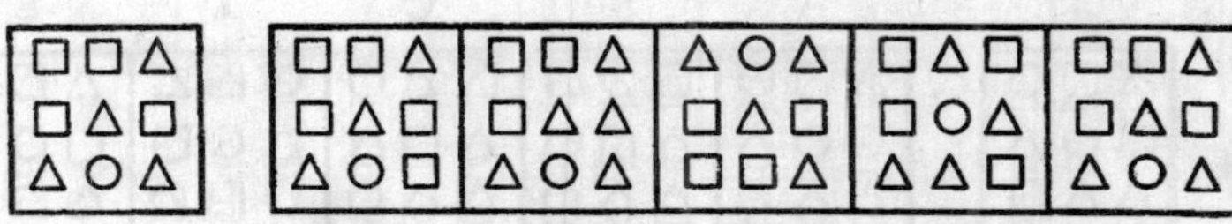

A B C D E

27. 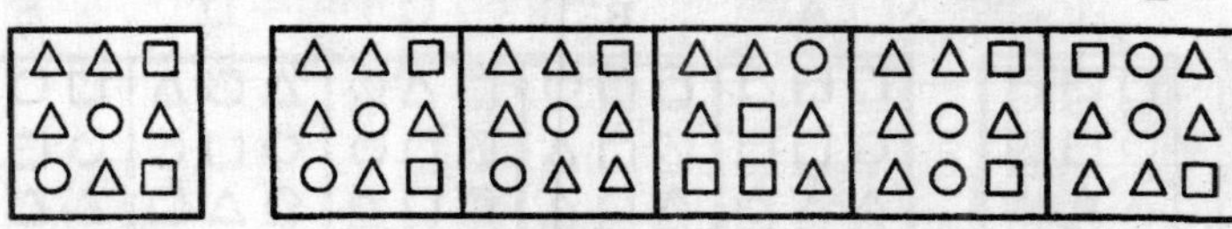

A B C D E

28. 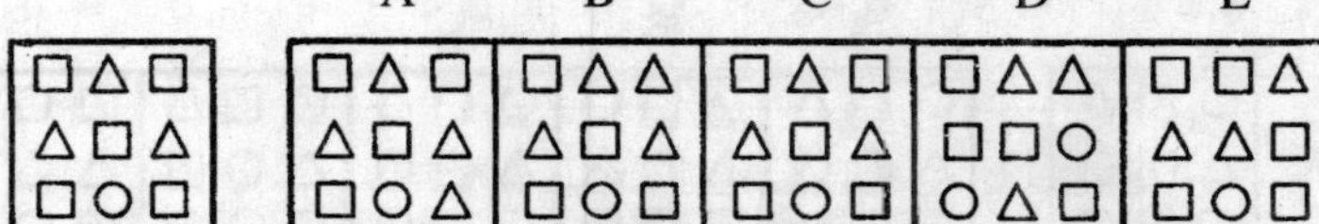

A B C D E

प्रश्न आकृति उत्तर आकृतियां

29. 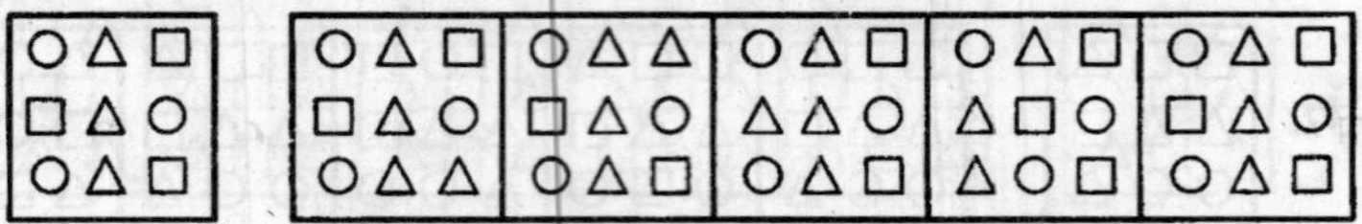

A B C D E

30. 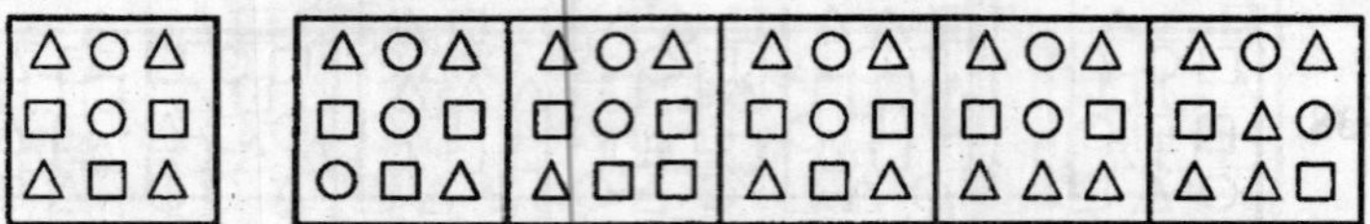

A B C D E

31. 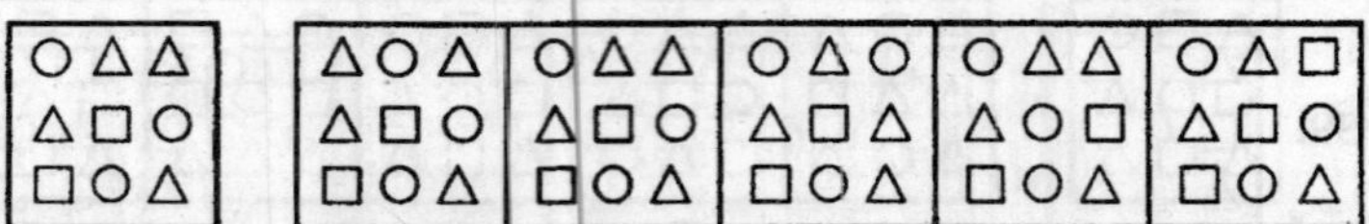

A B C D E

32. 

A B C D E

33. 

A B C D E

34. 

A B C D E

35. 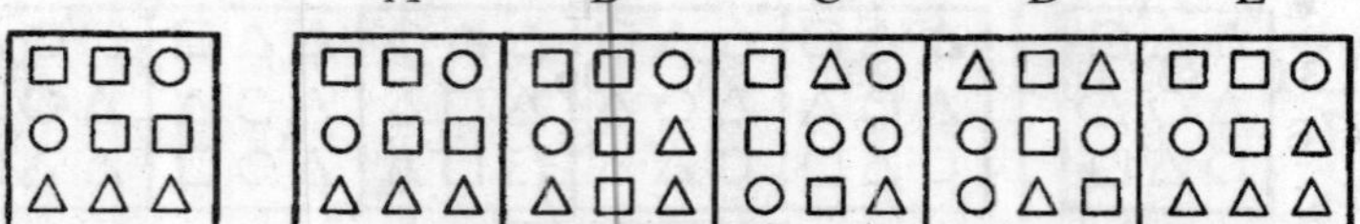

A B C D E

36. 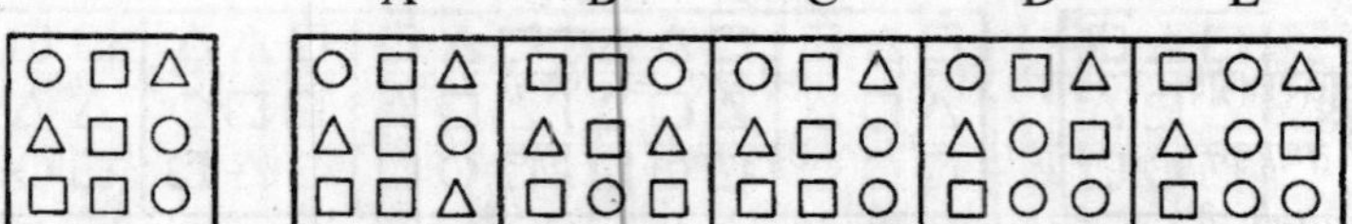

A B C D E

37.

प्रश्न आकृति	उत्तर आकृतियां A	B	C	D	E
□□△	□□○	□□△	□○□	□□△	△○○
△△□	△△□	△△□	△△□	△△□	□○□
○○△	○○△	○□○	△○○	○○△	△□□

38.

प्रश्न आकृति	उत्तर आकृतियां A	B	C	D	E
□○△	□○△	□○△	○△○	□○□	□△○
□□○	□□○	□□○	□□○	○□△	□△△
○△□	○△□	○△○	○△□	△○○	△○□

39.

प्रश्न आकृति	उत्तर आकृतियां A	B	C	D	E
△○△	△□○	△○△	△○△	□○□	□○□
□△□	□△□	□△△	□△□	○○□	△□○
△□△	△□△	△○□	△□△	△□△	○□△

40.

प्रश्न आकृति	उत्तर आकृतियां A	B	C	D	E
□○□	△□○	□○□	□○□	□△□	□○△
△○△	○□△	△□△	△○△	△○□	△○△
□△○	△□○	○□□	□△○	□○△	□△○

उत्तरमाला

1	2	3	4	5	6	7	8	9	10
C	C	B	E	A	C	E	C	B	E
11	**12**	**13**	**14**	**15**	**16**	**17**	**18**	**19**	**20**
A	E	A	D	E	B	A	B	E	C
21	**22**	**23**	**24**	**25**	**26**	**27**	**28**	**29**	**30**
C	A	C	D	B	E	A	C	E	C
31	**32**	**33**	**34**	**35**	**36**	**37**	**38**	**39**	**40**
B	B	C	E	A	C	D	A	C	C

अभ्यास-5

निर्देश (प्रश्न संख्या 1 से 72) : *आगे चार-चार प्रश्नों के समूह की आकृतियाँ ऊपर दी गई हैं तथा इन चार प्रश्नों में दर्शाई गई आकृतियों की पांच प्रतिकृतियां नीचे की ओर दी गई हैं। आपको दी गई पांच उत्तर आकृतियों (A, B, C, D और E) में से उन उत्तर आकृतियों को ज्ञात करना है जो हू-ब-हू प्रश्न आकृतियों (ऊपर दी गई आकृतियों) के समान हैं।*

1. 2. 3. 4.

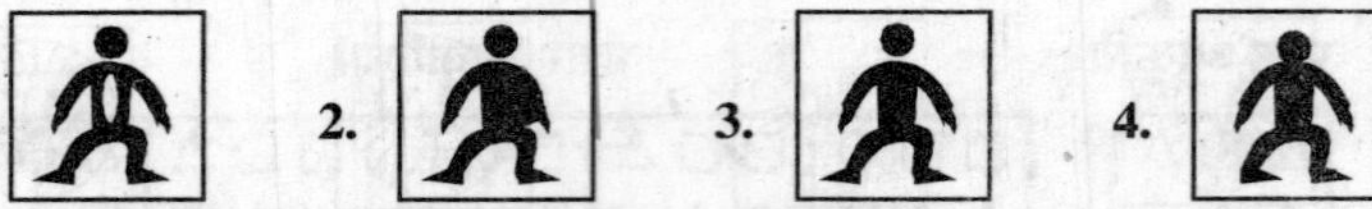

A B C D E

5. 6. 7. 8.

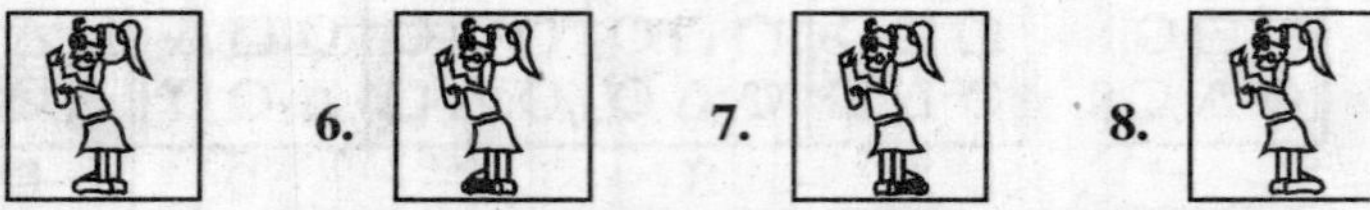

A B C D E

9. 10. 11. 12.

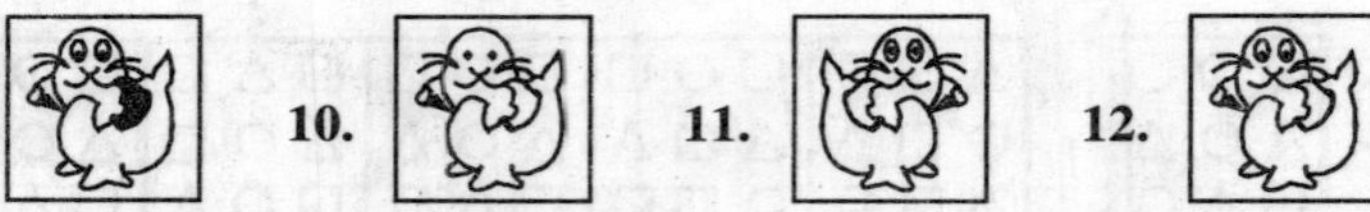

A B C D E

13. 14. 15. 16.

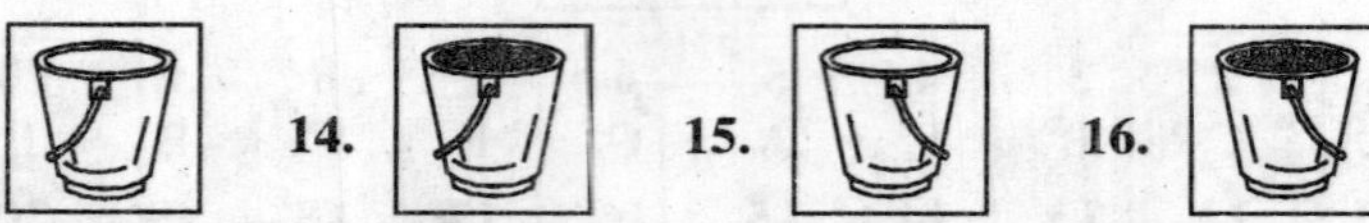

A B C D E

17. 18. 19. 20.

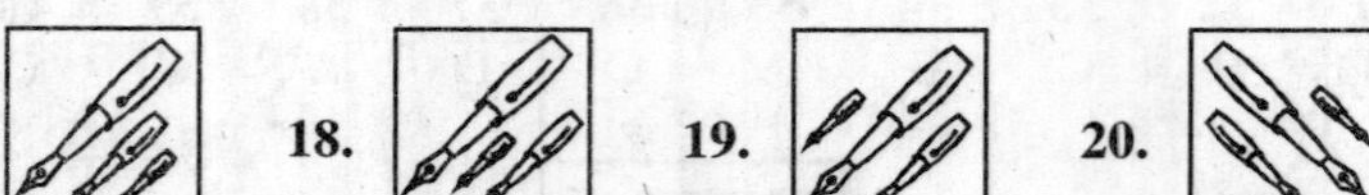

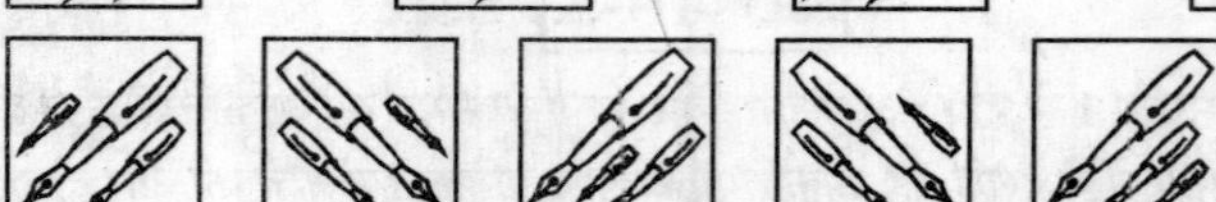

A B C D E

21.  22.  23.  24. 

A B C D E

25.  26.  27.  28. 

A B C D E

29.  30.  31.  32. 

A B C D E

33.  34.  35.  36. 

A B C D E

37.  38.  39.  40. 

A B C D E

41. 42. 43. 44.

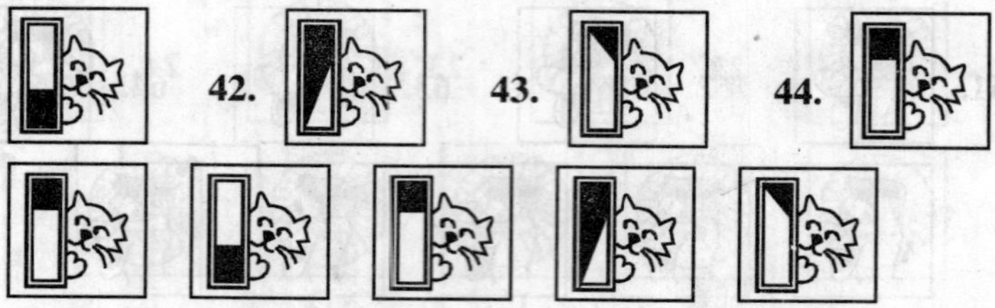

A B C D E

45. 46. 47. 48.

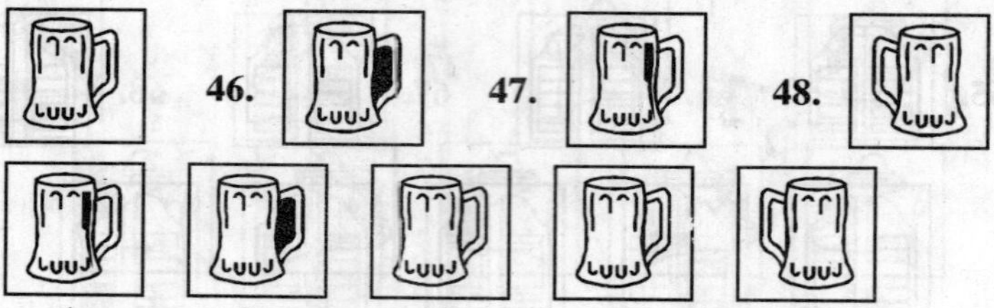

A B C D E

49. 50. 51. 52.

A B C D E

53. 54. 55. 56.

A B C D E

57. 58. 59. 60.

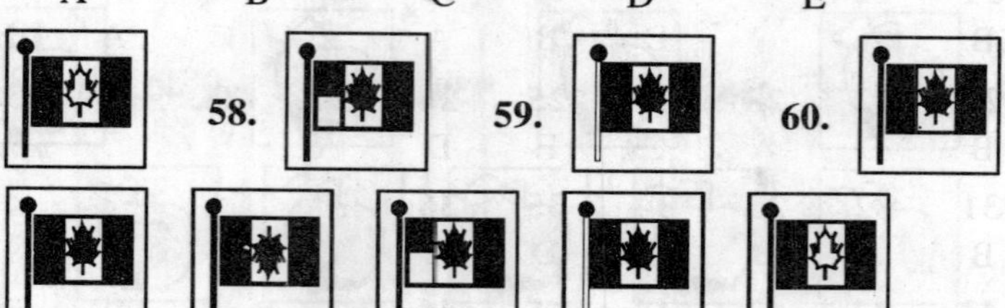

A B C D E

61.  62.  63.  64. 

A B C D E

65.  66.  67.  68. 

A B C D E

69.  70.  71.  72. 

A B C D E

उत्तरमाला

1	2	3	4	5	6	7	8	9	10
D	E	A	C	D	C	B	A	C	D
11	**12**	**13**	**14**	**15**	**16**	**17**	**18**	**19**	**20**
B	A	C	D	B	A	E	C	A	B
21	**22**	**23**	**24**	**25**	**26**	**27**	**28**	**29**	**30**
B	D	A	C	E	D	A	B	D	C
31	**32**	**33**	**34**	**35**	**36**	**37**	**38**	**39**	**40**
B	A	B	C	D	E	D	C	B	E
41	**42**	**43**	**44**	**45**	**46**	**47**	**48**	**49**	**50**
B	D	E	C	D	B	A	E	A	C

51	52	53	54	55	56	57	58	59	60
B	D	E	D	B	A	E	C	D	A
61	**62**	**63**	**64**	**65**	**66**	**67**	**68**	**69**	**70**
D	C	B	A	B	A	D	E	A	D
71	**72**								
C	B								

अभ्यास-6

निर्देश (प्रश्न संख्या 1 से 72) : *आगे चार-चार प्रश्नों के समूह की आकृतियाँ ऊपर दी गई हैं तथा इन चार प्रश्नों में दर्शाई गई आकृतियों की पांच प्रतिकृतियां नीचे की ओर दी गई हैं। आपको दी गई पांच उत्तर आकृतियों (A, B, C, D और E) में से उन उत्तर आकृतियों को ज्ञात करना है जो हू-ब-हू प्रश्न आकृतियों (ऊपर दी गई आकृतियों) के समान हैं।*

1.  **2.**  **3.**  **4.** 

A B C D E

5.  **6.**  **7.**  **8.** 

A B C D E

9.  **10.**  **11.**  **12.** 

A B C D E

13.  14.  15.  16. 

A B C D E

17. 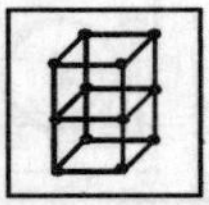 18. 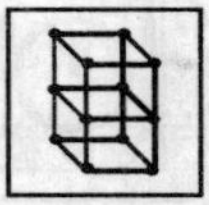 19. 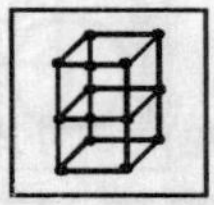 20. 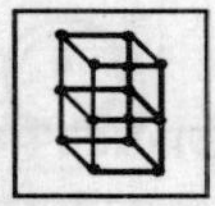

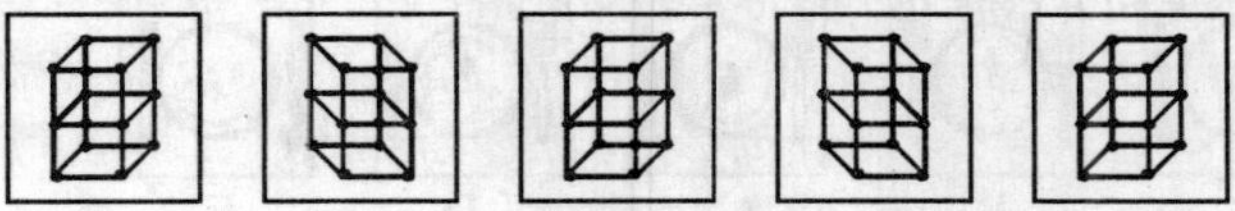

A B C D E

21.  22.  23.  24. 

A B C D E

25.  26.  27.  28. 

A B C D E

29.  30.  31.  32. 

A B C D E

33.  34.  35.  36. 

A B C D E

37.  38.  39.  40. 

A B C D E

41.  42.  43.  44. 

A B C D E

45.  46.  47.  48. 

A B C D E

49. 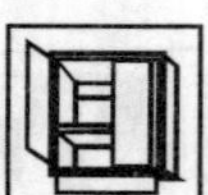 50.  51.  52. 

A B C D E

53.  54.  55.  56. 

A B C D E

57.  58.  59.  60. 

A B C D E

61.  62.  63.  64. 

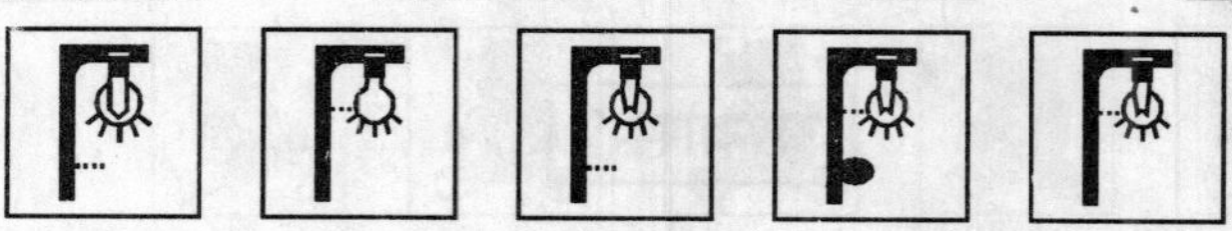

A B C D E

65.  66.  67.  68. 

A B C D E

69.  70.  71.  72. 

A B C D E

उत्तरमाला

1	2	3	4	5	6	7	8	9	10
D	E	A	C	B	A	D	C	C	D
11	**12**	**13**	**14**	**15**	**16**	**17**	**18**	**19**	**20**
E	A	A	C	B	E	E	D	A	B
21	**22**	**23**	**24**	**25**	**26**	**27**	**28**	**29**	**30**
C	D	E	A	E	C	A	D	B	A
31	**32**	**33**	**34**	**35**	**36**	**37**	**38**	**39**	**40**
D	C	C	D	E	A	D	A	B	C
41	**42**	**43**	**44**	**45**	**46**	**47**	**48**	**49**	**50**
D	B	C	A	E	D	A	C	E	B
51	**52**	**53**	**54**	**55**	**56**	**57**	**58**	**59**	**60**
D	A	C	D	A	B	C	B	A	E
61	**62**	**63**	**64**	**65**	**66**	**67**	**68**	**69**	**70**
B	E	D	C	B	D	E	A	C	E
71	**72**								
A	D								

अभ्यास-7

निर्देश (प्रश्न संख्या 1 से 72) : *आगे चार-चार प्रश्नों के समूह की आकृतियाँ ऊपर दी गई हैं तथा इन चार प्रश्नों में दर्शाई गई आकृतियों की पांच प्रतिकृतियां नीचे की ओर दी गई हैं। आपको दी गई पांच उत्तर आकृतियों (A, B, C, D और E) में से उन उत्तर आकृतियों को ज्ञात करना है जो हू-ब-हू प्रश्न आकृतियों (ऊपर दी गई आकृतियों) के समान हैं।*

1.  **2.**  **3.**  **4.** 

A

B

C

D

E

5.  **6.**  **7.**  **8.** 

A B C D E

9.  10.  11.  12. 

A B C D E

13.  14.  15.  16. 

A B C D E

17.  18.  19.  20. 

A B C D E

21.  22.  23.  24. 

A B C D E

25.  26.  27.  28. 

A B C D E

29.  30.  31.  32. 

A B C D E

33.  34.  35.  36. 

A B C D E

37.  38.  39.  40. 

A B C D E

41.  42.  43.  44. 

A B C D E

45.  46.  47.  48. 

A B C D E

49.  50.  51.  52. 

A B C D E

53. 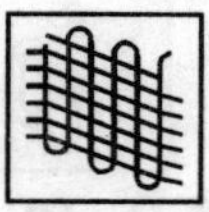 54.  55.  56. 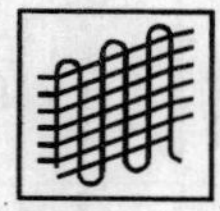

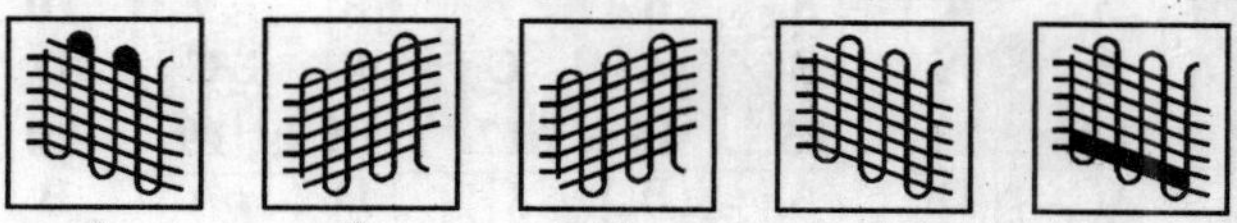

A B C D E

57.  58.  59.  60. 

A B C D E

61.  62.  63.  64. 

A B C D E

65.  66.  67.  68. 

A B C D E

69.  70.  71.  72. 

A B C D E

उत्तरमाला

1	2	3	4	5	6	7	8	9	10
D	C	B	A	B	A	C	E	C	D
11	**12**	**13**	**14**	**15**	**16**	**17**	**18**	**19**	**20**
E	A	C	D	A	B	C	D	A	B
21	**22**	**23**	**24**	**25**	**26**	**27**	**28**	**29**	**30**
B	D	A	C	C	B	A	E	C	A
31	**32**	**33**	**34**	**35**	**36**	**37**	**38**	**39**	**40**
E	B	B	A	D	C	E	A	C	B
41	**42**	**43**	**44**	**45**	**46**	**47**	**48**	**49**	**50**
D	C	B	A	E	D	A	B	E	C
51	**52**	**53**	**54**	**55**	**56**	**57**	**58**	**59**	**60**
B	A	D	E	A	B	C	E	A	B
61	**62**	**63**	**64**	**65**	**66**	**67**	**68**	**69**	**70**
D	C	B	A	B	A	D	C	B	A
71	**72**								
C	E								

अभ्यास-8

निर्देश (प्रश्न संख्या 1 से 72) : *आगे चार-चार प्रश्नों के समूह की आकृतियाँ ऊपर दी गई हैं तथा इन चार प्रश्नों में दर्शाई गई आकृतियों की पांच प्रतिकृतियां नीचे की ओर दी गई हैं। आपको दी गई पांच उत्तर आकृतियों (A, B, C, D और E) में से उन उत्तर आकृतियों को ज्ञात करना है जो हू-ब-हू प्रश्न आकृतियों (ऊपर दी गई आकृतियों) के समान हैं।*

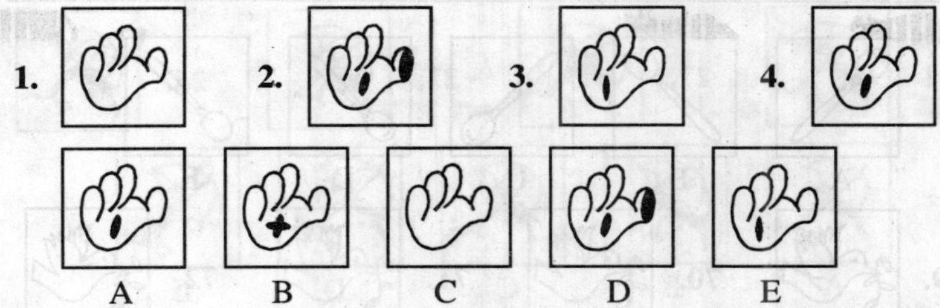
1. 2. 3. 4.
A B C D E

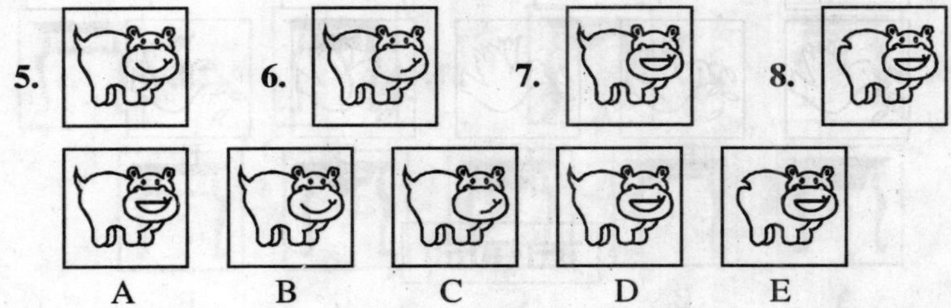
5. 6. 7. 8.
A B C D E

9. 10. 11. 12.
A B C D E

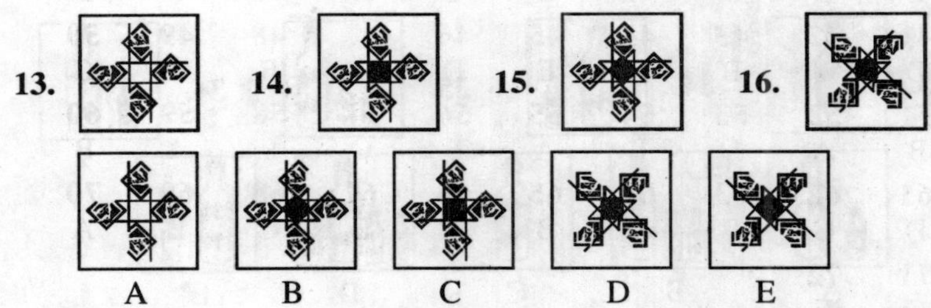
13. 14. 15. 16.
A B C D E

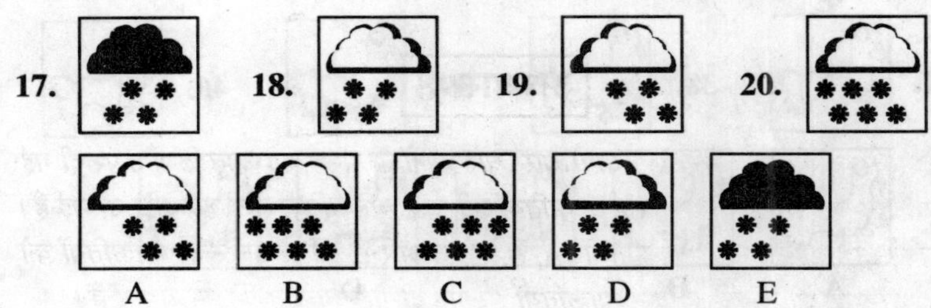
17. 18. 19. 20.
A B C D E

21.  22.  23.  24. 

A B C D E

25.  26.  27.  28. 

A B C D E

29.  30.  31.  32. 

A B C D E

33.  34.  35.  36. 

A B C D E

37.  38.  39.  40. 

A B C D E

41. 
42. 
43. 
44. 

A B C D E

45. 

46. 

47. 

48. 

A B C D E

49. 
50. 
51. 
52. 

A B C D E

53. 
54. 
55. 
56. 

A B C D E

57. 
58. 
59. 
60. 

A B C D E

61.  62.  63.  64. 

A B C D E

65.  66.  67.  68. 

A B C D E

69.  70.  71.  72. 

A B C D E

उत्तरमाला

1	**2**	**3**	**4**	**5**	**6**	**7**	**8**	**9**	**10**
C	D	E	A	B	C	D	E	C	D
11	**12**	**13**	**14**	**15**	**16**	**17**	**18**	**19**	**20**
B	A	A	C	B	D	E	D	A	B
21	**22**	**23**	**24**	**25**	**26**	**27**	**28**	**29**	**30**
D	C	B	A	B	D	A	E	E	D
31	**32**	**33**	**34**	**35**	**36**	**37**	**38**	**39**	**40**
A	B	C	E	B	A	B	A	E	C
41	**42**	**43**	**44**	**45**	**46**	**47**	**48**	**49**	**50**
C	D	A	B	E	A	B	C	D	E
51	**52**	**53**	**54**	**55**	**56**	**57**	**58**	**59**	**60**
A	C	D	C	B	A	A	D	C	B
61	**62**	**63**	**64**	**65**	**66**	**67**	**68**	**69**	**70**
B	E	D	A	C	E	B	A	B	A
71	**72**								
D	C								

अभ्यास-9

निर्देश (1-72) : आगे चार-चार प्रश्नों के समूह की आकृतियां बायीं तरफ दी गयी हैं तथा इन चार प्रश्नों में दर्शायी गयी आकृतियों की पांच प्रतिकृतियां दायीं तरफ दी गयी हैं। आपको दी गयी पांच आकृतियों (A, B, C, D तथा E) में से उन उत्तर आकृतियों को ज्ञात करना है जो हू-बहू प्रश्न आकृतियों के समान हैं।

1.  **(A)** 

2.  **(B)** 

3.  **(C)** 

4.  **(D)** 

(E) 

5.  **(A)** 

6.  **(B)** 

7.  **(C)** 

8.  **(D)** 

(E) 

9.  **(A)** 

10.  **(B)** 

11.  **(C)** 

12.  **(D)** 

(E) 

13.  **(A)** 

14.  **(B)** 

15.  **(C)** 

16.  **(D)** 

(E) 

17. 18. 19. 20.

(A) (B) (C) (D) (E)

21. 22. 23. 24.

(A) (B) (C) (D) (E)

25. 26. 27. 28.

(A) (B) (C) (D) (E)

29. 30. 31. 32.

(A) (B) (C) (D) (E)

33. 34. 35. 36.

(A) (B) (C) (D) (E)

37.
38.
39.
40.

(A)
(B)
(C)
(D)
(E)

41.
42.
43.
44.

(A)
(B)
(C)
(D)
(E)

45.
46.
47.
48.

(A)
(B)
(C)
(D)
(E)

49.
50.
51.
52.

(A)
(B)
(C)
(D)
(E)

53.
54.
55.
56.

(A)
(B)
(C)
(D)
(E)

57.
58.
59.
60.

(A)
(B)
(C)
(D)
(E)

61. 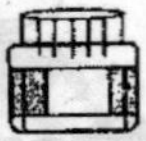 **(A)** 

62.  **(B)** 

63.  **(C)** 

64.  **(D)** 

(E) 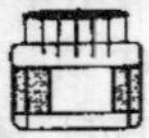

65.  **(A)** 

66.  **(B)** 

67.  **(C)** 

68.  **(D)** 

(E) 

69.  **(A)** 

70.  **(B)** 

71.  **(C)** 

72.  **(D)** 

(E) 

उत्तरमाला

1	2	3	4	5	6	7	8	9	10
B	A	E	C	C	D	A	B	E	A
11	**12**	**13**	**14**	**15**	**16**	**17**	**18**	**19**	**20**
B	C	C	D	A	B	D	E	A	C
21	**22**	**23**	**24**	**25**	**26**	**27**	**28**	**29**	**30**
B	A	E	C	E	C	B	A	C	A
31	**32**	**33**	**34**	**35**	**36**	**37**	**38**	**39**	**40**
E	B	C	E	B	A	B	E	A	C
41	**42**	**43**	**44**	**45**	**46**	**47**	**48**	**49**	**50**
C	E	A	B	C	E	A	B	B	A
51	**52**	**53**	**54**	**55**	**56**	**57**	**58**	**59**	**60**
D	C	B	E	D	A	D	A	C	B
61	**62**	**63**	**64**	**65**	**66**	**67**	**68**	**69**	**70**
B	A	E	C	A	A	D	C	C	E
71	**72**								
A	B								

4

स्मृति परीक्षण
(Memory Test)

इस प्रकार के परीक्षण के अन्तर्गत दो प्रकार के प्रश्न पूछे जाते हैं। पहले प्रकार में दो पृष्ठ स्मरण-पृष्ठ और प्रश्न-पृष्ठ होते हैं। स्मरण-पृष्ठ में कुछ चित्र तथा उनके सामने कुछ अंक दिये गये रहते हैं। प्रश्न-पृष्ठ में वहीं चित्र तथा उनके सामने अंकों को चार विकल्प दिये गये रहते हैं। आपको स्मरण-पृष्ठ में दिये गये चित्रों के सामने दिये गये अंकों को प्रश्न-पृष्ठ में दिये गये विकल्पों में से सही अंकों को ढूँढ़ना होता है।

उदाहण 1:

स्मरण–पृष्ठ

	25
	72
	67

प्रश्न–पृष्ठ

1		A	62
		B	25
		C	72
		D	67
2		A	75
		B	35
		C	72
		D	25
3	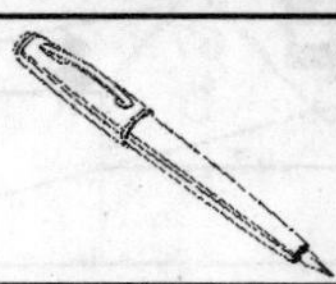	A	87
		B	67
		C	72
		D	25

उत्तर: 1. — C, **2.** — D, **3.** — B

दूसरे प्रकार के प्रश्न में भी दो पृष्ठ होते हैं। पहला पृष्ठ स्मरण-पृष्ठ (Memory Page) होता है जिसमें कुछ चित्र/आकृतियाँ दी गयी रहती है तथा दूसरा पृष्ठ प्रश्न-पृष्ठ (Question Page) होता है जिसमें अंग्रेजी वर्णमाला के अक्षर अंकित होते हैं। सर्वप्रथम अभ्यर्थियों को पहले पृष्ठ में दिए गए चित्रों या आकृतियों को ध्यानपूर्वक उसकी अवस्थिति को निर्धारित समय में स्मरण करने के बाद पहली पृष्ठ को पलटकर दूसरे पृष्ठ को देखना होता है और इस प्रश्न-पृष्ठ पर चित्रों या आकृतियों की सही अवस्थिति (Location) ज्ञात करके तद्नुसार प्रत्येक प्रश्न के सही उत्तर को उत्तर-पत्रक (Answer Sheet) में अंकित गोले को काला करना होता है।

उदाहण 2:

इस सेट में दिए गए किसी भी प्रश्न को हल करने के लिए दोनों चित्रों का अवलोकन आवश्यक है। प्रथम चित्र में दिए गए नक्शा का अवलोकन करने हेतु केवल 2 मिनट का समय निर्धारित रहता है तथा शेष दो मिनट प्रथम चित्र में दिए गए नक्शा में अंकित चित्रों/चिह्नों/आकृतियों की अवस्थिति को दूसरे चित्र में दिए गए नक्शा में निरूपित करने का होता है।

उदाहरणार्थ : प्रश्न संख्या '1' में दिए गए 'चश्मा के चित्र' की अवस्थिति को दूसरे चित्र में अंकित नक्शा में अंग्रेजी वर्णमाला के 'd' अक्षर द्वारा निरूपित किया जा सकता है; क्योंकि प्रथम चित्र के नक्शा में जिस स्थान पर 'चश्मा का चित्र' है दूसरे चित्र में दिए गए नक्शा में उसी स्थान पर 'd' अंकित है। अतः प्रश्न → 1 का सही उत्तर 'D' है।

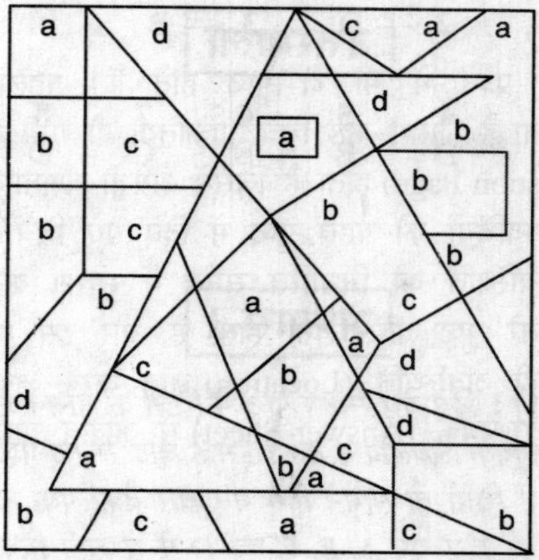

1. चश्मा कहां पर स्थित है?
A. a B. b C. c D. d
2. घड़ी कहां है?
A. a B. b C. c D. d
3. पुस्तक कहां पर स्थित है?
A. a B. b C. c D. d
4. कैलकुलेटर कहां पर रखा हुआ है?
A. a B. b C. c D. d
5. मकान किस जगह पर है?
A. a B. b C. c D. d
6. गधा कहां खड़ा है?
A. a B. b C. c D. d
7. पेन किस स्थान पर है?
A. a B. b C. c D. d
8. सांप कहां पर बैठा है?
A. a B. b C. c D. d
9. बस कहां पर खड़ी है?
A. a B. b C. c D. d
10. आदमी कहां पर खड़ा है?
A. a B. b C. c D. d
11. कटोरा कहां पर रखा हुआ है?
A. a B. b C. c D. d
12. मन्दिर कहां है?
A. a B. b C. c D. d

उत्तरमाला

1	2	3	4	5	6	7	8	9	10
D	C	A	D	B	B	C	D	D	B
11	**12**								
C	A								

अभ्यास-1

निदेश (प्रश्न सं. 1-21) : *दिए गए स्मरण-पृष्ठ में चित्रों के सामने के अंकों का निर्धारित प्रथम 3 मिनट में ध्यानपूर्वक अवलोकन करें। इसके बाद स्मरण-पृष्ठ को पलटकर दूसरे 3 मिनट में प्रश्न पृष्ठ में चित्रों के सामने दिए गए चार वैकल्पिक अंकों में से सही अंक को ढूँढ़कर उत्तर-पत्रक में दिए गए A, B, C एवं D में से सही विकल्प को काला करें।*

स्मरण-पृष्ठ

	29		25
	37	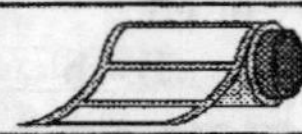	31
	41		35
	22		59
	54		92
	62		39
	06		19
	26		07
	14		60
	55		88
	21		

प्रश्न–पृष्ठ

1.		A	15	12.		A	27
		B	35			B	39
		C	36			C	53
		D	53			D	19
2.	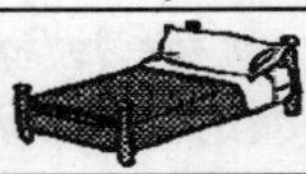	A	97	13.		A	92
		B	63			B	22
		C	07			C	07
		D	37			D	39
3.		A	78	14.		A	18
		B	59			B	11
		C	56			C	41
		D	39			D	39
4.	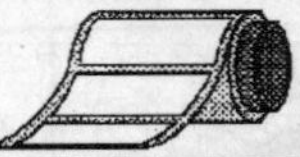	A	31	15.		A	31
		B	93			B	22
		C	13			C	14
		D	25			D	29
5.		A	65	16.		A	63
		B	25			B	60
		C	51			C	25
		D	43			D	26
6.		A	18	17.		A	22
		B	53			B	11
		C	88			C	29
		D	69			D	27
7.		A	60	18.		A	45
		B	06			B	55
		C	76			C	31
		D	15			D	15
8.		A	26	19.		A	14
		B	21			B	21
		C	62			C	29
		D	59			D	13
9.		A	45	20.		A	11
		B	64			B	06
		C	14			C	21
		D	54			D	59
10.		A	60	21.		A	31
		B	29			B	06
		C	06			C	37
		D	22			D	07
11.		A	19				
		B	21				
		C	14				
		D	39				

उत्तरमाला

1	2	3	4	5	6	7	8	9	10
B	D	B	A	B	C	A	C	D	C
11	**12**	**13**	**14**	**15**	**16**	**17**	**18**	**19**	**20**
A	B	A	C	B	D	C	B	A	C
21									
D									

अभ्यास-2

निदेश (प्रश्न सं. 1-21) : *दिए गए स्मरण-पृष्ठ में चित्रों के सामने के अंकों का निर्धारित प्रथम 3 मिनट में ध्यानपूर्वक अवलोकन करें। इसके बाद स्मरण-पृष्ठ को पलटकर दूसरे 3 मिनट में प्रश्न पृष्ठ में चित्रों के सामने दिए गए चार वैकल्पिक अंकों में से सही अंक को ढूँढ़कर उत्तर-पत्रक में दिए गए A, B, C एवं D में से सही विकल्प को काला करें।*

स्मरण–पृष्ठ

	53		69
	25		84
	27		79
	33		29
	30		01
	09		50
	11		44
	91		19
	26		95
	39		49
	77		

प्रश्न-पृष्ठ

1.		A	26	12.		A	79
		B	29			B	91
		C	95			C	27
		D	79			D	01
2.		A	27	13.		A	01
		B	74			B	21
		C	77			C	39
		D	79			D	84
3.		A	11	14.		A	23
		B	19			B	19
		C	33			C	33
		D	26			D	27
4.		A	84	15.		A	09
		B	30			B	30
		C	09			C	27
		D	39			D	53
5.		A	53	16.		A	41
		B	30			B	34
		C	95			C	26
		D	25			D	84
6.		A	79	17.		A	26
		B	19			B	29
		C	91			C	31
		D	26			D	43
7.		A	22	18.		A	45
		B	34			B	27
		C	46			C	29
		D	44			D	30
8.		A	41	19.		A	59
		B	39			B	25
		C	19			C	11
		D	91			D	75
9.	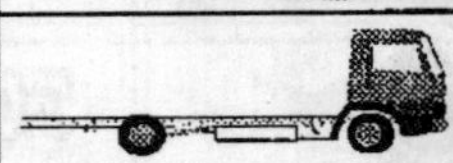	A	45	20.		A	13
		B	14			B	43
		C	49			C	27
		D	30			D	30
10.		A	59	21.		A	59
		B	11			B	26
		C	27			C	50
		D	69			D	09
11.		A	19				
		B	79				
		C	91				
		D	84				

उत्तरमाला

1	2	3	4	5	6	7	8	9	10
B	C	A	C	C	A	D	B	C	D
11	**12**	**13**	**14**	**15**	**16**	**17**	**18**	**19**	**20**
A	B	A	C	D	D	A	B	B	D
21									
C									

अभ्यास-3

निदेश (प्रश्न सं. 1-21) : *दिए गए स्मरण-पृष्ठ में चित्रों के सामने के अंकों का निर्धारित प्रथम 3 मिनट में ध्यानपूर्वक अवलोकन करें। इसके बाद स्मरण-पृष्ठ को पलटकर दूसरे 3 मिनट में प्रश्न पृष्ठ में चित्रों के सामने दिए गए चार वैकल्पिक अंकों में से सही अंक को ढूँढ़कर उत्तर-पत्रक में दिए गए A, B, C एवं D में से सही विकल्प को काला करें।*

स्मरण-पृष्ठ

	99		76
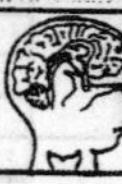	48		71
	90		27
	23		63
	61	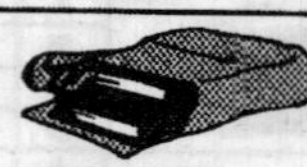	93
	72		55
	19		37
	25		17
	84		22
	32		80
	88		

प्रश्न-पृष्ठ

1.		A	61	12.	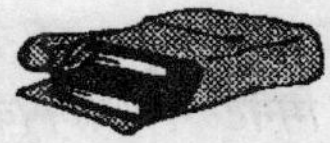	A	97
		B	36			B	91
		C	63			C	39
		D	53			D	93
2.		A	76	13.		A	61
		B	63			B	16
		C	67			C	17
		D	17			D	60
3.		A	23	14.		A	48
		B	52			B	50
		C	30			C	84
		D	25			D	89
4.		A	93	15.		A	23
		B	99			B	32
		C	84			C	25
		D	80			D	30
5.		A	17	16.	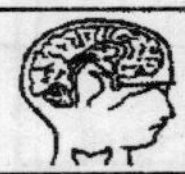	A	84
		B	22			B	58
		C	91			C	48
		D	19			D	46
6.		A	80	17.		A	22
		B	84			B	72
		C	88			C	25
		D	48			D	19
7.		A	61	18.		A	90
		B	17			B	27
		C	71			C	72
		D	72			D	17
8.		A	27	19.		A	30
		B	35			B	10
		C	39			C	80
		D	37			D	90
9.		A	55	20.		A	72
		B	45			B	17
		C	48			C	27
		D	50			D	19
10.		A	17	21.		A	47
		B	82			B	37
		C	84			C	27
		D	88			D	17
11.		A	23				
		B	32				
		C	39				
		D	93				

उत्तरमाला

1	2	3	4	5	6	7	8	9	10
C	A	D	B	D	A	C	D	A	D
11	**12**	**13**	**14**	**15**	**16**	**17**	**18**	**19**	**20**
B	D	A	C	A	C	A	C	D	C
21									
D									

अभ्यास-4

निर्देश (प्रश्न संख्या 1 से 12) : *इस सेट में दिए गए किसी भी प्रश्न को हल करने के लिए दोनों नक्शों का अवलोकन आवश्यक है। पहले नक्शे का अवलोकन करने हेतु केवल 2 मिनट का समय निर्धारित है तथा शेष 2 मिनट का समय पहले नक्शे पर अंकित चित्रों/आकृतियों की अवस्थिति को दूसरे नक्शे में निरूपित करने के लिए है।*

उदाहरणार्थ : प्रश्न संख्या '1' में दिए गए 'साइकिल के चित्र' की अवस्थिति को दूसरे नक्शे में अंग्रेजी वर्णमाला के 'd' अक्षर द्वारा निरूपित किया जा सकता है; क्योंकि पहले नक्शे में जिस स्थान पर 'साइकिल का चित्र' है दूसरे नक्शे में उसी स्थान पर 'd' अंकित है। अतः आपका उत्तर 'D' होगा।

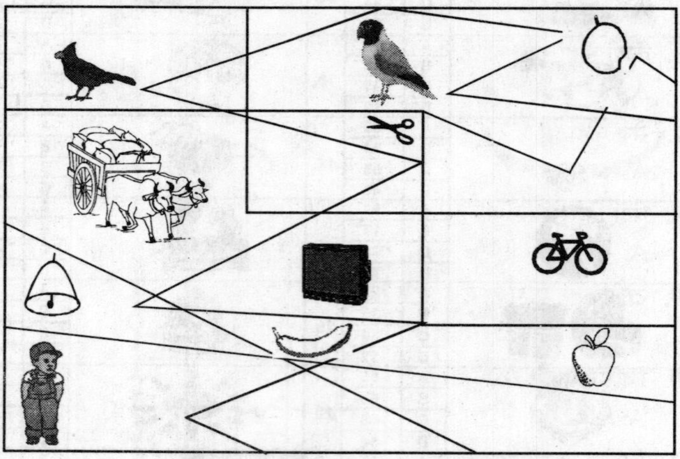

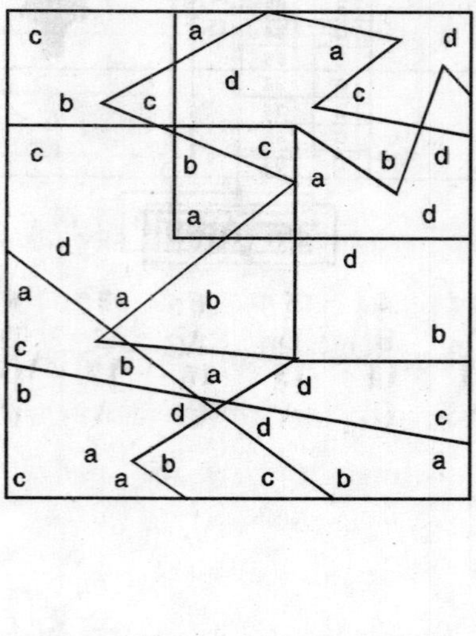

1. साइकिल कहां पर है?

A. a B. b C. c D. d

2. बैलगाड़ी किस जगह पर है?

A. a B. b C. c D. d

3. केला कहां है?

A. a B. b C. c D. d

4. तोता कहां बैठा है?

A. a B. b C. c D. d

5. बच्चा किस स्थान पर है?

A. a B. b C. c D. d

6. कैंची कहां रखी हुई है?

A. a B. b C. c D. d

7. सेब कहां पर है?

A. a B. b C. c D. d

8. घंटी किस स्थान पर है?

A. a B. b C. c D. d

9. टेलीविजन कहां रखा हुआ है?

A. a B. b C. c D. d

10. चिड़िया किस स्थान पर है?

A. a B. b C. c D. d

11. बिल्ली किस स्थान पर है?

A. a B. b C. c D. d

12. आम कहां है?

A. a B. b C. c D. d

उत्तरमाला

1	**2**	**3**	**4**	**5**	**6**	**7**	**8**	**9**	**10**
D	C	A	D	B	C	C	C	B	B
11	**12**								
D	C								

अभ्यास-5

निर्देश (प्रश्न संख्या 1 से 12) : *इस सेट में दिए गए किसी भी प्रश्न को हल करने के लिए दोनों नक्शों का अवलोकन आवश्यक है। पहले नक्शे का अवलोकन करने हेतु केवल 2 मिनट का समय निर्धारित है तथा शेष 2 मिनट का समय पहले नक्शे पर अंकित चित्रों/आकृतियों की अवस्थिति को दूसरे नक्शे में निरूपित करने के लिए है।*

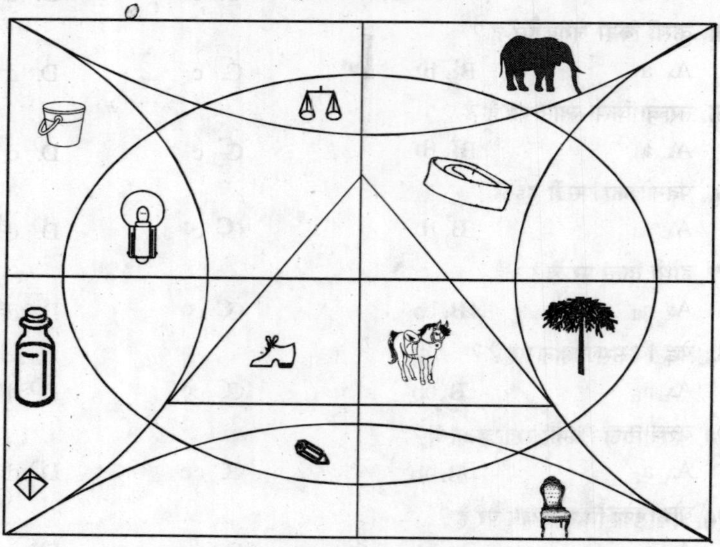

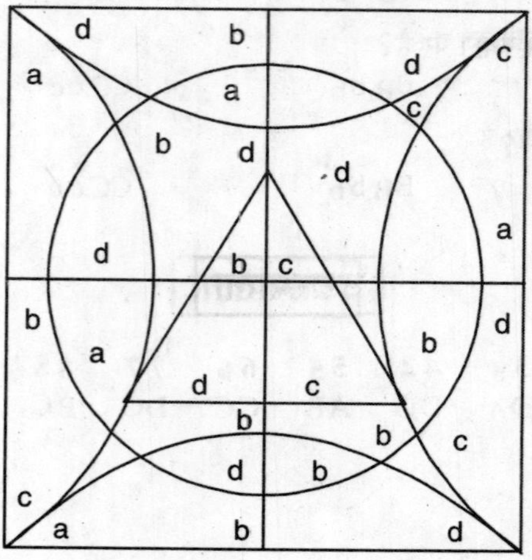

1. बोतल किस जगह पर है?
A. a B. b C. c D. d

2. टोपी कहां पर रखी हुई है?
A. a B. b C. c D. d

3. जूता कहां है?
A. a B. b C. c D. d

4. कुर्सी किस जगह पर है?
A. a B. b C. c D. d

5. तराजू किस स्थान पर है?
A. a B. b C. c D. d

6. पतंग कहां पर है?
A. a B. b C. c D. d

7. हाथी किस स्थान पर है?
A. a B. b C. c D. d

8. पेड़ किस जगह पर है?
A. a B. b C. c D. d

9. बल्ब कहां पर है?
A. a B. b C. c D. d

10. घोड़ा किस स्थान पर है?
A. a B. b C. c D. d

11. बाल्टी कहां रखी हुई है?
A. a B. b C. c D. d

12. पेन्सिल कहां पर है?
A. a B. b C. c D. d

उत्तरमाला

1	2	3	4	5	6	7	8	9	10	11	12
B	D	D	D	A	C	D	B	D	C	A	D

अभ्यास-6

निर्देश (प्रश्न संख्या 1 से 12) : *इस सेट में दिए गए किसी भी प्रश्न को हल करने के लिए दोनों नक्शों का अवलोकन आवश्यक है। पहले नक्शे का अवलोकन करने हेतु केवल 2 मिनट का समय निर्धारित है तथा शेष 2 मिनट का समय पहले नक्शे पर अंकित चित्रों/आकृतियों की अवस्थिति को दूसरे नक्शे में निरूपित करने के लिए है।*

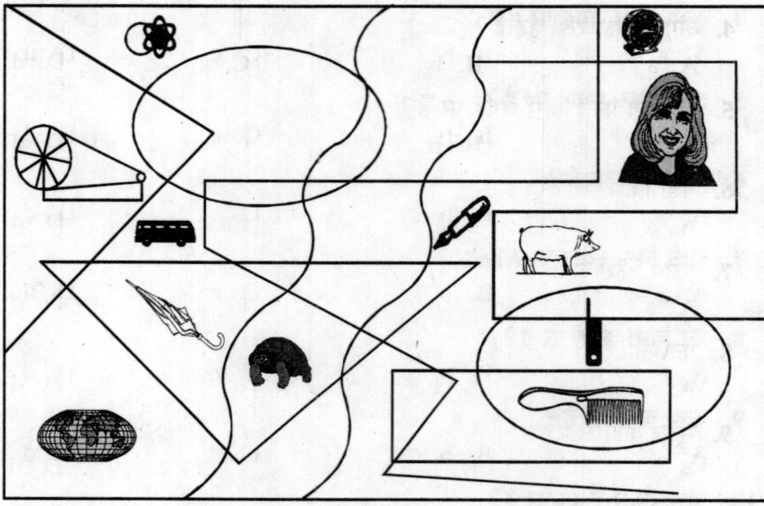

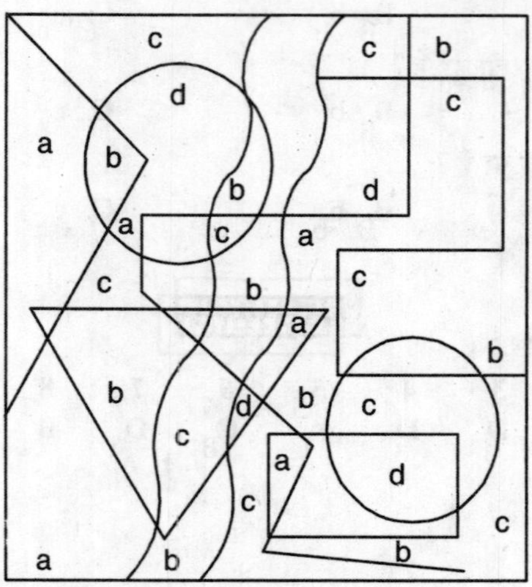

1. कछुआ कहां पर है?

A. a B. b C. c D. d

2. लड़की कहां खड़ी है?

A. a B. b C. c D. d

3. बस किस स्थान पर है?

A. a B. b C. c D. d

4. अंगूठी कहां रखी हुई है?

A. a B. b C. c D. d

5. मोबाइल फोन किस जगह पर है?

A. a B. b C. c D. d

6. घड़ी किस स्थान पर है?

A. a B. b C. c D. d

7. ग्लोब किस जगह है?

A. a B. b C. c D. d

8. पेन कहां है?

A. a B. b C. c D. d

9. सूरज कहां रखा हुआ है?

A. a B. b C. c D. d

10. छाता कहां पर है?

A. a B. b C. c D. d

11. सुअर किस जगह पर है?

A. a B. b C. c D. d

12. कंघी कहां है?

A. a B. b C. c D. d

उत्तरमाला

1	2	3	4	5	6	7	8	9	10
C	C	C	C	C	B	A	A	A	B

11	12
C	D

अभ्यास-7

निर्देश (प्रश्न संख्या 1 से 12) : *इस सेट में दिए गए किसी भी प्रश्न को हल करने के लिए दोनों नक्शों का अवलोकन आवश्यक है। पहले नक्शे का अवलोकन करने हेतु केवल 2 मिनट का समय निर्धारित है तथा शेष 2 मिनट का समय पहले नक्शे पर अंकित चित्रों/आकृतियों की अवस्थिति को दूसरे नक्शे में निरूपित करने के लिए है।*

उदाहरणार्थ : प्रश्न संख्या '1' में दिए गए 'शेर के चित्र' की अवस्थिति को दूसरे नक्शे में अंग्रेजी वर्णमाला के 'a' अक्षर द्वारा निरूपित किया जा सकता है; क्योंकि पहले नक्शे में जिस स्थान पर 'a' अंकित है। अत: आपका उत्तर 'A' होगा।

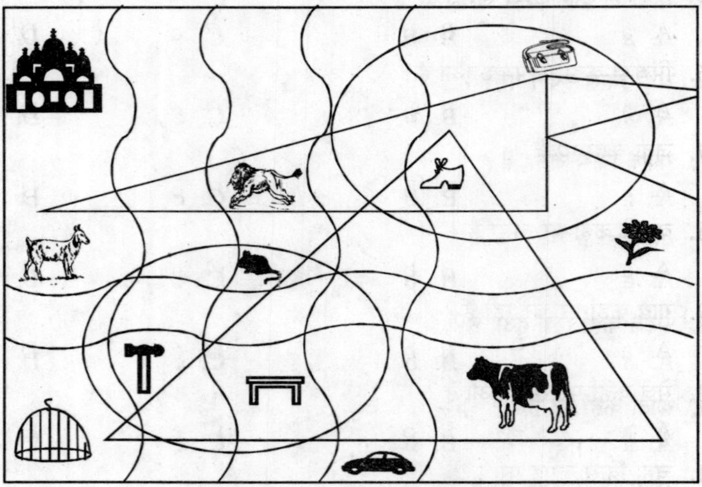

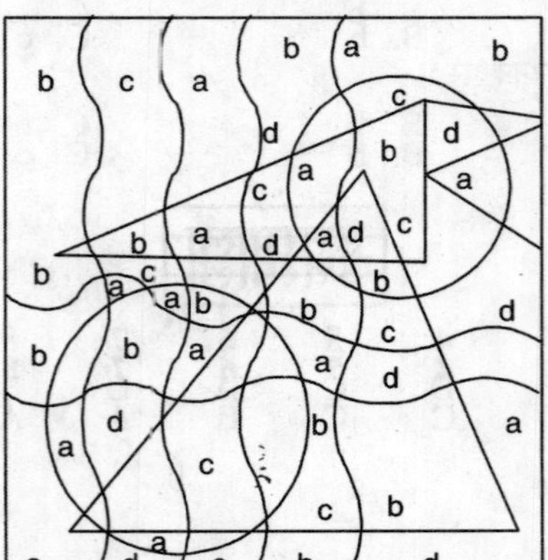

1. शेर कहां पर है?

A. a B. b C. c D. d

2. कार कहां पर खड़ी है?

A. a B. b C. c D. d

3. फूल कहां खिला है?

A. a B. b C. c D. d

4. हथौड़ा किस जगह पर है?

A. a B. b C. c D. d

5. बैग किस जगह पर है?

A. a B. b C. c D. d

6. पिंजड़ा कहां पर रखा हुआ है?

A. a B. b C. c D. d

7. जूता कहां पर है?

A. a B. b C. c D. d

8. बकरी कहां पर खड़ी है?

A. a B. b C. c D. d

9. गाय कहां पर चर रही हैं?

A. a B. b C. c D. d

10. मेज कहां पर रखा हुआ है?

A. a B. b C. c D. d

11. चूहा किस जगह पर है?

A. a B. b C. c D. d

12. गुरुद्वारा किस स्थान पर है?

A. a B. b C. c D. d

उत्तरमाला

1	**2**	**3**	**4**	**5**	**6**	**7**	**8**	**9**	**10**
A	B	D	D	C	A	D	B	B	C
11	**12**								
B	B								

अभ्यास-8

निर्देश (प्रश्न संख्या 1 से 12) : *इस सेट में दिए गए किसी भी प्रश्न को हल करने के लिए दोनों नक्शों का अवलोकन आवश्यक है। पहले नक्शे का अवलोकन करने हेतु केवल 2 मिनट का समय निर्धारित है तथा शेष 2 मिनट का समय पहले नक्शे पर अंकित चित्रों/आकृतियों की अवस्थिति को दूसरे नक्शे में निरूपित करने तथा अपने उत्तर को यथास्थान दर्शाने का है।*

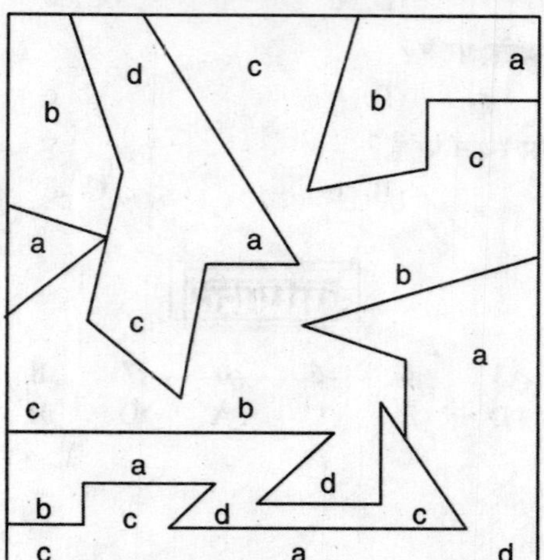

1. चर्च किस जगह पर है?

A. a B. b C. c D. d

2. किताब कहां पर है?

A. a B. b C. c D. d

3. स्कूल किस स्थान पर है?

A. a B. b C. c D. d

4. उल्लू कहां बैठा है?

A. a B. b C. c D. d

5. चूहा किस जगह पर है?

A. a B. b C. c D. d

6. टेलिफोन कहां पर है?

A. a B. b C. c D. d

7. कैंची किस स्थान पर है?

A. a B. b C. c D. d

8. ग्लास कहां रखा हुआ है?

A. a B. b C. c D. d

9. आम किस स्थान पर है?

A. a B. b C. c D. d

10. रेडियो किस जगह पर है?

A. a B. b C. c D. d

11. आइसक्रीम कहां पर है?

A. a B. b C. c D. d

12. कुत्ता कहां है?

A. a B. b C. c D. d

उत्तरमाला

1	2	3	4	5	6	7	8	9	10
B	A	B	B	C	C	A	A	A	B
11	**12**								
A	A								

5

संक्षिप्त रास्ता खोज परीक्षण
(Shortest Route Search Test)

इस प्रकार के प्रश्न के अन्तर्गत एक स्थान से दूसरे स्थान तक जाने के लिए छोटा-से-छोटा रास्ता खोजा जाता है।

महत्त्वपूर्ण तथ्य

- प्रत्येक चित्र में खड़ी (Vertical) (↕) तथा पड़ी (Horizontal) (↔) रेखाएं रास्ते को दर्शाती हैं।
- दिये गये चित्र में एक स्थान से दूसरे स्थान तक पहुँचने के लिए आपको छोटा रास्ता चयन करना होता है, जिनके बीच में कई अवरोधक होते हैं जिसे (⊣⊢) से सूचित किया जाता है। अवरोधक पूरे चित्र में कहीं भी हो सकता है।
- प्रत्येक चित्र में छोटे-छोटे वर्ग (┼┘) बने हुए हैं, जिनके अंदर कोई अंक दिया गया होता है। ये छोटे-छोटे वर्ग चार दीवारों वाले घर हैं, जिनकी दो दीवारें रास्ते से सटी हुई है।
- एक स्थान से दूसरे स्थान पर जाने के लिए आपको ऐसे रास्ते का चुनाव करना होता है जो सिर्फ एक घर से होकर गुजरे तथा उनकी एक या दो दीवारों को स्पर्श करते हुए निकले।
- आपके द्वारा चुना गया रास्ता जिस घर के एक या दो दीवारों को छूकर निकलता है, उस घर का नम्बर ही आपका उत्तर होगा।

अभ्यास-1

निर्देश (प्रश्न संख्या 1 से 40) : *आगे दिए गए प्रत्येक चित्र को ध्यान से देखें। प्रत्येक चित्र में एक स्थान से दूसरे स्थान तक पहुंचने के लिए आपको सबसे छोटे अथवा सबसे उपयुक्त रास्ते को चुनना है।*

⇒ प्रत्येक चित्र में खड़ी (↕) तथा पड़ी (↔) रेखाएं रास्ते को दर्शाती हैं, जिनमें बीच-बीच में अवरोधक (⊣⊢) भी हैं, जिन्हें पार करके जाना संभव नहीं है।

⇒ प्रत्येक चित्र में छोटे-छोटे वर्ग (┿) बने हुए हैं, जिनके भीतर कोई अंक दिया गया है। ये छोटे-छोटे वर्ग चार दीवारों वाले घर हैं, जिनकी दो दीवारें रास्ते से सटी हुई हैं।

⇒ आप एक स्थान से दूसरे स्थान पर जाने के लिए ऐसे रास्ते का चुनाव करें जिससे आपको रास्ते में सिर्फ एक घर से होकर गुजरना पड़े। आपके द्वारा चुना गया रास्ता जिस घर की दो दीवारों को छूकर निकलता है, उस घर का नम्बर ही आपका उत्तर होगा।

⇒ घरों के भीतर 1 से 10 तक संख्या अंकित है। आप जिस रास्ते का चुनाव करते हैं, उससे संबंधित घर की संख्या को उत्तर-पत्रक पर दर्शायें।

भाग-1

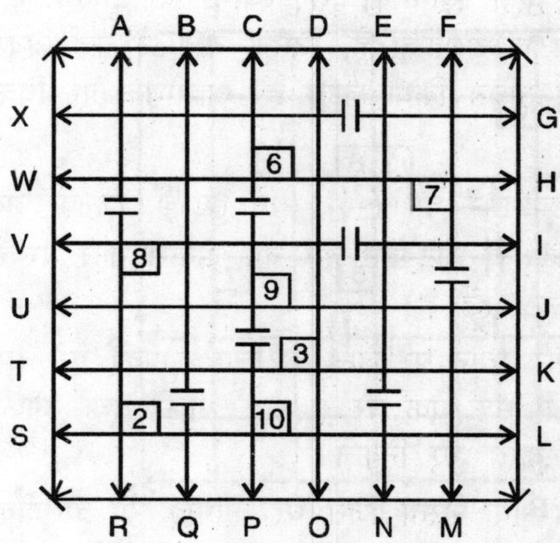

1. C से I तक पहुंचने का सबसे छोटा मार्ग कौन-सा है?
A. 8 B. 7 C. 6 D. 10

2. E से P तक पहुंचने का सबसे उपयुक्त मार्ग कौन-सा है?
A. 10 B. 7 C. 8 D. 3

3. K से C तक पहुंचने का सबसे छोटा मार्ग कौन-सा है?
A. 6 B. 3 C. 7 D. 2

4. F से R तक पहुंचने का सबसे उपयुक्त मार्ग कौन-सा है?
A. 10 B. 3 C. 6 D. 8

5. Q से B तक पहुंचने का सबसे छोटा मार्ग कौन-सा है?
A. 2 B. 7 C. 6 D. 4

6. T से E तक पहुंचने का सबसे छोटा मार्ग कौन-सा है?
A. 7 B. 6 C. 5 D. 3

7. D से U तक पहुंचने का सबसे छोटा मार्ग कौन-सा है?
A. 6 B. 8 C. 3 D. 10

8. L से X तक पहुंचने का सबसे छोटा मार्ग कौन-सा है?
A. 10 B. 3 C. 7 D. 2

9. D से P तक पहुंचने का सबसे छोटा मार्ग कौन-सा है?
A. 7 B. 2 C. 9 D. 3

10. A से O तक पहुंचने का सबसे छोटा मार्ग कौन-सा है?
A. 9 B. 2 C. 6 D. 7

भाग-2

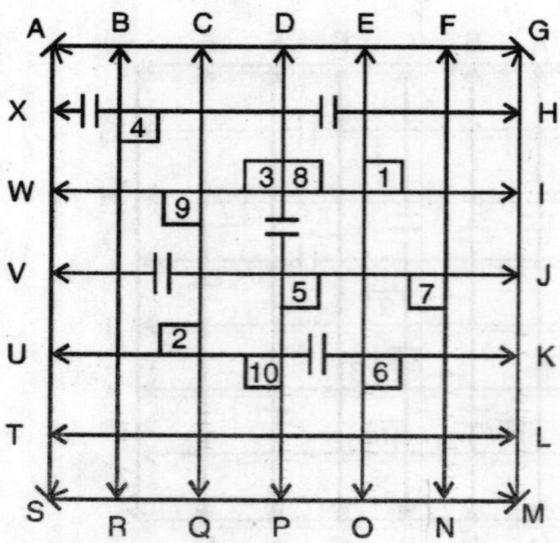

11. C से W तक पहुंचने का सबसे छोटा मार्ग कौन-सा है?
A. 4 B. 8 C. 6 D. 7

12. C से U तक पहुंचने का सबसे छोटा मार्ग कौन-सा है?
A. 3 B. 6 C. 2 D. 7

13. K से O तक पहुंचने का सबसे छोटा मार्ग कौन-सा है?
A. 3 B. 6 C. 2 D. 5

14. E से N तक पहुंचने का सबसे छोटा मार्ग कौन-सा है?
A. 7 B. 8 C. 1 D. 3

15. J से P तक पहुंचने का सबसे छोटा मार्ग कौन-सा है?
A. 3 B. 8 C. 2 D. 5

16. I से E तक पहुंचने का सबसे छोटा मार्ग कौन-सा है?
A. 1 B. 5 C. 2 D. 3

17. J से W तक पहुंचने का सबसे छोटा मार्ग कौन-सा है?
A. 2 B. 5 C. 9 D. 6

18. W से D तक पहुंचने का सबसे छोटा मार्ग कौन-सा है?
A. 2 B. 6 C. 3 D. 7

19. D से I तक पहुंचने का सबसे छोटा मार्ग कौन-सा है?
A. 2 B. 5 C. 7 D. 8

20. P से V तक पहुंचने का सबसे छोटा मार्ग कौन-सा है?
A. 10 B. 3 C. 5 D. 2

भाग-3

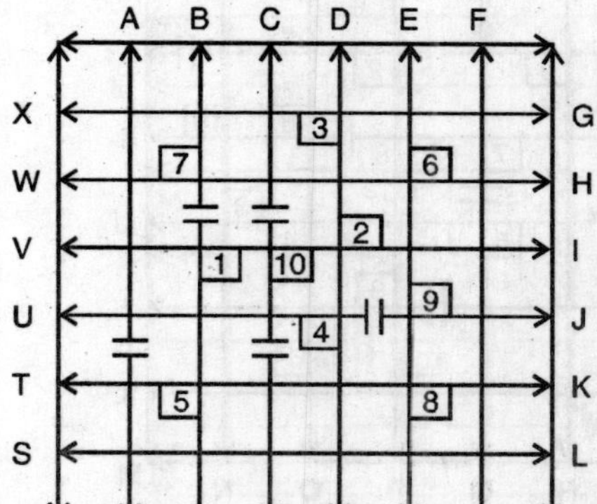

21. A से M तक पहुंचने का सबसे छोटा मार्ग कौन-सा है?
A. 4 B. 3 C. 2 D. 1

22. F से S तक पहुंचने का सबसे छोटा मार्ग कौन-सा है?
A. 3 B. 4 C. 2 D. 1

23. T से H तक पहुंचने का सबसे छोटा मार्ग कौन-सा है?
A. 1 B. 3 C. 4 D. 2

24. K से B तक पहुंचने का सबसे छोटा मार्ग कौन-सा है?
A. 4 B. 10 C. 9 D. 2

25. U से L तक जाने का सबसे छोटा मार्ग कौन-सा है?
A. 5 B. 4 C. 3 D. 2

26. B से O तक जाने का सबसे उपयुक्त मार्ग कौन-सा है?

A. 10 B. 8 C. 5 D. 3

27. R से G तक जाने का सबसे छोटा मार्ग कौन-सा है?

A. 1 B. 2 C. 3 D. 4

28. J से X तक जाने का सबसे छोटा मार्ग कौन-सा है?

A. 7 B. 8 C. 9 D. 10

29. U से G तक जाने का सबसे छोटा मार्ग कौन-सा है?

A. 10 B. 7 C. 8 D. 1

30. R से D तक पहुंचने का सबसे छोटा मार्ग कौन-सा है?

A. 2 B. 4 C. 5 D. 1

भाग-4

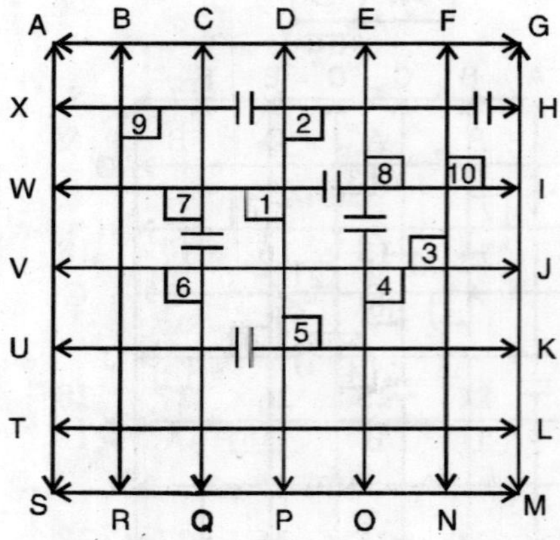

31. C से W तक पहुंचने का सबसे छोटा मार्ग कौन-सा है?

A. 7 B. 5 C. 2 D. 9

32. C से V तक पहुंचने का सबसे छोटा मार्ग कौन-सा है?

A. 2 B. 7 C. 1 D. 9

33. V से Q तक पहुंचने का सबसे छोटा मार्ग कौन-सा है?

A. 2 B. 1 C. 6 D. 3

34. E से I तक पहुंचने का सबसे छोटा मार्ग कौन-सा है?

A. 4 B. 8 C. 5 D. 3

35. O से I तक पहुंचने का सबसे छोटा मार्ग कौन-सा है?

A. 3 B. 2 C. 1 D. 4

36. V से I तक पहुंचने का सबसे छोटा मार्ग कौन-सा है?
A. 3 B. 2 C. 8 D. 6

37. D से O तक पहुंचने का सबसे छोटा मार्ग कौन-सा है?
A. 4 B. 5 C. 3 D. 2

38. F से I तक पहुंचने का सबसे छोटा मार्ग कौन-सा है?
A. 8 B. 7 C. 1 D. 10

39. W से E तक पहुंचने का सबसे छोटा मार्ग कौन-सा है?
A. 4 B. 2 C. 8 D. 7

40. C से F तक पहुंचने का सबसे छोटा मार्ग कौन-सा है?
A. 1 B. 8 C. 7 D. 2

उत्तरमाला

भाग-1

1	2	3	4	5	6	7	8	9	10
C	D	A	B	A	D	B	A	D	C

भाग-2

11	12	13	14	15	16	17	18	19	20
A	C	B	A	D	A	C	C	D	A

भाग-3

21	22	23	24	25	26	27	28	29	30
A	D	A	D	B	D	A	C	A	D

भाग-4

31	32	33	34	35	36	37	38	39	40
D	D	C	B	D	A	B	D	B	A

अभ्यास-2

निर्देश (प्रश्न संख्या 1 से 40) : *आगे दिए गए प्रत्येक चित्र को ध्यान से देखें। प्रत्येक चित्र में एक स्थान से दूसरे स्थान तक पहुंचने के लिए आपको सबसे छोटे अथवा सबसे उपयुक्त रास्ते को चुनना है।*

⇒ प्रत्येक चित्र में खड़ी (↕) तथा पड़ी (↔) रेखाएं रास्ते को दर्शाती हैं, जिनमें बीच-बीच में अवरोधक (—○—) भी हैं, जिन्हें पार करके जाना संभव नहीं है।

⇒ चित्रों में छोटे-छोटे खाने (─┼┘) बने हुए हैं, जिनके भीतर कोई अंक दिया गया है। ये छोटे-छोटे खाने चार दीवारों वाले घर हैं, जिनकी दो दीवारें रास्ते से सटी हुई हैं।

⇒ आप एक स्थान से दूसरे स्थान पर जाने हेतु जिस रास्ते का चुनाव करते हैं उस रास्ते को किसी एक घर की दो दीवारों या एक दीवार को छूकर जाना चाहिए आपके द्वारा चुना गया रास्ता जिस घर की दीवार को छूकर निकलता है, उस घर का नम्बर ही आपका उत्तर होगा।

⇒ घरों के भीतर 1 से 10 तक संख्या अंकित है तथा उत्तर-पत्रक में इन प्रश्नों के उत्तर हेतु विकल्पों की संख्या भी 1 से 10 तक होती है। आप जिस रास्ते का चुनाव करते हैं, उससे संबंधित घर की संख्या को उत्तर-पत्रक पर काला करना होता है।

भाग-1

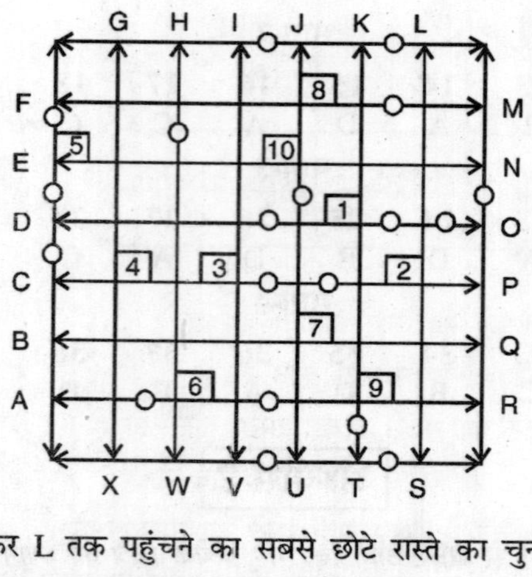

1. B से चलकर L तक पहुंचने का सबसे छोटे रास्ते का चुनाव करें।

2. D से V तक जाने का उत्तम रास्ता कौन-सा है?

3. A से प्रस्थान कर O तक जाने के लिए छोटे रास्ते का चुनाव करें।

4. U स्थान से Q स्थान तक जाने के लिए सबसे उत्तम रास्ता कौन-सा होगा?

5. T से E तक जाने के लिए सबसे छोटे रास्ते का चुनाव करें।

6. K से चलकर P तक पहुंचने का सबसे छोटा रास्ता कौन-सा है?
7. D से चलकर J स्थान तक पहुंचने के लिए सही रास्ते का नम्बर क्या है?
8. एक व्यक्ति के लिए A से I तक पहुंचने के लिए किस रास्ते का चुनाव करना उत्तम होगा?
9. A से O तक जाने के लिए सबसे छोटा रास्ता कौन-सा होगा?
10. P से V तक जाने के लिए सबसे अच्छा रास्ता कौन-सा होगा?

भाग-2

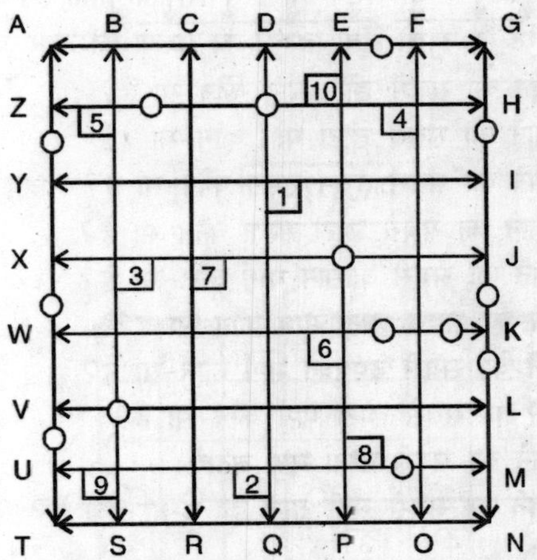

11. A से R तक पहुंचने का सबसे छोटा मार्ग चुनें।
12. J से B तक जाने का उत्तम मार्ग कौन-सा है?
13. F से O तक जाने का सबसे अच्छा रास्ता कौन-सा होगा?
14. P से U तक जाने का सबसे छोटा मार्ग कौन-सा है?
15. Q से C तक पहुंचने के लिए सही रास्ते का नम्बर क्या है?
16. H से T तक पहुंचने का सबसे उत्तम रास्ता कौन-सा होगा?
17. M से E तक का सबसे छोटा मार्ग कौन-सा है?
18. N से U तक जाने का उत्तम रास्ता कौन है?
19. R से F तक जाने का सबसे छोटा रास्ता कौन-सा है?
20. X से O तक जाने का सबसे उपयुक्त रास्ता कौन-सा है?

भाग-3

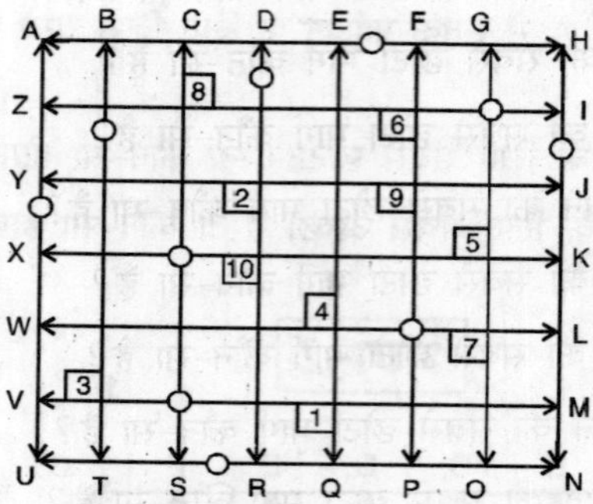

21. B से L तक जाने का सबसे छोटा मार्ग कौन-सा है?
22. D से V तक जाने का सबसे छोटा मार्ग कौन-सा है?
23. A से O तक जाने का सबसे उत्तम रास्ता कौन-सा है?
24. W से N तक जाने का सबसे छोटा रास्ता कौन-सा है?
25. U से E तक जाने का सबसे आसान मार्ग कौन-सा है?
26. J से P तक जाने का सबसे छोटा मार्ग कौन-सा है?
27. D से J तक जाने का सबसे उपयुक्त मार्ग कौन-सा है?
28. C से I तक जाने का सबसे छोटा मार्ग कौन-सा है?
29. A से N तक जाने का सबसे छोटा मार्ग बतायें।
30. M से V तक जाने का सबसे सही रास्ते का नम्बर क्या है?

भाग-4

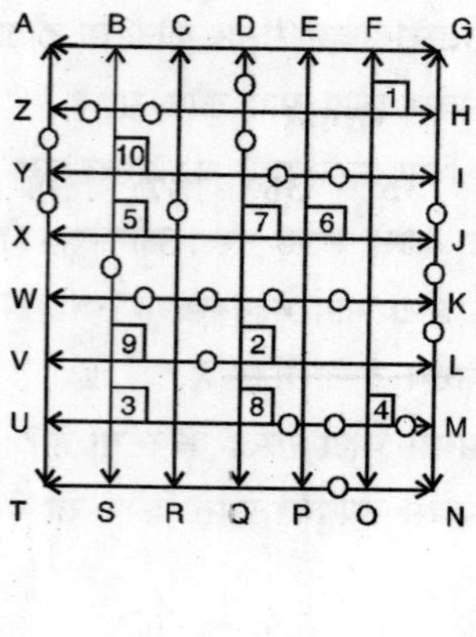

31. C से Y तक पहुंचने का सबसे छोटा मार्ग कौन-सा है?

32. F से J तक पहुंचने का सबसे छोटा मार्ग कौन-सा है?

33. E से J तक जाने का सबसे छोटा मार्ग कौन-सा है?

34. X से L तक जाने का सबसे छोटा मार्ग कौन-सा है?

35. W से R तक पहुंचने का सबसे छोटा मार्ग कौन-सा है?

36. L से Q तक जाने का सबसे छोटा मार्ग कौन-सा है?

37. V से R तक जाने का सबसे छोटा मार्ग कौन-सा है?

38. C से X तक पहुंचने का सबसे छोटा मार्ग कौन-सा है?

39. G से M तक पहुंचने का सबसे छोटा मार्ग कौन-सा है?

40. C से E तक पहुंचने का सबसे छोटा मार्ग कौन-सा है?

उत्तरमाला

भाग-1

1	**2**	**3**	**4**	**5**	**6**	**7**	**8**	**9**	**10**
10	3	7	7	5	2	8	3	7	7

भाग-2

11	**12**	**13**	**14**	**15**	**16**	**17**	**18**	**19**	**20**
7	1	4	9	7	4	10	9	4	3

भाग-3

21	**22**	**23**	**24**	**25**	**26**	**27**	**28**	**29**	**30**
9	8	4	4	4	7	9	6	4	1

भाग-4

31	**32**	**33**	**34**	**35**	**36**	**37**	**38**	**39**	**40**
10	1	6	2	9	8	3	5	4	7

6

ईंट परीक्षण
(Brick Test)

इस प्रकार के परीक्षण के अन्तर्गत ईंटों से सम्बंधित प्रश्न पूछे जाते हैं। इसके अन्तर्गत कुछ ईंटों को मिलाकर घनाभ का निर्माण किया जाता है। प्रत्येक ईंट पर अंग्रेजी वर्णमाला का कोई न कोई वर्ण (A, B, C, D, ...) अंकित रहता है तथा सभी ईंट किसी-न-किसी प्रकार से एक-दूसरे की सतह को स्पर्श करती है। आपको यह ज्ञात करना है कि अमुक ईंट कितने अन्य ईंटों के सतह को स्पर्श कर रही है।

उदाहरणः

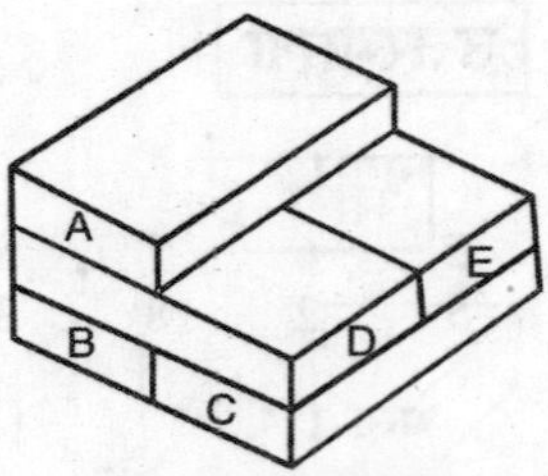

उत्तरः **1.** दो ईंटें (D, E) A ईंट से स्पर्श करती है।
2. तीन ईंटें (C, D, E) B ईंट से स्पर्श करती है।
3. तीन ईंटें (B, D, E) C ईंट से स्पर्श करती है।
4. चार ईंटें (C, B, A, E) D ईंट से स्पर्श करती है।

अभ्यास-1

निर्देश (प्रश्न संख्या 1 से 50) : *ईंटों के पारस्परिक स्पर्श पर आधारित आगे 50 प्रश्न दिये गए हैं। ये प्रश्न 10 भागों में विभाजित हैं। प्रत्येक भाग में ईंटों को विभिन्न रूपों में रखकर घन का या किसी अन्य आकृति का स्वरूप प्रदान किया गया है। प्रत्येक भाग में कुछ ईंटों पर A, B, C, D और E अंकित है। प्रत्येक भाग में A, B, C, D या E से चिह्नित ईंट कितनी अन्य ईंटों को स्पर्श करती है यह आपको बताना है।*

भाग-1

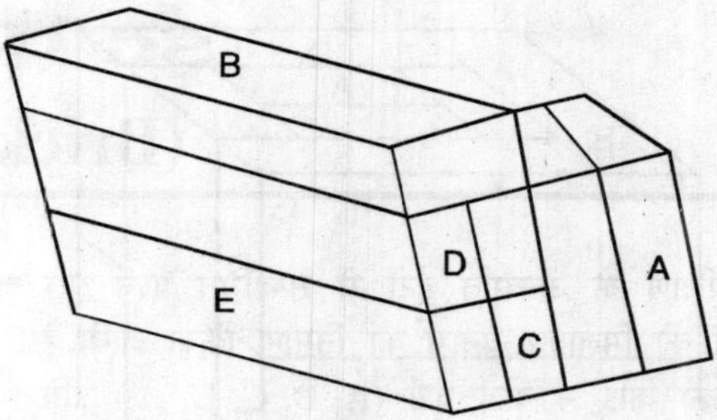

1. ईंट A कितनी ईंटों को स्पर्श करती है?
2. ईंट B कितनी ईंटों को स्पर्श करती है?
3. ईंट C कितनी ईंटों को स्पर्श करती है?
4. ईंट D कितनी ईंटों को स्पर्श करती है?
5. ईंट E कितनी ईंटों को स्पर्श करती है?

भाग-2

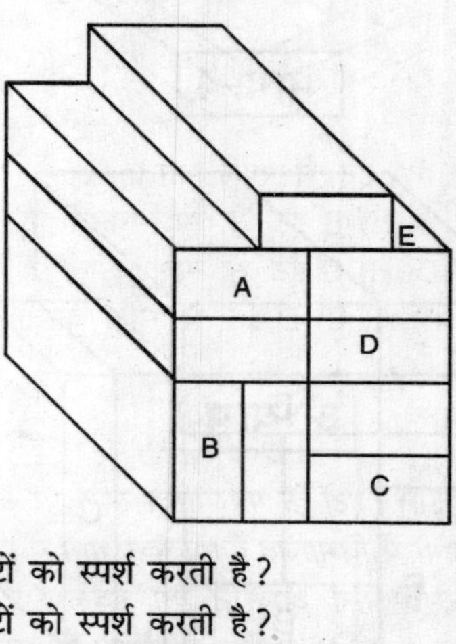

6. ईंट A कितनी ईंटों को स्पर्श करती है?
7. ईंट B कितनी ईंटों को स्पर्श करती है?
8. ईंट C कितनी ईंटों को स्पर्श करती है?
9. ईंट D कितनी ईंटों को स्पर्श करती है?
10. ईंट E कितनी ईंटों को स्पर्श करती है?

भाग–3

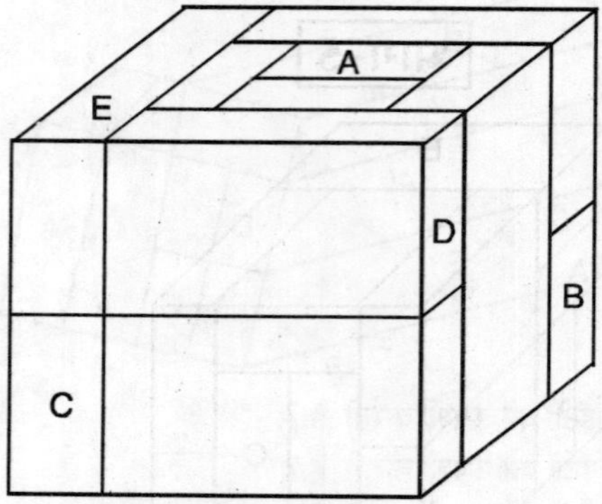

11. ईंट A कितनी ईंटों को स्पर्श करती है?
12. ईंट B कितनी ईंटों को स्पर्श करती है?
13. ईंट C कितनी ईंटों को स्पर्श करती है?
14. ईंट D कितनी ईंटों को स्पर्श करती है?
15. ईंट E कितनी ईंटों को स्पर्श करती है?

भाग–4

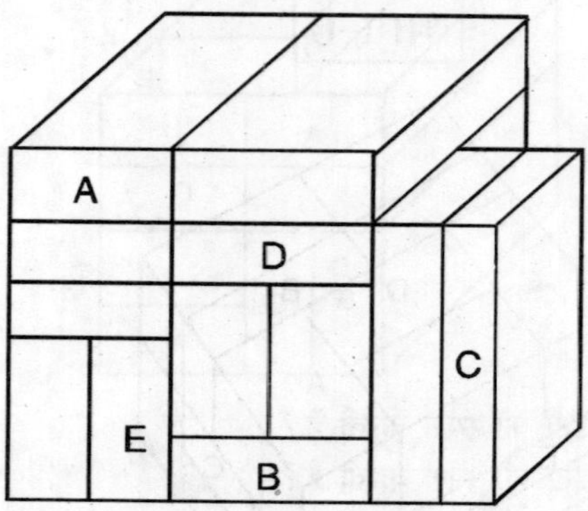

16. ईंट A कितनी ईंटों को स्पर्श करती है?
17. ईंट B कितनी ईंटों को स्पर्श करती है?
18. ईंट C कितनी ईंटों को स्पर्श करती है?

19. ईंट D कितनी ईंटों को स्पर्श करती है?
20. ईंट E कितनी ईंटों को स्पर्श करती है?

भाग-5

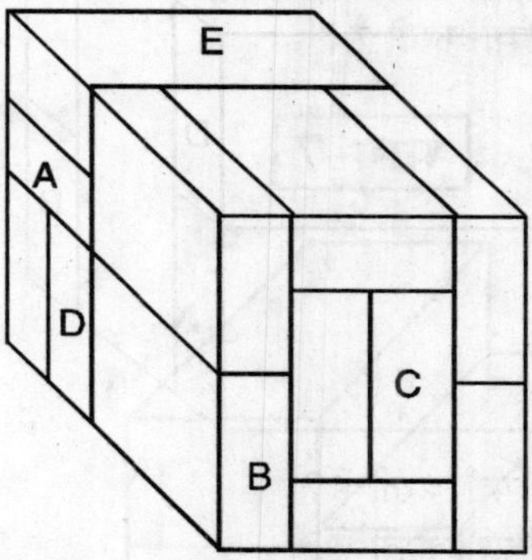

21. ईंट A कितनी ईंटों को स्पर्श करती है?
22. ईंट B कितनी ईंटों को स्पर्श करती है?
23. ईंट C कितनी ईंटों को स्पर्श करती है?
24. ईंट D कितनी ईंटों को स्पर्श करती है?
25. ईंट E कितनी ईंटों को स्पर्श करती है?

भाग-6

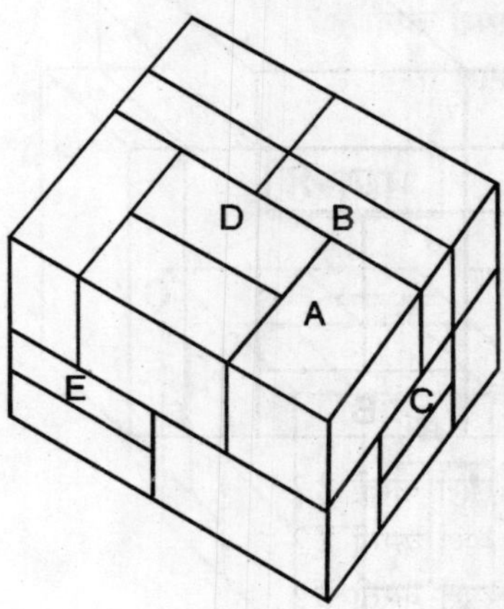

26. ईंट A कितनी ईंटों को स्पर्श करती है?
27. ईंट B कितनी ईंटों को स्पर्श करती है?
28. ईंट C कितनी ईंटों को स्पर्श करती है?
29. ईंट D कितनी ईंटों को स्पर्श करती है?
30. ईंट E कितनी ईंटों को स्पर्श करती है?

भाग–7

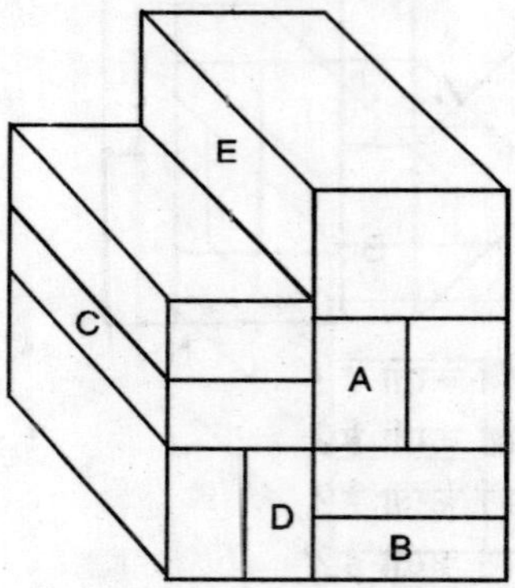

31. ईंट A कितनी ईंटों को स्पर्श करती है?
32. ईंट B कितनी ईंटों को स्पर्श करती है?
33. ईंट C कितनी ईंटों को स्पर्श करती है?
34. ईंट D कितनी ईंटों को स्पर्श करती है?
35. ईंट E कितनी ईंटों को स्पर्श करती है?

भाग–8

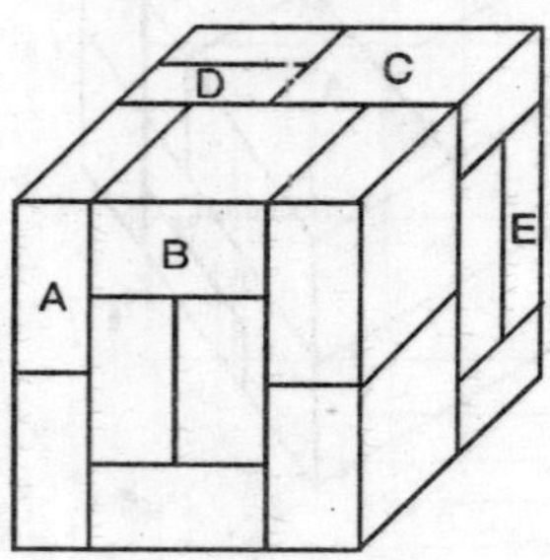

36. ईंट A कितनी ईंटों को स्पर्श करती है?
37. ईंट B कितनी ईंटों को स्पर्श करती है?
38. ईंट C कितनी ईंटों को स्पर्श करती है?
39. ईंट D कितनी ईंटों को स्पर्श करती है?
40. ईंट E कितनी ईंटों को स्पर्श करती है?

भाग–9

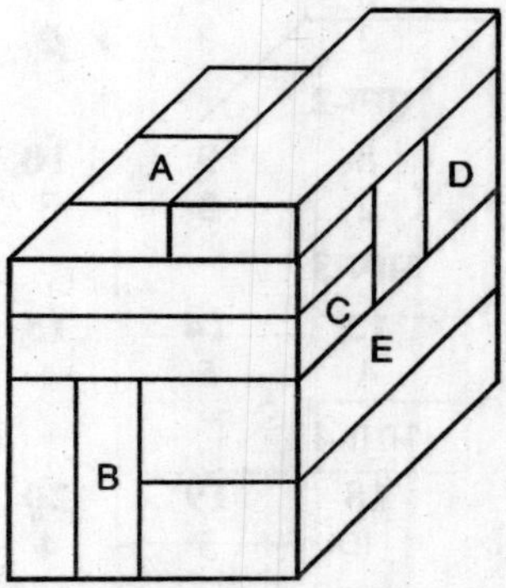

41. ईंट A कितनी ईंटों को स्पर्श करती है?
42. ईंट B कितनी ईंटों को स्पर्श करती है?
43. ईंट C कितनी ईंटों को स्पर्श करती है?
44. ईंट D कितनी ईंटों को स्पर्श करती है?
45. ईंट E कितनी ईंटों को स्पर्श करती है?

भाग–10

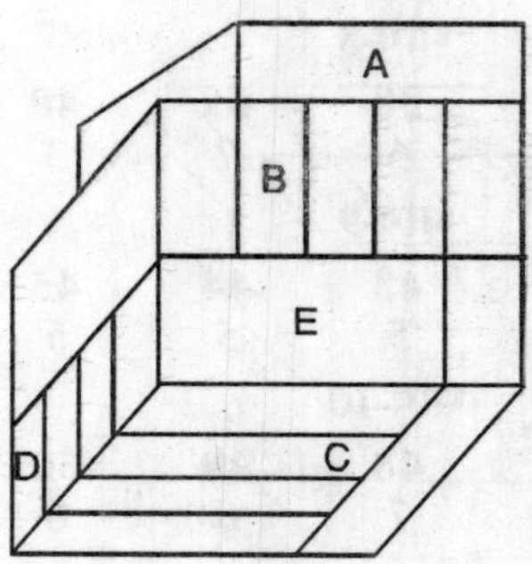

46. ईंट A कितनी ईंटों को स्पर्श करती है?
47. ईंट B कितनी ईंटों को स्पर्श करती है?
48. ईंट C कितनी ईंटों को स्पर्श करती है?
49. ईंट D कितनी ईंटों को स्पर्श करती है?
50. ईंट E कितनी ईंटों को स्पर्श करती है?

उत्तरमाला

भाग-1

1	**2**	**3**	**4**	**5**
1	2	3	3	2

भाग-2

6	**7**	**8**	**9**	**10**
3	2	2	3	3

भाग-3

11	**12**	**13**	**14**	**15**
5	6	4	5	4

भाग-4

16	**17**	**18**	**19**	**20**
2	4	1	5	4

भाग-5

21	**22**	**23**	**24**	**25**
7	4	7	7	4

भाग-6

26	**27**	**28**	**29**	**30**
5	5	8	7	7

भाग-7

31	**32**	**33**	**34**	**35**
5	2	4	4	2

भाग-8

36	**37**	**38**	**39**	**40**
4	6	6	7	3

भाग-9

41	**42**	**43**	**44**	**45**
7	6	5	5	5

भाग-10

46	**47**	**48**	**49**	**50**
4	7	7	6	6

अभ्यास-2

निर्देश (प्रश्न संख्या 1 से 50) : *ईंटों के पारस्परिक स्पर्श पर आधारित आगे 50 प्रश्न दिये गए हैं। ये प्रश्न 10 भागों में विभाजित हैं। प्रत्येक भाग में ईंटों को विभिन्न रूपों में रखकर घन का या किसी अन्य आकृति का स्वरूप प्रदान किया गया है। प्रत्येक भाग में कुछ ईंटों पर A, B, C, D और E अंकित है। प्रत्येक भाग में A, B, C, D या E से चिह्नित ईंट कितनी अन्य ईंटों को स्पर्श करती है यह आपको बताना है।*

भाग–1

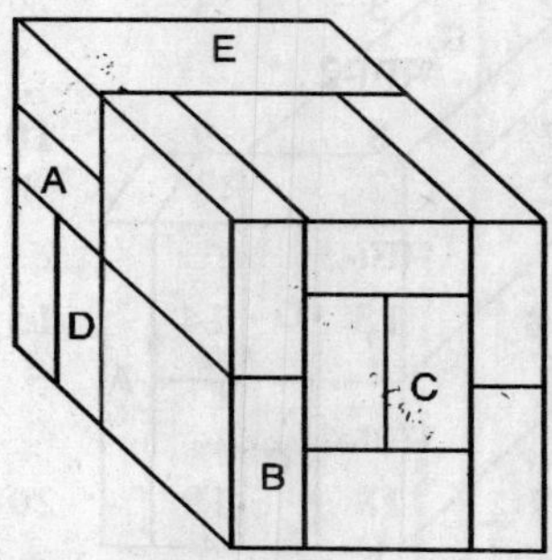

1. ईंट A कितनी ईंटों को स्पर्श करती है?
2. ईंट B कितनी ईंटों को स्पर्श करती है?
3. ईंट C कितनी ईंटों को स्पर्श करती है?
4. ईंट D कितनी ईंटों को स्पर्श करती है?
5. ईंट E कितनी ईंटों को स्पर्श करती है?

भाग–2

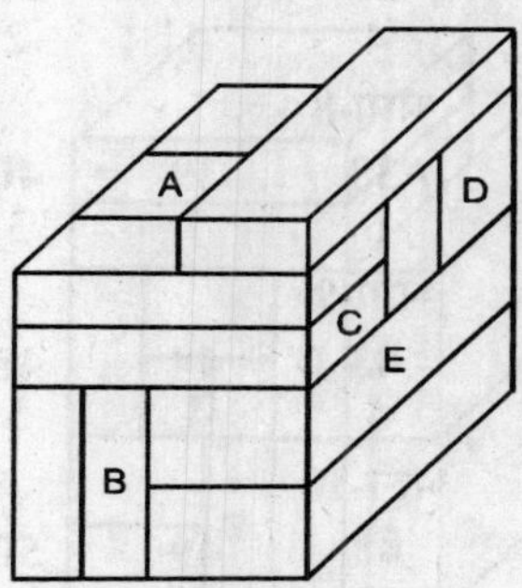

6. ईंट A कितनी ईंटों को स्पर्श करती है?
7. ईंट B कितनी ईंटों को स्पर्श करती है?
8. ईंट C कितनी ईंटों को स्पर्श करती है?
9. ईंट D कितनी ईंटों को स्पर्श करती है?
10. ईंट E कितनी ईंटों को स्पर्श करती है?

भाग-3

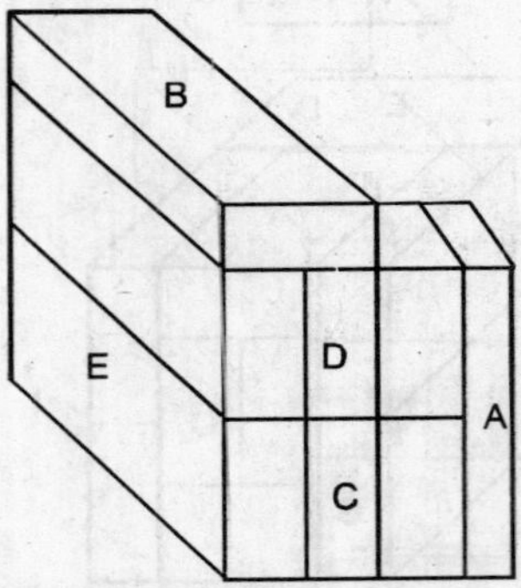

11. ईंट A कितनी ईंटों को स्पर्श करती है?
12. ईंट B कितनी ईंटों को स्पर्श करती है?
13. ईंट C कितनी ईंटों को स्पर्श करती है?
14. ईंट D कितनी ईंटों को स्पर्श करती है?
15. ईंट E कितनी ईंटों को स्पर्श करती है?

भाग-4

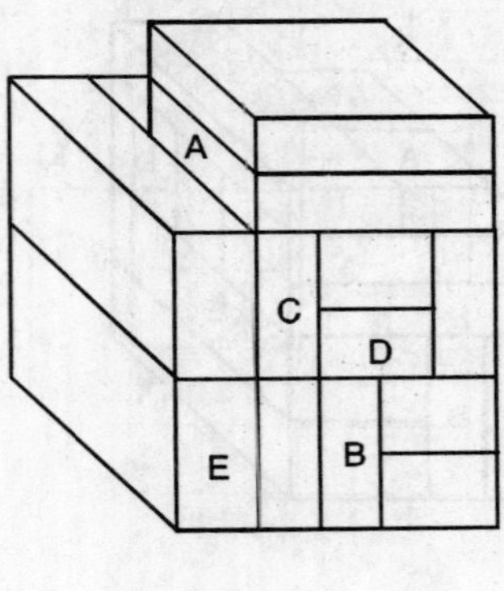

16. ईंट A कितनी ईंटों को स्पर्श करती है?
17. ईंट B कितनी ईंटों को स्पर्श करती है?
18. ईंट C कितनी ईंटों को स्पर्श करती है?
19. ईंट D कितनी ईंटों को स्पर्श करती है?
20. ईंट E कितनी ईंटों को स्पर्श करती है?

भाग-5

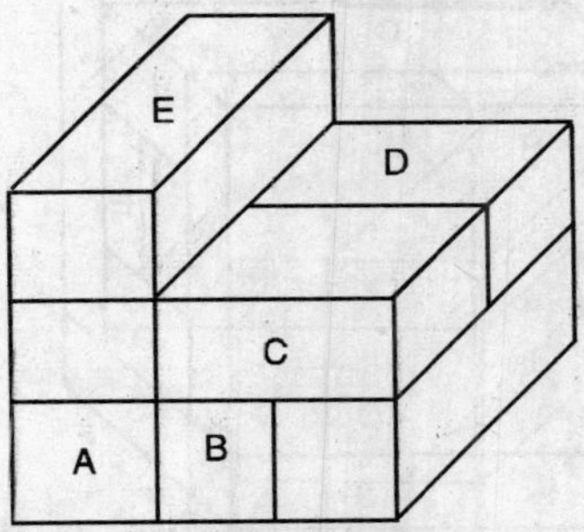

21. ईंट A कितनी ईंटों को स्पर्श करती है?
22. ईंट B कितनी ईंटों को स्पर्श करती है?
23. ईंट C कितनी ईंटों को स्पर्श करती है?
24. ईंट D कितनी ईंटों को स्पर्श करती है?
25. ईंट E कितनी ईंटों को स्पर्श करती है?

भाग-6

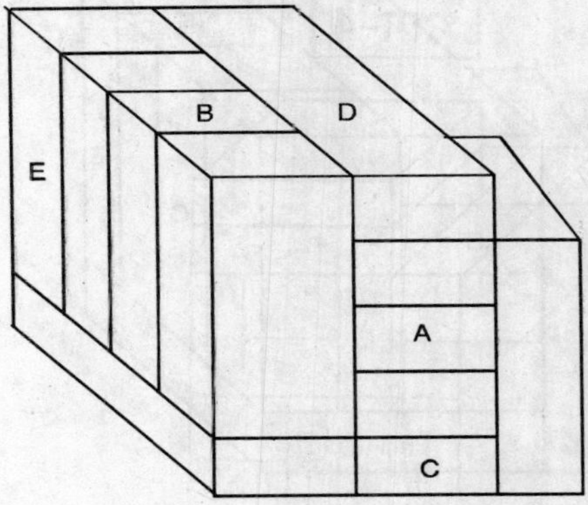

26. ईंट A कितनी ईंटों को स्पर्श करती है?
27. ईंट B कितनी ईंटों को स्पर्श करती है?
28. ईंट C कितनी ईंटों को स्पर्श करती है?
29. ईंट D कितनी ईंटों को स्पर्श करती है?
30. ईंट E कितनी ईंटों को स्पर्श करती है?

भाग–7

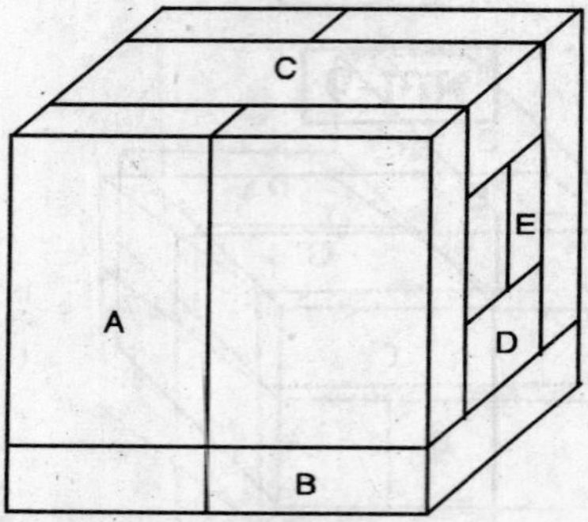

31. ईंट A कितनी ईंटों को स्पर्श करती है?
32. ईंट B कितनी ईंटों को स्पर्श करती है?
33. ईंट C कितनी ईंटों को स्पर्श करती है?
34. ईंट D कितनी ईंटों को स्पर्श करती है?
35. ईंट E कितनी ईंटों को स्पर्श करती है?

भाग–8

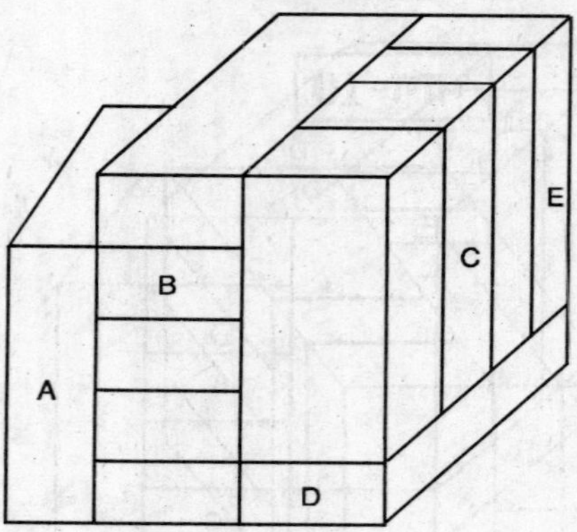

36. ईंट A कितनी ईंटों को स्पर्श करती है?
37. ईंट B कितनी ईंटों को स्पर्श करती है?
38. ईंट C कितनी ईंटों को स्पर्श करती है?
39. ईंट D कितनी ईंटों को स्पर्श करती है?
40. ईंट E कितनी ईंटों को स्पर्श करती है?

भाग-9

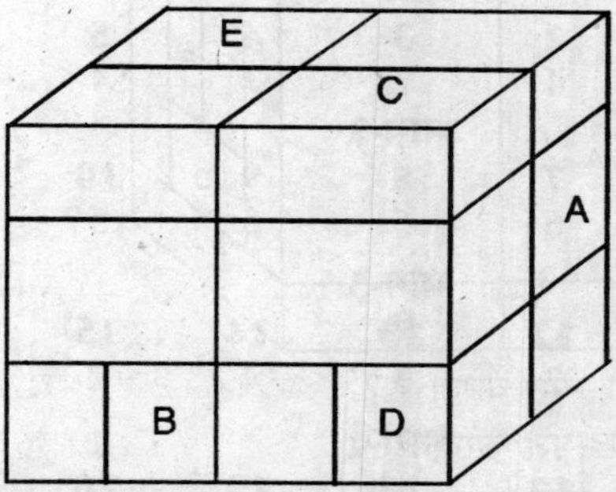

41. ईंट A कितनी ईंटों को स्पर्श करती है?
42. ईंट B कितनी ईंटों को स्पर्श करती है?
43. ईंट C कितनी ईंटों को स्पर्श करती है?
44. ईंट D कितनी ईंटों को स्पर्श करती है?
45. ईंट E कितनी ईंटों को स्पर्श करती है?

भाग-10

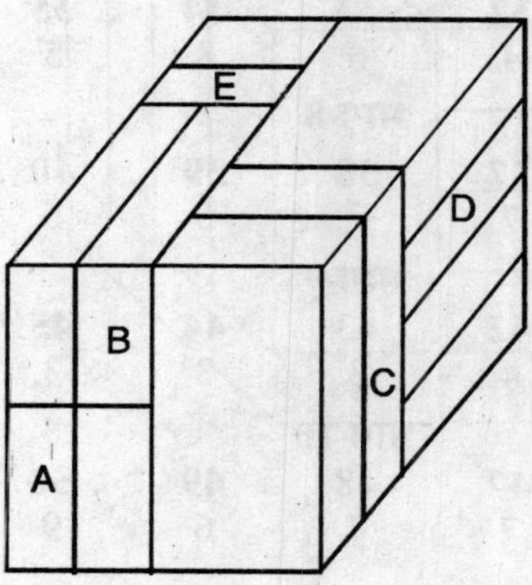

46. ईंट A कितनी ईंटों को स्पर्श करती है?
47. ईंट B कितनी ईंटों को स्पर्श करती है?
48. ईंट C कितनी ईंटों को स्पर्श करती है?
49. ईंट D कितनी ईंटों को स्पर्श करती है?
50. ईंट E कितनी ईंटों को स्पर्श करती है?

उत्तरमाला

भाग-1

1	**2**	**3**	**4**	**5**
7	4	7	7	4

भाग-2

6	**7**	**8**	**9**	**10**
7	6	5	5	5

भाग-3

11	**12**	**13**	**14**	**15**
1	2	3	4	2

भाग-4

16	**17**	**18**	**19**	**20**
4	4	5	5	2

भाग-5

21	**22**	**23**	**24**	**25**
2	4	4	4	1

भाग-6

26	**27**	**28**	**29**	**30**
7	7	3	5	6

भाग-7

31	**32**	**33**	**34**	**35**
5	4	6	8	5

भाग-8

36	**37**	**38**	**39**	**40**
4	7	7	5	6

भाग-9

41	**42**	**43**	**44**	**45**
5	4	3	3	3

भाग-10

46	**47**	**48**	**49**	**50**
3	7	7	6	9

अभ्यास-3

निर्देश (प्रश्न संख्या 1 से 50) : *ईंटों के पारस्परिक स्पर्श पर आधारित आगे 50 प्रश्न दिये गए हैं। ये प्रश्न 10 भागोंमें विभाजित हैं। प्रत्येक भाग में ईंटों को विभिन्न रूपों में रखकर घन का या किसी अन्य आकृति का स्वरूप प्रदान किया गया है। प्रत्येक भाग में कुछ ईंटों पर A, B, C, D और E अंकित है। प्रत्येक भाग में A, B, C, D या E से चिह्नित ईंट कितनी अन्य ईंटों को स्पर्श करती है यह आपको बताना है।*

भाग-1

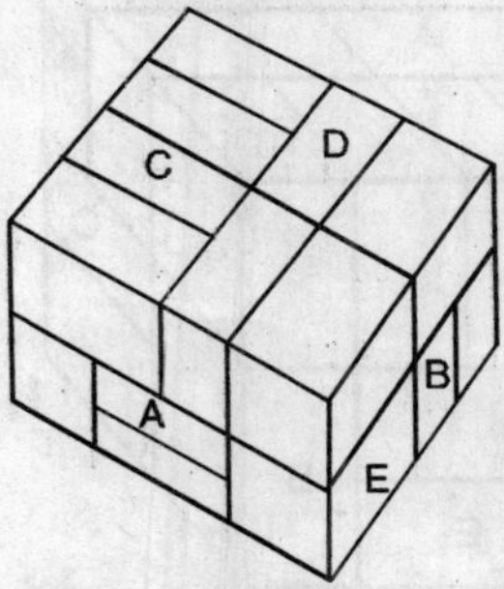

1. ईंट A कितनी ईंटों को स्पर्श करती है?
2. ईंट B कितनी ईंटों को स्पर्श करती है?
3. ईंट C कितनी ईंटों को स्पर्श करती है?
4. ईंट D कितनी ईंटों को स्पर्श करती है?
5. ईंट E कितनी ईंटों को स्पर्श करती है?

भाग-2

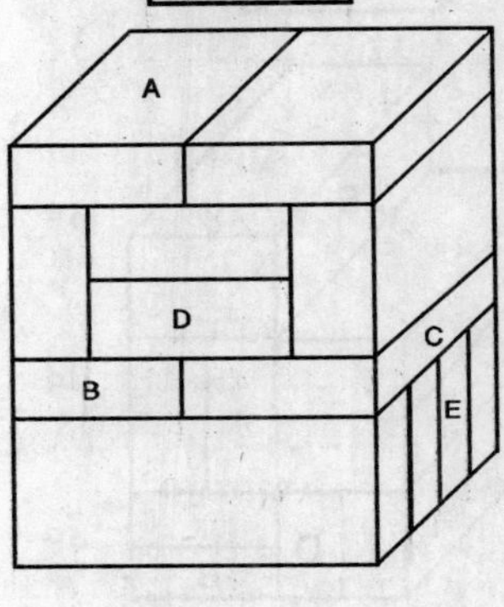

6. ईंट A कितनी ईंटों को स्पर्श करती है?

7. ईंट B कितनी ईंटों को स्पर्श करती है?

8. ईंट C कितनी ईंटों को स्पर्श करती है?

9. ईंट D कितनी ईंटों को स्पर्श करती है?

10. ईंट E कितनी ईंटों को स्पर्श करती है?

भाग-3

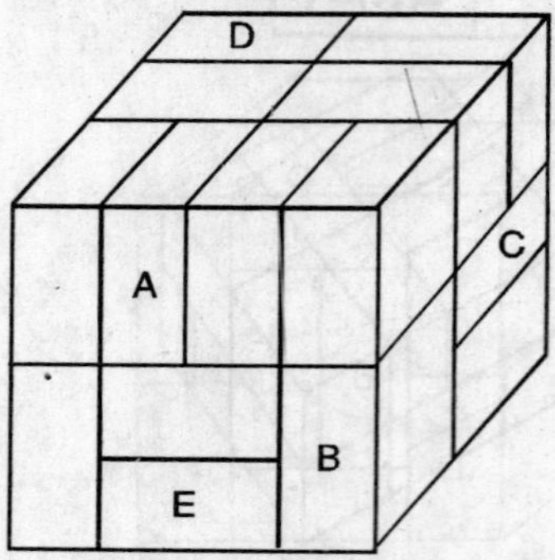

11. ईंट A कितनी ईंटों को स्पर्श करती है?

12. ईंट B कितनी ईंटों को स्पर्श करती है?

13. ईंट C कितनी ईंटों को स्पर्श करती है?

14. ईंट D कितनी ईंटों को स्पर्श करती है?

15. ईंट E कितनी ईंटों को स्पर्श करती है?

भाग-4

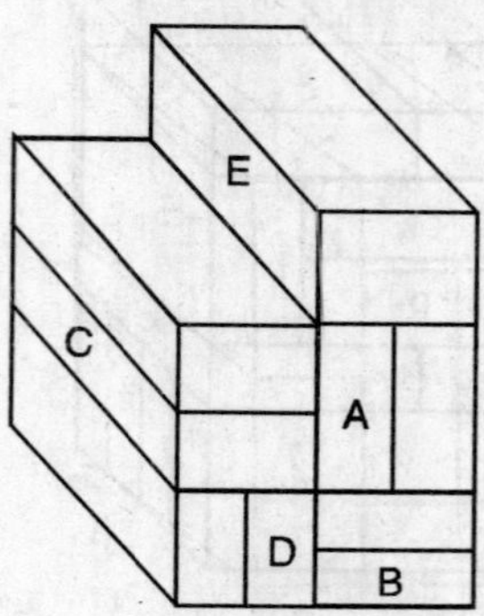

16. ईंट A कितनी ईंटों को स्पर्श करती है?
17. ईंट B कितनी ईंटों को स्पर्श करती है?
18. ईंट C कितनी ईंटों को स्पर्श करती है?
19. ईंट D कितनी ईंटों को स्पर्श करती है?
20. ईंट E कितनी ईंटों को स्पर्श करती है?

भाग-5

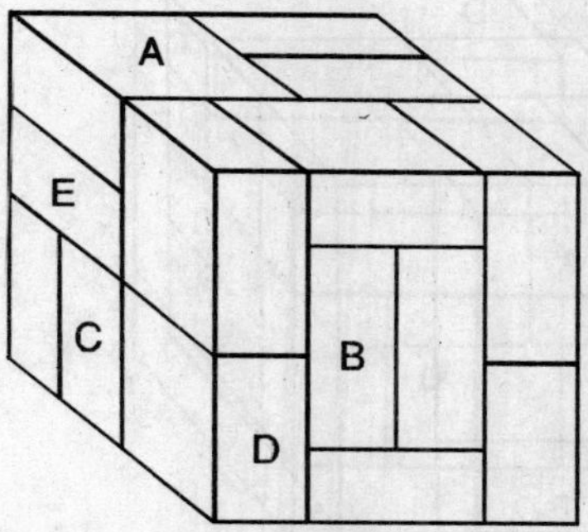

21. ईंट A कितनी ईंटों को स्पर्श करती है?
22. ईंट B कितनी ईंटों को स्पर्श करती है?
23. ईंट C कितनी ईंटों को स्पर्श करती है?
24. ईंट D कितनी ईंटों को स्पर्श करती है?
25. ईंट E कितनी ईंटों को स्पर्श करती है?

भाग-6

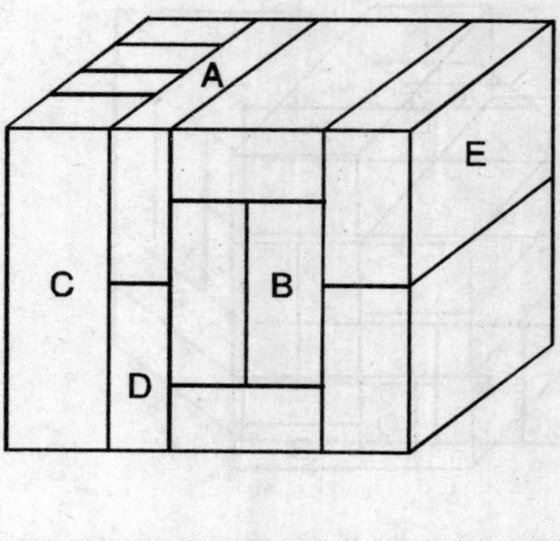

26. ईंट A कितनी ईंटों को स्पर्श करती है?
27. ईंट B कितनी ईंटों को स्पर्श करती है?
28. ईंट C कितनी ईंटों को स्पर्श करती है?
29. ईंट D कितनी ईंटों को स्पर्श करती है?
30. ईंट E कितनी ईंटों को स्पर्श करती है?

भाग-7

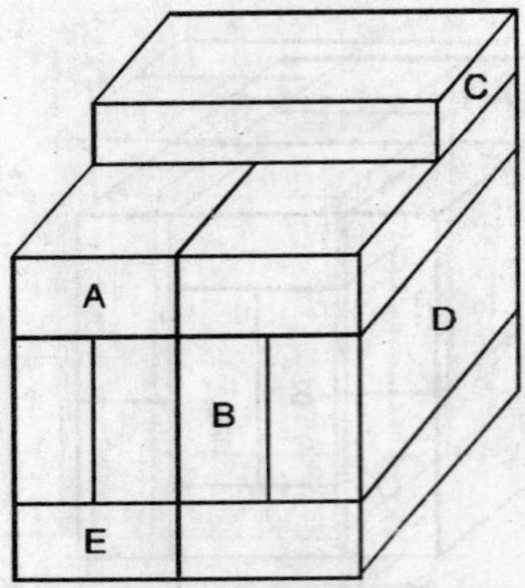

31. ईंट A कितनी ईंटों को स्पर्श करती है?
32. ईंट B कितनी ईंटों को स्पर्श करती है?
33. ईंट C कितनी ईंटों को स्पर्श करती है?
34. ईंट D कितनी ईंटों को स्पर्श करती है?
35. ईंट E कितनी ईंटों को स्पर्श करती है?

भाग-8

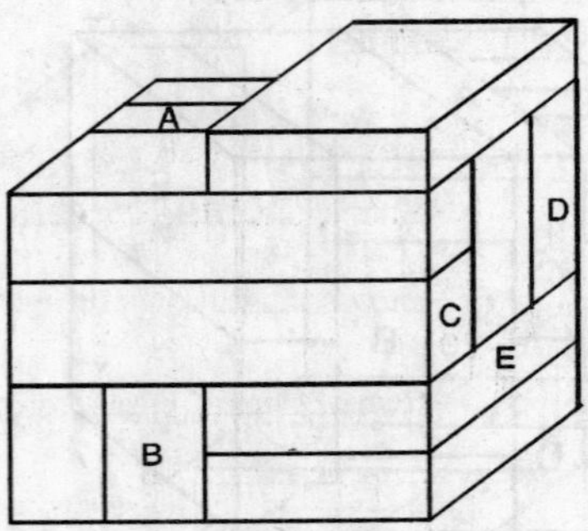

36. ईंट A कितनी ईंटों को स्पर्श करती है?
37. ईंट B कितनी ईंटों को स्पर्श करती है?
38. ईंट C कितनी ईंटों को स्पर्श करती है?
39. ईंट D कितनी ईंटों को स्पर्श करती है?
40. ईंट E कितनी ईंटों को स्पर्श करती है?

भाग–9

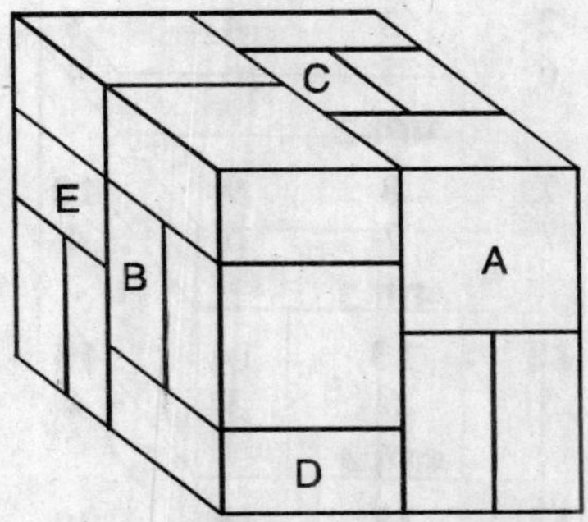

41. ईंट A कितनी ईंटों को स्पर्श करती है?
42. ईंट B कितनी ईंटों को स्पर्श करती है?
43. ईंट C कितनी ईंटों को स्पर्श करती है?
44. ईंट D कितनी ईंटों को स्पर्श करती है?
45. ईंट E कितनी ईंटों को स्पर्श करती है?

भाग–10

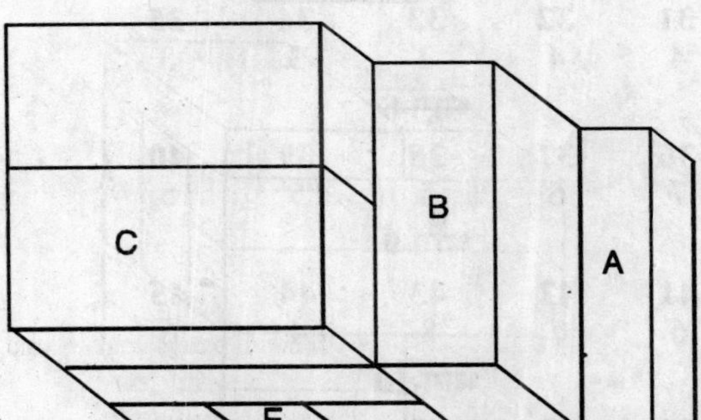

46. ईंट A कितनी ईंटों को स्पर्श करती है?
47. ईंट B कितनी ईंटों को स्पर्श करती है?
48. ईंट C कितनी ईंटों को स्पर्श करती है?
49. ईंट D कितनी ईंटों को स्पर्श करती है?
50. ईंट E कितनी ईंटों को स्पर्श करती है?

उत्तरमाला

भाग-1

1	2	3	4	5
8	6	5	6	4

भाग-2

6	7	8	9	10
3	7	7	5	4

भाग-3

11	12	13	14	15
4	5	6	3	4

भाग-4

16	17	18	19	20
5	2	4	4	2

भाग-5

21	22	23	24	25
5	7	7	4	7

भाग-6

26	27	28	29	30
7	5	3	7	3

भाग-7

31	32	33	34	35
4	4	2	3	3

भाग-8

36	37	38	39	40
7	6	5	5	5

भाग-9

41	42	43	44	45
6	7	8	4	6

भाग-10

46	47	48	49	50
2	4	2	4	5

7

हाँ या नहीं परीक्षण
('Yes' or 'No' Test)

इस प्रकार के परीक्षण के अन्तर्गत बायीं ओर कुछ अंकों की संख्या दी जाती है, बीच में बराबर (=) का चिह्न और इसके दायीं ओर भी कुछ अंकों की संख्या दी जाती है। इस प्रकार के प्रश्नों के अन्तर्गत परीक्षार्थी को यह देखना होता है कि बराबर चिह्न (=) के दोनों ओर दी गयी संख्या के सभी अंक समान हैं या नहीं। यदि सभी अंक समान होते हैं तो उक्त प्रश्न का उत्तर 'हाँ' (Yes) और यदि दोनों ओर की संख्या में समानता न हो या कोई परिवर्तन हो, तो प्रश्न का उत्तर 'नहीं' (No) में होगा।

उदाहरण—

1.	9208214131	=	92082141311	हाँ	**नहीं**
2.	520080241	=	520080242	हाँ	**नहीं**
3.	8529663	=	8529663	**हाँ**	नहीं

अभ्यास-1

निर्देश (प्रश्न संख्या 1 से 100) : *नीचे के प्रत्येक प्रश्न में कुछ अंकों की एक संख्या दी गई है तथा बराबर चिह्न (=) के दाईं ओर उसी संख्या की पुनरावृत्ति हुई है। यदि बाईं ओर तथा दाईं ओर की संख्या बिल्कुल समान हो तो आपका उत्तर 'हां' (Yes) होगा। लेकिन यदि बराबर के चिह्न के दोनों ओर अंकित संख्याओं में थोड़ी-सी भी भिन्नता हो तो आपका उत्तर 'नहीं' (No) होगा।*

1.	29572541	=	29572541	हाँ	नहीं
2.	69578125	=	69578215	हाँ	नहीं
3.	87924796	=	87924769	हाँ	नहीं
4.	95628456	=	95628456	हाँ	नहीं
5.	19635986	=	19635869	हाँ	नहीं

6.	75618469	=	75618469	हाँ	नहीं
7.	98725059	=	98725057	हाँ	नहीं
8.	725691879	=	725691877	हाँ	नहीं
9.	6798156256	=	6798156256	हाँ	नहीं
10.	869529612	=	869529162	हाँ	नहीं
11.	726159805	=	726159804	हाँ	नहीं
12.	972562921	=	972562924	हाँ	नहीं
13.	325619296	=	325619296	हाँ	नहीं
14.	699982787	=	699982778	हाँ	नहीं
15.	871658241	=	871658241	हाँ	नहीं
16.	2859678105	=	2859678015	हाँ	नहीं
17.	486924182	=	486924182	हाँ	नहीं
18.	8543892514	=	8543892514	हाँ	नहीं
19.	298479256	=	298479526	हाँ	नहीं
20.	596927925	=	596927925	हाँ	नहीं
21.	487928642	=	847928642	हाँ	नहीं
22.	898275431	=	898275413	हाँ	नहीं
23.	475618523	=	475618532	हाँ	नहीं
24.	295861059	=	295861059	हाँ	नहीं
25.	679153265	=	679153264	हाँ	नहीं
26.	42980590509	=	42980590509	हाँ	नहीं
27.	1854907921	=	1854907921	हाँ	नहीं
28.	28430590543	=	28430590534	हाँ	नहीं
29.	81792563405	=	81792564305	हाँ	नहीं
30.	73253635215	=	73253635215	हाँ	नहीं
31.	1693467815	=	1693467851	हाँ	नहीं
32.	6832005605	=	6832005605	हाँ	नहीं
33.	75629815601	=	75629815501	हाँ	नहीं

34.	671843956	=	671843965	हाँ	नहीं
35.	58156905123	=	58156905123	हाँ	नहीं
36.	8615972163	=	8615972163	हाँ	नहीं
37.	73892156871	=	73892156871	हाँ	नहीं
38.	625986205	=	925986205	हाँ	नहीं
39.	869827987	=	869827987	हाँ	नहीं
40.	215983215	=	215983251	हाँ	नहीं
41.	186258231	=	186258231	हाँ	नहीं
42.	781563215	=	781563251	हाँ	नहीं
43.	87192315	=	87192315	हाँ	नहीं
44.	8869623515	=	886962315	हाँ	नहीं
45.	781926851	=	781926851	हाँ	नहीं
46.	28759801	=	28759801	हाँ	नहीं
47.	41232506	=	41232506	हाँ	नहीं
48.	7529000526	=	752900526	हाँ	नहीं
49.	47689728	=	47689728	हाँ	नहीं
50.	629729985	=	62972958	हाँ	नहीं
51.	725982715	=	725982715	हाँ	नहीं
52.	1059050505	=	1059050550	हाँ	नहीं
53.	798825625	=	798825652	हाँ	नहीं
54.	682590759	=	982590597	हाँ	नहीं
55.	1679261659	=	1679261659	हाँ	नहीं
56.	289051592	=	289051529	हाँ	नहीं
57.	35298789	=	35298789	हाँ	नहीं
58.	871690509	=	871690590	हाँ	नहीं
59.	238715962	=	238715962	हाँ	नहीं
60.	792862972	=	792862972	हाँ	नहीं
61.	28156287156	=	28156281756	हाँ	नहीं

62.	1562159816	=	1562159861	हाँ	नहीं
63.	842615612	=	842615612	हाँ	नहीं
64.	6289215621	=	6289215621	हाँ	नहीं
65.	562962159	=	562962159	हाँ	नहीं
66.	759291625	=	759291652	हाँ	नहीं
67.	1595279927	=	1595279927	हाँ	नहीं
68.	8752915612	=	8752915612	हाँ	नहीं
69.	727779277	=	727779727	हाँ	नहीं
70.	89271256	=	89271256	हाँ	नहीं
71.	632956159	=	632956159	हाँ	नहीं
72.	461592805	=	461592085	हाँ	नहीं
73.	1596142913	=	1596142913	हाँ	नहीं
74.	2156159727	=	2156159727	हाँ	नहीं
75.	862952987	=	862952978	हाँ	नहीं
76.	1596287921	=	1596287921	हाँ	नहीं
77.	1461972871	=	1461972874	हाँ	नहीं
78.	2871569159	=	2871569519	हाँ	नहीं
79.	4569050501	=	4569050501	हाँ	नहीं
80.	14691596	=	14691569	हाँ	नहीं
81.	49561596	=	49561596	हाँ	नहीं
82.	196156959	=	196156959	हाँ	नहीं
83.	591205906	=	591205960	हाँ	नहीं
84.	743159632	=	743159632	हाँ	नहीं
85.	816596124	=	816596123	हाँ	नहीं
86.	3596159123	=	3596159128	हाँ	नहीं
87.	8715962756	=	8715962756	हाँ	नहीं
88.	4979279156	=	4979279153	हाँ	नहीं
89.	1269559915	=	1269559915	हाँ	नहीं

90.	48159623165	=	48159623165	हाँ	नहीं
91.	7819256305	=	7819256304	हाँ	नहीं
92.	8719271561	=	8719271564	हाँ	नहीं
93.	519632597	=	519632597	हाँ	नहीं
94.	195962315	=	195962314	हाँ	नहीं
95.	862591561	=	862591561	हाँ	नहीं
96.	7259615943	=	7259615934	हाँ	नहीं
97.	596192795	=	596192759	हाँ	नहीं
98.	1235615923	=	1235615923	हाँ	नहीं
99.	456159516	=	45615946	हाँ	नहीं
100.	59125059	=	59125059	हाँ	नहीं

उत्तरमाला

1	2	3	4	5	6	7	8	9	10
हाँ	नहीं	नहीं	हाँ	नहीं	हाँ	नहीं	नहीं	हाँ	नहीं
11	**12**	**13**	**14**	**15**	**16**	**17**	**18**	**19**	**20**
नहीं	नहीं	हाँ	नहीं	हाँ	नहीं	हाँ	हाँ	नहीं	हाँ
21	**22**	**23**	**24**	**25**	**26**	**27**	**28**	**29**	**30**
नहीं	नहीं	नहीं	हाँ	नहीं	हाँ	हाँ	नहीं	नहीं	हाँ
31	**32**	**33**	**34**	**35**	**36**	**37**	**38**	**39**	**40**
नहीं	हाँ	नहीं	नहीं	हाँ	हाँ	हाँ	नहीं	हाँ	नहीं
41	**42**	**43**	**44**	**45**	**46**	**47**	**48**	**49**	**50**
हाँ	नहीं	हाँ	नहीं	हाँ	हाँ	हाँ	नहीं	हाँ	नहीं
51	**52**	**53**	**54**	**55**	**56**	**57**	**58**	**59**	**60**
हाँ	नहीं	नहीं	नहीं	हाँ	नहीं	हाँ	नहीं	हाँ	हाँ
61	**62**	**63**	**64**	**65**	**66**	**67**	**68**	**69**	**70**
नहीं	नहीं	हाँ	हाँ	हाँ	नहीं	हाँ	हाँ	नहीं	हाँ
71	**72**	**73**	**74**	**75**	**76**	**77**	**78**	**79**	**80**
हाँ	नहीं	हाँ	हाँ	नहीं	हाँ	नहीं	नहीं	हाँ	नहीं
81	**82**	**83**	**84**	**85**	**86**	**87**	**88**	**89**	**90**
हाँ	हाँ	नहीं	हाँ	नहीं	नहीं	हाँ	नहीं	हाँ	हाँ
91	**92**	**93**	**94**	**95**	**96**	**97**	**98**	**99**	**100**
नहीं	नहीं	हाँ	नहीं	हाँ	नहीं	नहीं	हाँ	नहीं	हाँ

अभ्यास-2

निर्देश (प्रश्न संख्या 1 से 100) : *नीचे के प्रत्येक प्रश्न में कुछ अंकों की एक संख्या दी गई है तथा बराबर चिह्न (=) के दाईं ओर उसी संख्या की पुनरावृत्ति हुई है। यदि बाईं ओर तथा दाईं ओर की संख्या बिल्कुल समान हो तो आपका उत्तर 'हां' (Yes) होगा। लेकिन यदि बराबर के चिह्न के दोनों ओर अंकित संख्याओं में थोड़ी-सी भी भिन्नता हो तो आपका उत्तर 'नहीं' (No) होगा।*

1.	246212561	=	246212516	हाँ	नहीं
2.	872510052	=	872510052	हाँ	नहीं
3.	628561892	=	628561892	हाँ	नहीं
4.	756187251	=	756187251	हाँ	नहीं
5.	487561562	=	487561562	हाँ	नहीं
6.	926125612	=	926125621	हाँ	नहीं
7.	156800254	=	156800251	हाँ	नहीं
8.	6125612651	=	6125612654	हाँ	नहीं
9.	546125612	=	546125612	हाँ	नहीं
10.	925617516	=	925617516	हाँ	नहीं
11.	61515615165	=	61515615165	हाँ	नहीं
12.	18965126125	=	18965126125	हाँ	नहीं
13.	285613856	=	285613865	हाँ	नहीं
14.	465166255	=	465166255	हाँ	नहीं
15.	671561256	=	675161256	हाँ	नहीं
16.	865964256	=	865964265	हाँ	नहीं
17.	148625961	=	148625961	हाँ	नहीं
18.	516152615	=	516152615	हाँ	नहीं
19.	256192612	=	256192621	हाँ	नहीं
20.	896522615	=	896523615	हाँ	नहीं
21.	95997272	=	95977272	हाँ	नहीं
22.	615921596	=	615921596	हाँ	नहीं

23.	87195961201	=	87915961201	हाँ	नहीं
24.	64891256	=	64891256	हाँ	नहीं
25.	5610050051	=	5610050051	हाँ	नहीं
26.	95251615	=	95251625	हाँ	नहीं
27.	38282589	=	38282589	हाँ	नहीं
28.	72516126125	=	72516126115	हाँ	नहीं
29.	861528172	=	861528173	हाँ	नहीं
30.	672815675	=	672815675	हाँ	नहीं
31.	15961050505	=	15961050505	हाँ	नहीं
32.	852596123	=	852596123	हाँ	नहीं
33.	259612325	=	259612352	हाँ	नहीं
34.	956128752	=	956128752	हाँ	नहीं
35.	28752341	=	28752341	हाँ	नहीं
36.	759253215	=	759253215	हाँ	नहीं
37.	705050205	=	705050205	हाँ	नहीं
38.	869725932	=	869725932	हाँ	नहीं
39.	359230507	=	359230506	हाँ	नहीं
40.	532935298	=	532932598	हाँ	नहीं
41.	651832005	=	651832005	हाँ	नहीं
42.	8161521161	=	8661521161	हाँ	नहीं
43.	379256125	=	379256125	हाँ	नहीं
44.	100005005	=	100005005	हाँ	नहीं
45.	465923751	=	465923751	हाँ	नहीं
46.	387259615	=	387259651	हाँ	नहीं
47.	995566612	=	995566612	हाँ	नहीं
48.	2596127526	=	2596127562	हाँ	नहीं
49.	872596127	=	872569127	हाँ	नहीं
50.	682925613	=	682925613	हाँ	नहीं

51.	927156127	=	927156127	हाँ	नहीं
52.	759127592	=	759127592	हाँ	नहीं
53.	615912725	=	615912752	हाँ	नहीं
54.	6189665616	=	6189665616	हाँ	नहीं
55.	1869596729	=	1869596727	हाँ	नहीं
56.	1596123005	=	1596123006	हाँ	नहीं
57.	97156127	=	97156127	हाँ	नहीं
58.	729252625	=	729252525	हाँ	नहीं
59.	6815696761	=	6815696751	हाँ	नहीं
60.	189561589	=	189561589	हाँ	नहीं
61.	496189615	=	496189615	हाँ	नहीं
62.	387256121	=	387256123	हाँ	नहीं
63.	897256159	=	897256159	हाँ	नहीं
64.	7565872523	=	7565872532	हाँ	नहीं
65.	4815612759	=	4815612759	हाँ	नहीं
66.	96456275	=	96456275	हाँ	नहीं
67.	498725619	=	498726519	हाँ	नहीं
68.	2975617598	=	2975617589	हाँ	नहीं
69.	505060505	=	505060565	हाँ	नहीं
70.	897278927	=	897287927	हाँ	नहीं
71.	486962759	=	486962759	हाँ	नहीं
72.	7872757677	=	7872757577	हाँ	नहीं
73.	3896156127	=	3896156217	हाँ	नहीं
74.	872596672	=	872596672	हाँ	नहीं
75.	429567156	=	429567165	हाँ	नहीं
76.	859615279	=	859615279	हाँ	नहीं
77.	7561556278	=	7561556278	हाँ	नहीं
78.	9627156959	=	9627156995	हाँ	नहीं

79.	496325275	=	496325275	हाँ	नहीं
80.	879629272	=	879629273	हाँ	नहीं
81.	34956287	=	34956287	हाँ	नहीं
82.	28615987	=	28615978	हाँ	नहीं
83.	932561789	=	932561789	हाँ	नहीं
84.	786156119	=	786156119	हाँ	नहीं
85.	987295615	=	987295651	हाँ	नहीं
86.	3561591972	=	3561591927	हाँ	नहीं
87.	92359159	=	92359159	हाँ	नहीं
88.	781927761	=	781927716	हाँ	नहीं
89.	6159159215	=	6159152915	हाँ	नहीं
90.	9616259799	=	9616529799	हाँ	नहीं
91.	848618756	=	848618756	हाँ	नहीं
92.	981867594	=	981867549	हाँ	नहीं
93.	681596156	=	681596158	हाँ	नहीं
94.	5896159872	=	5896158972	हाँ	नहीं
95.	387615927	=	387615927	हाँ	नहीं
96.	286597586	=	286597586	हाँ	नहीं
97.	789256172	=	789256271	हाँ	नहीं
98.	861591626	=	861591662	हाँ	नहीं
99.	97261500501	=	97261400501	हाँ	नहीं
100.	287056159	=	287056159	हाँ	नहीं

उत्तरमाला

1	**2**	**3**	**4**	**5**	**6**	**7**	**8**	**9**	**10**
नहीं	हाँ	हाँ	हाँ	हाँ	नहीं	नहीं	नहीं	हाँ	हाँ
11	**12**	**13**	**14**	**15**	**16**	**17**	**18**	**19**	**20**
हाँ	हाँ	नहीं	हाँ	नहीं	नहीं	हाँ	हाँ	नहीं	नहीं

21	22	23	24	25	26	27	28	29	30
नहीं	हाँ	नहीं	हाँ	हाँ	नहीं	हाँ	नहीं	नहीं	हाँ
31	32	33	34	35	36	37	38	39	40
हाँ	हाँ	नहीं	हाँ	हाँ	हाँ	हाँ	हाँ	नहीं	नहीं
41	42	43	44	45	46	47	48	49	50
हाँ	नहीं	हाँ	हाँ	हाँ	नहीं	हाँ	नहीं	नहीं	हाँ
51	52	53	54	55	56	57	58	59	60
हाँ	हाँ	नहीं	हाँ	नहीं	नहीं	हाँ	नहीं	नहीं	हाँ
61	62	63	64	65	66	67	68	69	70
हाँ	नहीं	हाँ	नहीं	हाँ	हाँ	नहीं	नहीं	नहीं	नहीं
71	72	73	74	75	76	77	78	79	80
हाँ	नहीं	नहीं	हाँ	नहीं	हाँ	हाँ	नहीं	हाँ	नहीं
81	82	83	84	85	86	87	88	89	90
हाँ	नहीं	हाँ	हाँ	नहीं	नहीं	हाँ	नहीं	नहीं	नहीं
91	92	93	94	95	96	97	98	99	100
हाँ	नहीं	नहीं	नहीं	हाँ	हाँ	नहीं	नहीं	नहीं	हाँ

अभ्यास-3

निर्देश (प्रश्न संख्या 1 से 100) : *नीचे के प्रत्येक प्रश्न में कुछ अंकों की एक संख्या दी गई है तथा बराबर चिह्न (=) के दाईं ओर उसी संख्या की पुनरावृत्ति हुई है। यदि बाईं ओर तथा दाईं ओर की संख्या बिल्कुल समान हो तो आपका उत्तर 'हाँ' (Yes) होगा। लेकिन यदि बराबर के चिह्न के दोनों ओर अंकित संख्याओं में थोड़ी-सी भी भिन्नता हो तो आपका उत्तर 'नहीं' (No) होगा।*

1.	486253005	=	486253005	हाँ	नहीं
2.	625211523	=	625211523	हाँ	नहीं
3.	547826153	=	547826153	हाँ	नहीं
4.	235861125	=	235861126	हाँ	नहीं
5.	6725983251	=	6752983251	हाँ	नहीं
6.	528652866	=	528652866	हाँ	नहीं
7.	956278725	=	956278275	हाँ	नहीं
8.	6587256151	=	6587256151	हाँ	नहीं
9.	8659526156	=	8659562156	हाँ	नहीं

10.	5965261725	=	5965261275	हाँ	नहीं
11.	465929275	=	465929275	हाँ	नहीं
12.	8625961271	=	8625961272	हाँ	नहीं
13.	8726597524	=	8726597534	हाँ	नहीं
14.	659275872	=	659275872	हाँ	नहीं
15.	46875985612	=	4687959612	हाँ	नहीं
16.	9865265972	=	9865265962	हाँ	नहीं
17.	5865962758	=	5865962758	हाँ	नहीं
18.	456596787	=	456596987	हाँ	नहीं
19.	7562872596	=	7562872596	हाँ	नहीं
20.	4658987258	=	4658987258	हाँ	नहीं
21.	5467598726	=	5467598726	हाँ	नहीं
22.	8465859625	=	8466859625	हाँ	नहीं
23.	35659872561	=	35659872561	हाँ	नहीं
24.	2562658725	=	2562658735	हाँ	नहीं
25.	11662234325	=	11662234325	हाँ	नहीं
26.	5888662523 5	=	5888662522 5	हाँ	नहीं
27.	32532552332	=	32532552332	हाँ	नहीं
28.	65872561756	=	65872561756	हाँ	नहीं
29.	4687256178	=	4687256187	हाँ	नहीं
30.	5962562596	=	5962562596	हाँ	नहीं
31.	87265972561	=	87265972561	हाँ	नहीं
32.	486590005006	=	486590005606	हाँ	नहीं
33.	8562561597	=	8562561597	हाँ	नहीं
34.	9596979792	=	9596977992	हाँ	नहीं
35.	8765972567	=	8765972557	हाँ	नहीं
36.	488662526	=	488662526	हाँ	नहीं
37.	5659872725	=	5659872735	हाँ	नहीं

38.	689625872	=	689625872	हाँ	नहीं
39.	356259725	=	356257925	हाँ	नहीं
40.	82659275612	=	82659275512	हाँ	नहीं
41.	235923465	=	235923465	हाँ	नहीं
42.	562759256	=	562759266	हाँ	नहीं
43.	2659275876	=	2659275876	हाँ	नहीं
44.	7592765865	=	7592765855	हाँ	नहीं
45.	435587526	=	435587528	हाँ	नहीं
46.	652728685	=	652728585	हाँ	नहीं
47.	482650567	=	482650567	हाँ	नहीं
48.	350259235	=	350259255	हाँ	नहीं
49.	156592757	=	156592757	हाँ	नहीं
50.	896258752	=	896258752	हाँ	नहीं
51.	786527592	=	786527592	हाँ	नहीं
52.	2561755238	=	2561755238	हाँ	नहीं
53.	487265875	=	487265855	हाँ	नहीं
54.	9275615962	=	9275615962	हाँ	नहीं
55.	18652752615	=	18652752645	हाँ	नहीं
56.	3565561556	=	3565564556	हाँ	नहीं
57.	7256156125	=	7256156125	हाँ	नहीं
58.	2565275285	=	2565275285	हाँ	नहीं
59.	3256359275	=	3256359265	हाँ	नहीं
60.	9265872596	=	9265872596	हाँ	नहीं
61.	73562875901	=	73562876901	हाँ	नहीं
62.	3575678727	=	3575678737	हाँ	नहीं
63.	956235927	=	956235927	हाँ	नहीं
64.	3256152752	=	3256152752	हाँ	नहीं
65.	4972561752	=	4972561652	हाँ	नहीं

66.	8725527523	=	8725527533	हाँ	नहीं
67.	42356565655	=	42356565655	हाँ	नहीं
68.	6258725615	=	6258725645	हाँ	नहीं
69.	75612359723	=	75612359723	हाँ	नहीं
70.	92356256155	=	92356256155	हाँ	नहीं
71.	56233256	=	562353266	हाँ	नहीं
72.	495238561	=	495238561	हाँ	नहीं
73.	2565927872	=	2565927872	हाँ	नहीं
74.	91256156756	=	91256156756	हाँ	नहीं
75.	756562759	=	756562769	हाँ	नहीं
76.	9265887289	=	9265887289	हाँ	नहीं
77.	3468592701	=	3468592701	हाँ	नहीं
78.	865275872	=	865275772	हाँ	नहीं
79.	3965962561	=	3965962561	हाँ	नहीं
80.	8562756927	=	8562756937	हाँ	नहीं
81.	265987256	=	265987256	हाँ	नहीं
82.	1659696265	=	1659696265	हाँ	नहीं
83.	9725615615	=	9725615165	हाँ	नहीं
84.	492765725	=	492765725	हाँ	नहीं
85.	25965275	=	25965265	हाँ	नहीं
86.	526597256	=	526597266	हाँ	नहीं
87.	261575925	=	261575925	हाँ	नहीं
88.	832659275	=	832659275	हाँ	नहीं
89.	328526525	=	328526525	हाँ	नहीं
90.	327561275	=	327561265	हाँ	नहीं
91.	6561626152	=	6561626152	हाँ	नहीं
92.	625646256	=	625646266	हाँ	नहीं
93.	4235615615	=	4235615615	हाँ	नहीं

94.	435615872	=	435615872	हाँ	नहीं
95.	36256125625	=	36256125525	हाँ	नहीं
96.	40050060005	=	4005060005	हाँ	नहीं
97.	9256175672	=	9256175672	हाँ	नहीं
98.	35616253561	=	35616253561	हाँ	नहीं
99.	74326527	=	74326537	हाँ	नहीं
100.	6517505061	=	6517505061	हाँ	नहीं

उत्तरमाला

1	**2**	**3**	**4**	**5**	**6**	**7**	**8**	**9**	**10**
हाँ	हाँ	हाँ	नहीं	नहीं	हाँ	नहीं	हाँ	नहीं	नहीं
11	**12**	**13**	**14**	**15**	**16**	**17**	**18**	**19**	**20**
हाँ	नहीं	नहीं	हाँ	नहीं	नहीं	हाँ	नहीं	हाँ	हाँ
21	**22**	**23**	**24**	**25**	**26**	**27**	**28**	**29**	**30**
हाँ	नहीं	हाँ	नहीं	हाँ	नहीं	हाँ	हाँ	नहीं	हाँ
31	**32**	**33**	**34**	**35**	**36**	**37**	**38**	**39**	**40**
हाँ	नहीं	हाँ	नहीं	नहीं	हाँ	नहीं	हाँ	नहीं	नहीं
41	**42**	**43**	**44**	**45**	**46**	**47**	**48**	**49**	**50**
हाँ	नहीं	हाँ	नहीं	नहीं	नहीं	हाँ	नहीं	हाँ	हाँ
51	**52**	**53**	**54**	**55**	**56**	**57**	**58**	**59**	**60**
हाँ	हाँ	नहीं	हाँ	नहीं	नहीं	हाँ	हाँ	नहीं	हाँ
61	**62**	**63**	**64**	**65**	**66**	**67**	**68**	**69**	**70**
नहीं	नहीं	हाँ	हाँ	नहीं	नहीं	हाँ	नहीं	हाँ	हाँ
71	**72**	**73**	**74**	**75**	**76**	**77**	**78**	**79**	**80**
नहीं	हाँ	हाँ	हाँ	नहीं	हाँ	हाँ	नहीं	हाँ	नहीं
81	**82**	**83**	**84**	**85**	**86**	**87**	**88**	**89**	**90**
हाँ	हाँ	नहीं	हाँ	नहीं	नहीं	हाँ	हाँ	हाँ	नहीं
91	**92**	**93**	**94**	**95**	**96**	**97**	**98**	**99**	**100**
हाँ	नहीं	हाँ	हाँ	नहीं	नहीं	हाँ	हाँ	नहीं	हाँ

अभ्यास-4

निर्देश (प्रश्न संख्या 1 से 100) : *नीचे के प्रत्येक प्रश्न में कुछ अंकों की एक संख्या दी गई है तथा बराबर चिह्न (=) के दाईं ओर उसी संख्या की पुनरावृत्ति हुई है। यदि बाईं ओर तथा दाईं ओर की संख्या बिल्कुल समान हो तो आपका उत्तर 'हाँ' (Yes) होगा। लेकिन यदि बराबर के चिह्न के दोनों ओर अंकित संख्याओं में थोड़ी-सी भी भिन्नता हो तो आपका उत्तर 'नहीं' (No) होगा।*

1.	45610052	=	45610052	हाँ	नहीं
2.	31565125	=	31561525	हाँ	नहीं
3.	100000052	=	10000052	हाँ	नहीं
4.	587321005	=	587321005	हाँ	नहीं
5.	8005213432	=	8005213423	हाँ	नहीं
6.	7520150511	=	7520150511	हाँ	नहीं
7.	8750512008	=	8750521008	हाँ	नहीं
8.	328792051	=	328792051	हाँ	नहीं
9.	1258700532	=	1258700523	हाँ	नहीं
10.	8541283215	=	8541282315	हाँ	नहीं
11.	187521870	=	187512870	हाँ	नहीं
12.	72510505012	=	725105012	हाँ	नहीं
13.	9128752051	=	9128752051	हाँ	नहीं
14.	81511118105	=	8151118105	हाँ	नहीं
15.	8888775532	=	8888775532	हाँ	नहीं
16.	189543218	=	189542318	हाँ	नहीं
17.	468188325	=	468188325	हाँ	नहीं
18.	153265522310	=	15326552310	हाँ	नहीं
19.	41652253216	=	4165253216	हाँ	नहीं
20.	860050006010	=	86005006010	हाँ	नहीं
21.	235189632	=	235189632	हाँ	नहीं
22.	92658100520	=	92658100502	हाँ	नहीं

23.	81653251052	=	61653251052	हाँ	नहीं
24.	6251896051	=	6251896051	हाँ	नहीं
25.	18652189521	=	18652189521	हाँ	नहीं
26.	89691999961	=	8969199961	हाँ	नहीं
27.	52615986225	=	52615986225	हाँ	नहीं
28.	1869528695	=	1869528685	हाँ	नहीं
29.	18605050501	=	186050501	हाँ	नहीं
30.	46152965121	=	46152961521	हाँ	नहीं
31.	295126726	=	295126726	हाँ	नहीं
32.	896528925	=	896528925	हाँ	नहीं
33.	2861561216	=	2861561261	हाँ	नहीं
34.	8651277797	=	86512777797	हाँ	नहीं
35.	79561258712	=	79561258712	हाँ	नहीं
36.	8629561050	=	86295610500	हाँ	नहीं
37.	18732615972	=	18732615972	हाँ	नहीं
38.	7361878729	=	73618787129	हाँ	नहीं
39.	8726597879	=	8726597879	हाँ	नहीं
40.	2679211611	=	2679211611	हाँ	नहीं
41.	8618795201	=	8618795201	हाँ	नहीं
42.	756212221	=	756212221	हाँ	नहीं
43.	18600005002	=	186000050002	हाँ	नहीं
44.	16059060510	=	16059060510	हाँ	नहीं
45.	8796177205	=	87961772105	हाँ	नहीं
46.	187679205	=	187679205	हाँ	नहीं
47.	626165972	=	621665972	हाँ	नहीं
48.	1050025002	=	1050025002	हाँ	नहीं
49.	896252962	=	896252162	हाँ	नहीं
50.	861256526	=	8612562526	हाँ	नहीं

51.	725610516	=	725610516	हाँ	नहीं
52.	186295659	=	186295649	हाँ	नहीं
53.	286910502	=	266910502	हाँ	नहीं
54.	16952615	=	16952615	हाँ	नहीं
55.	62952616	=	62956216	हाँ	नहीं
56.	896252612	=	896252612	हाँ	नहीं
57.	162549625	=	162549625	हाँ	नहीं
58.	85261261	=	85261216	हाँ	नहीं
59.	21895261	=	21895261	हाँ	नहीं
60.	92652952	=	92652925	हाँ	नहीं
61.	621256256	=	61256256	हाँ	नहीं
62.	85629612	=	85629612	हाँ	नहीं
63.	86125968	=	86125978	हाँ	नहीं
64.	126195626	=	126195626	हाँ	नहीं
65.	861596215	=	861596125	हाँ	नहीं
66.	218619526	=	218619526	हाँ	नहीं
67.	82596126	=	82596125	हाँ	नहीं
68.	12526927	=	12526937	हाँ	नहीं
69.	18627927	=	18627927	हाँ	नहीं
70.	81265687	=	81265678	हाँ	नहीं
71.	527297992	=	527297992	हाँ	नहीं
72.	41269621	=	41268621	हाँ	नहीं
73.	86592612	=	86592612	हाँ	नहीं
74.	752616952	=	752616925	हाँ	नहीं
75.	126597862	=	126597861	हाँ	नहीं
76.	29568692	=	2956892	हाँ	नहीं
77.	51626127	=	51626127	हाँ	नहीं
78.	86952615	=	86952651	हाँ	नहीं

79.	42346051	=	42346051	हाँ	नहीं
80.	18659261	=	18659261	हाँ	नहीं
81.	52796125	=	52796124	हाँ	नहीं
82.	79259627	=	79259627	हाँ	नहीं
83.	87868886	=	878688886	हाँ	नहीं
84.	312543215	=	312543214	हाँ	नहीं
85.	432452132	=	432452132	हाँ	नहीं
86.	38615927	=	38615937	हाँ	नहीं
87.	89652956	=	89652956	हाँ	नहीं
88.	42692787	=	42693787	हाँ	नहीं
89.	219561795	=	219561795	हाँ	नहीं
90.	6156156724	=	6156156734	हाँ	नहीं
91.	379725618	=	379725618	हाँ	नहीं
92.	867927156	=	867927156	हाँ	नहीं
93.	41861596	=	41861569	हाँ	नहीं
94.	896762341	=	8966762341	हाँ	नहीं
95.	279634564	=	279634564	हाँ	नहीं
96.	38965243	=	38965234	हाँ	नहीं
97.	81597842	=	8159843	हाँ	नहीं
98.	695618752	=	695618752	हाँ	नहीं
99.	89127524	=	89127534	हाँ	नहीं
100.	26952912	=	26952912	हाँ	नहीं

उत्तरमाला

1	2	3	4	5	6	7	8	9	10
हाँ	नहीं	नहीं	हाँ	नहीं	हाँ	नहीं	हाँ	नहीं	नहीं
11	**12**	**13**	**14**	**15**	**16**	**17**	**18**	**19**	**20**
नहीं	नहीं	हाँ	नहीं	हाँ	नहीं	हाँ	नहीं	नहीं	नहीं

21	22	23	24	25	26	27	28	29	30
हाँ	नहीं	नहीं	हाँ	हाँ	नहीं	हाँ	नहीं	नहीं	नहीं
31	**32**	**33**	**34**	**35**	**36**	**37**	**38**	**39**	**40**
हाँ	हाँ	नहीं	नहीं	हाँ	नहीं	हाँ	नहीं	हाँ	हाँ
41	**42**	**43**	**44**	**45**	**46**	**47**	**48**	**49**	**50**
हाँ	हाँ	नहीं	हाँ	नहीं	हाँ	नहीं	हाँ	नहीं	नहीं
51	**52**	**53**	**54**	**55**	**56**	**57**	**58**	**59**	**60**
हाँ	नहीं	नहीं	हाँ	नहीं	हाँ	हाँ	नहीं	हाँ	नहीं
61	**62**	**63**	**64**	**65**	**66**	**67**	**68**	**69**	**70**
नहीं	हाँ	नहीं	हाँ	नहीं	हाँ	नहीं	नहीं	हाँ	नहीं
71	**72**	**73**	**74**	**75**	**76**	**77**	**78**	**79**	**80**
हाँ	नहीं	हाँ	नहीं	नहीं	नहीं	हाँ	नहीं	हाँ	हाँ
81	**82**	**83**	**84**	**85**	**86**	**87**	**88**	**89**	**90**
नहीं	हाँ	नहीं	नहीं	हाँ	नहीं	हाँ	नहीं	हाँ	नहीं
91	**92**	**93**	**94**	**95**	**96**	**97**	**98**	**99**	**100**
हाँ	हाँ	नहीं	नहीं	हाँ	नहीं	नहीं	हाँ	नहीं	हाँ

अभ्यास-5

निर्देश (प्रश्न संख्या 1 से 100) : *नीचे के प्रत्येक प्रश्न में कुछ अंकों की एक संख्या दी गई है तथा बराबर चिह्न (=) के दाईं ओर उसी संख्या की पुनरावृत्ति हुई है। यदि बाईं ओर तथा दाईं ओर की संख्या बिल्कुल समान हो तो आपका उत्तर 'हाँ' (Yes) होगा। परन्तु यदि बराबर के चिह्न के दोनों ओर अंकित संख्याओं में थोड़ी-सी भी भिन्नता हो तो आपका उत्तर 'नहीं' (No) होगा।*

1.	461592756	=	461592765	हाँ	नहीं
2.	2975927159	=	2975927157	हाँ	नहीं
3.	79289691561	=	7928691561	हाँ	नहीं
4.	5615924619	=	5615924691	हाँ	नहीं
5.	429162972	=	429162972	हाँ	नहीं
6.	9567192715	=	9567192715	हाँ	नहीं
7.	62952961	=	62952964	हाँ	नहीं
8.	29561971	=	29561971	हाँ	नहीं
9.	581965615	=	581965651	हाँ	नहीं

10.	19261928561	=	19261928564	हाँ	नहीं
11.	2695692916	=	2695692916	हाँ	नहीं
12.	956129105	=	9561291505	हाँ	नहीं
13.	6129152912	=	6129152912	हाँ	नहीं
14.	419625619	=	419625619	हाँ	नहीं
15.	59161912	=	59461912	हाँ	नहीं
16.	32151625615	=	32151625615	हाँ	नहीं
17.	56192612	=	56192613	हाँ	नहीं
18.	129561235	=	129561285	हाँ	नहीं
19.	2969561205	=	2969561205	हाँ	नहीं
20.	892719623	=	892719628	हाँ	नहीं
21.	781729561	=	781729651	हाँ	नहीं
22.	512615928	=	512615928	हाँ	नहीं
23.	6791272561	=	6791272516	हाँ	नहीं
24.	2615961256	=	2645961256	हाँ	नहीं
25.	512356129	=	512356129	हाँ	नहीं
26.	87916256	=	87916256	हाँ	नहीं
27.	612561295	=	612561259	हाँ	नहीं
28.	856197265	=	856197265	हाँ	नहीं
29.	725862050	=	725862005	हाँ	नहीं
30.	82615972	=	82615927	हाँ	नहीं
31.	64582561	=	64582561	हाँ	नहीं
32.	58265896	=	58265896	हाँ	नहीं
33.	4592612319	=	4592612391	हाँ	नहीं
34.	56192719	=	56192719	हाँ	नहीं
35.	92596271	=	92596271	हाँ	नहीं
36.	519617292	=	519617292	हाँ	नहीं
37.	872915612	=	872915621	हाँ	नहीं

38.	589969195	=	589969519	हाँ	नहीं
39.	316972561	=	316972516	हाँ	नहीं
40.	856192729	=	856192729	हाँ	नहीं
41.	6597192721	=	6597192421	हाँ	नहीं
42.	592719695	=	592719659	हाँ	नहीं
43.	172956123	=	172956132	हाँ	नहीं
44.	792721727	=	792721727	हाँ	नहीं
45.	86197172	=	86197172	हाँ	नहीं
46.	27956127	=	27956127	हाँ	नहीं
47.	785619927	=	785619972	हाँ	नहीं
48.	592716279	=	592716279	हाँ	नहीं
49.	296127521	=	296127521	हाँ	नहीं
50.	42617591	=	42617519	हाँ	नहीं
51.	8791256105	=	8791256105	हाँ	नहीं
52.	97275726	=	97275762	हाँ	नहीं
53.	481659705	=	486159705	हाँ	नहीं
54.	1596156050	=	1596156005	हाँ	नहीं
55.	159612719	=	159612791	हाँ	नहीं
56.	9612719615	=	9612719615	हाँ	नहीं
57.	87259725	=	87259725	हाँ	नहीं
58.	7295566176	=	7295566175	हाँ	नहीं
59.	48612561	=	48612561	हाँ	नहीं
60.	82935215	=	82935215	हाँ	नहीं
61.	351526593	=	351526592	हाँ	नहीं
62.	859612561	=	859612562	हाँ	नहीं
63.	297271725	=	297271725	हाँ	नहीं
64.	7229271257	=	7229271275	हाँ	नहीं
65.	8899772227	=	8899772272	हाँ	नहीं

66.	25900000101	=	25900000101	हाँ	नहीं
67.	586172959	=	586172995	हाँ	नहीं
68.	972561927	=	972561927	हाँ	नहीं
69.	29725612	=	29725621	हाँ	नहीं
70.	7561271596	=	7561271596	हाँ	नहीं
71.	859612721	=	859612721	हाँ	नहीं
72.	235961272	=	235961227	हाँ	नहीं
73.	48569592	=	48569592	हाँ	नहीं
74.	956295261	=	956295261	हाँ	नहीं
75.	19561261956	=	19561261953	हाँ	नहीं
76.	8719625612	=	8719625612	हाँ	नहीं
77.	458612719	=	458612719	हाँ	नहीं
78.	8659259612	=	8659259612	हाँ	नहीं
79.	2591256127	=	2591256125	हाँ	नहीं
80.	87596156	=	87596156	हाँ	नहीं
81.	48956127	=	48956125	हाँ	नहीं
82.	7561927159	=	7561927159	हाँ	नहीं
83.	619572561	=	619572516	हाँ	नहीं
84.	56127695	=	56127696	हाँ	नहीं
85.	86972572	=	86972572	हाँ	नहीं
86.	259725612	=	259725614	हाँ	नहीं
87.	9561272561	=	9561272561	हाँ	नहीं
88.	659726251	=	659726251	हाँ	नहीं
89.	46922591	=	46922592	हाँ	नहीं
90.	5615916975	=	5615916975	हाँ	नहीं
91.	632591271	=	632591271	हाँ	नहीं
92.	87288226	=	87288226	हाँ	नहीं
93.	486569561	=	486569516	हाँ	नहीं

94.	651627251	=	651627512	हाँ	नहीं
95.	872561281	=	872561218	हाँ	नहीं
96.	612596127	=	612596127	हाँ	नहीं
97.	895997927	=	895997972	हाँ	नहीं
98.	756127005	=	756127005	हाँ	नहीं
99.	856296125	=	856296124	हाँ	नहीं
100.	692323523	=	692323523	हाँ	नहीं

उत्तरमाला

1	2	3	4	5	6	7	8	9	10
नहीं	नहीं	नहीं	नहीं	हाँ	हाँ	नहीं	हाँ	नहीं	नहीं
11	**12**	**13**	**14**	**15**	**16**	**17**	**18**	**19**	**20**
हाँ	नहीं	हाँ	हाँ	नहीं	हाँ	नहीं	नहीं	हाँ	नहीं
21	**22**	**23**	**24**	**25**	**26**	**27**	**28**	**29**	**30**
नहीं	हाँ	नहीं	नहीं	हाँ	हाँ	नहीं	हाँ	नहीं	नहीं
31	**32**	**33**	**34**	**35**	**36**	**37**	**38**	**39**	**40**
हाँ	हाँ	नहीं	हाँ	हाँ	हाँ	नहीं	नहीं	नहीं	हाँ
41	**42**	**43**	**44**	**45**	**46**	**47**	**48**	**49**	**50**
नहीं	नहीं	नहीं	हाँ	हाँ	हाँ	नहीं	हाँ	हाँ	नहीं
51	**52**	**53**	**54**	**55**	**56**	**57**	**58**	**59**	**60**
हाँ	नहीं	नहीं	नहीं	नहीं	हाँ	हाँ	नहीं	हाँ	हाँ
61	**62**	**63**	**64**	**65**	**66**	**67**	**68**	**69**	**70**
नहीं	नहीं	हाँ	हाँ	नहीं	हाँ	नहीं	हाँ	नहीं	हाँ
71	**72**	**73**	**74**	**75**	**76**	**77**	**78**	**79**	**80**
हाँ	नहीं	हाँ	हाँ	नहीं	हाँ	हाँ	हाँ	नहीं	हाँ
81	**82**	**83**	**84**	**85**	**86**	**87**	**88**	**89**	**90**
नहीं	हाँ	नहीं	नहीं	हाँ	नहीं	हाँ	हाँ	नहीं	हाँ
91	**92**	**93**	**94**	**95**	**96**	**97**	**98**	**99**	**100**
हाँ	हाँ	नहीं	नहीं	नहीं	हाँ	नहीं	हाँ	नहीं	हाँ

8

अंकों पर आधारित परीक्षण
(Numbers Based Test)

इस परीक्षण के अन्तर्गत अंकों की एक लम्बी शृंखला दी गयी होती है, जिसके आधार पर निम्न प्रकार के प्रश्नों को पूछा जा सकता है—

1. प्रश्न में दी गयी अंकों की शृंखला में कुल कितनी अभाज्य संख्याएं हैं?
2. अंकों की दी गयी शृंखला में कुल अभाज्य संख्याओं का योग कितना है?
3. अंकों की दी गयी शृंखला में सम संख्याओं का योग कितना है?
4. अंकों की दी गयी शृंखला में विषम संख्याओं का योग कितना है?
5. अंकों की दी गयी शृंखला में सम स्थान पर आने वाले अंकों का योग कितना है?
6. प्रश्न में अंकों की दी गयी शृंखला में विषम स्थान पर आने वाले अंकों का योग कितना है?
7. अंकों की दी गयी शृंखला में कितनी सम संख्याएं हैं?
8. अंकों की दी गयी शृंखला में कुल कितनी विषम संख्याएं हैं?

अभ्यास-1

निर्देश (प्रश्न संख्या 1 से 30): *निम्नलिखित प्रत्येक प्रश्न में अंकों का एक समूह दिया गया है। प्रत्येक समूह में सम संख्याओं का कुल योग क्या होगा?*

1. 2 2 3 4 5 6 3 2 3 4 4 5 6 7 8 3 8 8 3 9 8 7 6 5 4 3 2 1 2 2 8 4 3 2 5 6 7 8 8 9 3 2 1 1

A. 120 B. 115 C. 116 D. 114

2. 3 3 2 2 4 2 3 2 3 2 3 2 3 2 4 5 4 5 4 5 6 7 6 7 6 7 6 7 6 7 6 7 6 7 6 7 6 7 6 7 6 6 7 7 7

A. 102 B. 103 C. 104 D. 105

3. 1 2 3 4 5 6 1 2 3 4 5 6 1 2 3 4 5 6 1 2 3 4 5 6 1 2 3 4 5 6 1 2 3 4 5 6 1 2 3 4 5 6 1 2 3 4 5 6 1 1 2 2

A. 99 B. 100 C. 101 D. 102

4. 3 2 4 5 4 4 5 6 6 7 8 1 2 3 4 1 2 3 4 1 2 3 4 4 5 6 7 8 9 6 7 8 9 6 7 8 9 2 3 4 5

A. 102 B. 103 C. 104 D. 105

5. 1 5 1 4 1 3 1 2 1 1 1 2 1 3 1 4 1 5 2 6 2 7 2 8 2 9 3 0 3 1 3 2 3 3 3 4 3 5 3 6 3 7 3 8 12

A. 55 B. 56 C. 57 D. 58

6. 6 0 6 1 6 2 6 3 6 4 6 5 6 6 6 7 6 8 6 9 7 0 7 1 7 2 7 3 4 5 4 4 6 6 7 8 9 8 2 3 1

A. 120 B. 122 C. 123 D. 124

7. 5 0 5 1 5 2 5 3 5 4 5 5 5 6 5 7 5 8 5 9 6 1 6 2 6 3 6 4 6 6 6 6 7 6 8 9 9 8 2

A. 98 B. 99 C. 64 D. 96

8. 1 2 1 3 1 4 1 5 1 6 1 7 1 8 1 9 2 0 1 1 2 1 2 2 2 3 2 4 2 5 3 6 3 7 3 8 3 9 4 0 4

A. 60 B. 61 C. 62 D. 63

9. 1 1 9 8 7 6 5 4 3 2 1 3 2 3 4 5 6 7 8 9 2 3 4 5 6 7 8 9 9 8 7 6 5 4 3 2 1 2 1 2 2 2 1

A. 86 B. 87 C. 88 D. 89

10. 3 4 2 8 2 4 6 8 1 0 1 2 1 4 1 8 1 9 2 0 2 1 2 2 2 3 4 4 2 5 3 6 3 7 1 2

A. 76 B. 77 C. 78 D. 79

11. 2 1 2 2 2 3 2 4 2 5 2 62 7 2 8 3 1 3 2 3 3 3 4 3 5 2 3 6 3 7 3 8 9 4 3 2 1 2 1

A. 65 B. 66 C. 67 D. 68

12. 3 0 6 9 1 2 1 5 1 8 2 1 2 4 3 7 3 0 4 8 1 2 1 6 2 0 2 4 2 8 2 9 9 3 6 4 0 4 1 4 2 4 3 4 4

A. 95 B. 94 C. 96 D. 97

13. 61 29 18 27 36 45 44 54 6 3 72 91 90 91 92 93 94 95 96 98 98 98

A. 83 B. 84 C. 85 D. 86

14. 3 0 3 1 3 2 3 3 2 7 2 8 2 9 8 0 8 1 8 2 8 3 8 4 8 5 8 6 8 7 8 8 8 9 2 0 2 3 2 4 3 8 3 9 4 0 2

A. 140 B. 141 C. 142 D. 143

15. 2 3 8 7 1 9 5 4 8 5 3 2 9 87 6 5 4 3 2 3 2 3 2 2 2 1 2 8 9 2

A. 83 B. 64 C. 65 D. 66

16. 2 6 2 5 24 2 3 2 2 2 1 9 1 9 1 8 1 7 1 6 1 5 1 4 1 3 1 2 2 1 2 2 2 3 2

A. 72 B. 73 C. 74 D. 75

17. 2 7 2 8 2 9 3 0 3 1 4 1 4 2 4 3 4 4 4 5 4 6 4 7 4 8 4 9 5 0 5 1 5 2 5 3 5 4

A. 75 B. 74 C. 76 D. 77

18. 2 8 2 9 3 0 4 1 4 2 6 6 6 7 6 8 6 9 7 0 7 1 7 2 7 3 7 4 7 5 7 6 7 7 7 8 7 9

A. 80 B. 81 C. 82 D. 83

19. 2 9 2 8 2 5 2 6 2 7 2 8 2 9 3 0 4 8 5 8 7 0 8 1 8 2 8 3 8 4 8 5 6 7 6 8 6 9

A. 126 B. 127 C. 128 D. 129

20. 3 0 3 1 5 0 5 1 2 2 2 3 8 5 4 5 5 5 6 5 7 5 8 5 9 6 0 6 1 2 8 7 8 9 8 8 8

A. 86 B. 87 C. 88 D. 89

21. 9 8 3 8 3 8 5 8 5 8 8 8 3 2 2 5 3 2 2 3 2 5 9 8 3 5 6 2 7 8 9 2 3 4 5 6
2 3 4 2 1

A. 111 B. 110 C. 112 D. 114

22. 7 8 9 2 3 4 5 3 2 5 6 1 2 3 4 5 6 7 8 9 8 8 9 2 3 4 5 6 7 8 9 9 8 8 3 1 2

A. 95 B. 98 C. 97 D. 96

23. 2 5 6 7 3 5 2 6 2 6 7 8 3 2 5 6 7 6 6 8 8 3 2 3 5 3 6 6 7 3 2 5 2 3 2 5
6 5 6 6 7 2

A. 108 B. 107 C. 106 D. 109

24. 6 7 8 3 3 2 4 6 3 2 5 6 3 8 9 8 7 6 5 4 3 2 1 8 7 8 7 6 6 3 2 1 2 2 3 4 5 6

A. 106 B. 104 C. 105 D. 102

25. 6 5 4 3 2 8 3 2 5 2 6 2 7 2 8 2 9 3 2 3 2 5 2 6 2 7 2 8 8 2 3 8 3 4 3 4 5 2

A. 94 B. 95 C. 96 D. 97

26. 9 8 7 6 5 3 2 1 1 2 3 45 6 7 8 7 8 7 8 6 5 3 2 3 2 8 6 8 6 7 8 5 2 5 2
3 2 4 2 6 1 7 2

A. 118 B. 111 C. 112 D. 113

27. 6 7 8 9 2 3 4 5 6 7 8 9 1 2 3 4 5 6 7 8 9 8 7 6 5 4 3 2 1 3 2 1 3 2 1 3
3 2 1 2 1 2 3 2 2

A. 87 B. 88 C. 89 D. 90

28. 1 2 3 4 5 6 7 8 1 2 3 4 5 6 7 8 1 2 3 4 5 6 7 8 1 2 3 4 5 6 7 8 1 2 3
4 5 6 7 8 8 7 6 5 3 2

A. 114 B. 115 C. 116 D. 117

29. 7 8 7 8 3 2 3 3 2 3 3 2 3 3 3 2 2 2 1 2 3 4 5 2 2 2 8 8 8 7 6 5 4 3 2 1

A. 80 B. 78 C. 76 D. 74

30. 1 2 4 5 1 2 4 5 1 2 4 5 1 2 4 5 1 2 4 5 1 2 4 54 5 4 5 4 5 4 6 6 7 8 3
2 1 2 3 2 1

A. 78 B. 75 C. 76 D. 77

उत्तरमाला

1	2	3	4	5	6	7	8	9	10
C	A	B	C	B	D	A	A	C	A

11	12	13	14	15	16	17	18	19	20
B	C	B	A	B	A	C	A	C	A
21	**22**	**23**	**24**	**25**	**26**	**27**	**28**	**29**	**30**
B	D	A	B	C	A	B	C	C	A

अभ्यास-2

निर्देश (प्रश्न संख्या 1 से 30): *निम्नलिखित प्रत्येक प्रश्न में अंकों का एक समूह दिया गया है। प्रत्येक समूह में विषम संख्याओं का कुल योग कितना होगा?*

1. 5 7 6 1 1 8 9 2 5 3 7 5 8 9 3
A 55 B 56 C 57 D 58

2. 8 7 6 5 3 2 1 4 5 6 5 9 6 1 8 7 6 3 2
A 30 B 44 C 70 D 46

3. 1 2 6 9 3 7 7 3 2 1 1 4 2 6
A 40 B 32 C 39 D 38

4. 3 7 5 5 1 8 2 4 6 9 1 5 9 7 6 2 5
A 70 B 72 C 66 D 78

5. 6 3 2 5 4 9 7 6 5 1 3 5 7 9 4 2 8 5
A 59 B 34 C 62 D 64

6. 1 9 5 6 4 2 7 3 2 5 4 9 1 7 1 2 3 5 7 9
A 55 B 69 C 108 D 72

7. 4 3 1 7 9 6 5 4 3 2 1 5 7 9 4 3 1 5 7 9
A 95 B 75 C 79 D 85

8. 1 3 5 7 4 6 2 8 5 7 6 4 9 2 1 8 1 4 9 6 2 8 5 4
A 70 B 53 C 59 D 65

9. 2 3 5 6 9 1 4 2 4 6 9 1 5 8 5 9 3 2 1 8
A 45 B 51 C 55 D 67

10. 7 6 5 1 2 8 9 4 6 2 5 7 9 8 4 1 1 2 3 7
A 55 B 45 C 35 D 105

11. 5 4 3 2 1 8 7 6 5 1 2 8 9 4 6 2 5 7 9 8 9 1 1 2 8 7 7 9 2 4 1 1 7 2 5
A 100 B 65 C 95 D 105

12. 2 3 5 6 9 7 4 2 4 6 9 1 5 8 1 7 2 5 7 9 2 4 1
A 79 B 89 C 59 D 69

13. 1 3 5 7 4 6 2 8 5 7 6 4 9 7 1 8 5 7 6 4 9 7 1 8 1 4 9 6 2 8 5 4
A 80 B 89 C 51 D 45

14. 4 8 1 7 9 6 5 4 3 2 1 5 7 9 4 3 1 5 7 9
A 74 B 82 C 80 D 72

15. 1 9 5 6 4 2 7 3 2 6 4 9 1 7 1 2 3 5 7 9
A 77 B 67 C 87 D 107

16. 6 3 2 5 4 9 2 6 5 1 3 5 7 9 4 7 8 5
A 59 B 89 C 69 D 79

17. 5 1 3 2 4 6 9 1 5 9 7 6 2 5
A 55 B 48 C 45 D 40

18. 1 2 6 9 3 7 7 3 2 7 1 4 2 6 3 7 5
A 93 B 53 C 43 D 103

19. 5 7 6 1 1 8 9 2 5 3 7 5 8 6 3 8 7 6 5 8 2 1 4 5 6 5 9 6 1 8 7 6 3 2
A 89 B 80 C 71 D 99

20. 9 2 4 3 2 1 1 7 8 4 3 2 5 5 6 3 3 2 1 7 4 6 3 2 5
A 67 B 66 C 65 D 56

21. 1 7 3 2 5 8 3 7 1 6 2 3 5 6 4 1 7 9 1 3 5 2 8 7 6 4
A 48 B 78 C 68 D 108

22. 4 6 5 8 1 8 2 9 1 7 6 2 9 8 3 2 2 4 1 8 2 6 5 1 7 2 3 4 6 5 3
A 90 B 80 C 60 D 70

23. 1 7 2 3 4 5 6 1 2 3 5 9 4 5 9 9 6 2 5 4 6 1 8 3 2 5
A 71 B 78 C 68 D 44

24. 5 3 1 1 7 3 2 5 6 4 8 1 2 5 4 3 2 6 9 2 4 6 9 7 9 2 8 7 6
A 78 B 88 C 68 D 108

25. 1 3 2 5 4 3 2 1 7 3 2 5 1 4 7 3 2 5 4 1 6 9
A 79 B 54 C 68 D 64

26. 4 3 1 7 9 6 5 9 6 0 2 5 4 2 1 4 2 0 5
A 55 B 49 C 45 D 69

27. 5 9 7 6 2 1 3 5 9 7 3 9 1 8 2 4 0 9 3 5 2 6 5 4 1 2 9 1 1 2 5 7
A 78 B 66 C 67 D 105

28. 1 8 2 4 0 9 3 5 2 6 5 4 1 2 9 1 1 2 5 7 9 2 4 3 2 1 1 7 8 4 3 7 5
A 65 B 89 C 83 D 79

29. 5 6 3 3 2 1 7 4 6 3 2 5 1 7 3 2 5 3 3 7 1 6 2 3 5 6 4 1 7 9 2 1
A 78 B 70 C 83 D 95

30. 3 5 2 3 4 6 3 6 7 9 3 5 2
A 38 B 30 C 16 D 25

उत्तरमाला

1	2	3	4	5	6	7	8	9	10
A	D	B	C	A	D	B	B	B	A
11	**12**	**13**	**14**	**15**	**16**	**17**	**18**	**19**	**20**
A	D	B	D	B	A	C	B	A	D
21	**22**	**23**	**24**	**25**	**26**	**27**	**28**	**29**	**30**
C	C	A	C	B	C	D	C	C	A

अभ्यास-3

निर्देश (प्रश्न संख्या 1 से 30): *निम्नलिखित प्रत्येक प्रश्न में अंकों का एक समूह दिया गया है। प्रत्येक समूह में सम स्थान पर आने वाले अंकों का योग कितना है?*

1. 3 9 8 7 6 5 4 3 2 1 2 2 8 4 3 2 5 6 7 8 3 8 8 7 8 8 9 3 2 1 1
A. 70 B. 65 C. 74 D. 68

2. 2 3 2 5 9 8 3 5 6 2 7 8 9 2 3 4 5 6 9 8 7 2 3 4 2 1
A. 45 B. 71 C. 58 D. 55

3. 6 1 2 3 4 5 6 7 8 9 8 8 9 2 3 4 5 6 7 8 9 9 8 8 3 1 2 4 5 7 8 9
A. 53 B. 91 C. 19 D. 68

4. 2 6 7 8 3 2 5 6 7 6 6 8 8 3 2 3 5 3 6 6 7 3 2 5 2 3 2 5 6 5 6 6 7 2
A. 80 B. 85 C. 72 D. 95

5. 5 6 3 8 9 8 7 6 5 4 3 2 1 8 7 8 7 6 6 3 2 1 2 3 4 5 6 6 8 9 7 2 1
A. 80 B. 78 C. 66 D. 85

6. 6 5 4 3 2 6 2 7 2 8 2 9 3 2 5 2 6 2 7 8 7 8 9 7 2 5 7 6 7 8 9
A. 68 B. 86 C. 76 D. 55

7. 8 6 5 3 2 3 2 8 6 8 6 8 5 2 5 2 3 4 6 7 8 7 3 2 4 2 6 1 7 2
A. 78 B. 112 C. 65 D. 70

8. 7 8 9 8 7 6 5 4 3 2 1 3 2 1 3 2 2 1 3 3 2 1 2 1 2 3 2 2 8 9 2 3 4 5 6 7 8
A. 88 B. 77 C. 90 D. 69

9. 3 4 5 6 7 8 1 2 3 4 5 6 7 8 1 2 3 4 5 6 7 8 8 7 6 5 3 2 4
A. 65 B. 122 C. 72 D. 95

10. 7 8 3 2 3 2 3 3 3 2 2 2 1 2 3 4 5 2 2 2 8 8 8 7 7 7 5 5 5 4
A. 72 B. 60 C. 99 D. 79

11. 4 5 1 2 4 5 4 5 6 7 6 7 8 9 1 2 3 4 5 7 8 2 1 3 1 5 1 6 9
A. 65 B. 77 C. 55 D. 69

12. 4 5 6 7 6 7 6 7 6 7 6 7 6 7 6 7 6 7 7 7 7 7 7 7 7 6 6 5 5 5 5
A. 100 B. 105 C. 110 D. 95

13. 1 2 3 4 5 6 1 2 3 4 5 6 1 2 3 4 5 6 1 2 3 4 5 6 1 2 3 4 5 6 1 2 3 4 5 6
A. 72 B. 82 C. 77 D. 65

14. 4 1 2 3 4 4 5 7 9 6 7 9 6 7 8 9 2 3 4 5 4 4 5 6 6 7 8 1 2 3 4 1 2 3
A. 72 B. 66 C. 79 D. 85

15. 3 5 3 6 3 7 3 8 1 2 2 6 2 7 2 9 3 0 3 1 3 8 7 9 5 6 5 7 5 8 5 8 5 8 7 7 9 9 9
A. 99 B. 121 C. 100 D. 75

16. 6 9 7 0 7 1 7 2 7 3 4 5 4 4 6 6 7 8 6 0 6 1 6 2 6 3 6 4 6 5 6 6 6 7 6 8 9 8
A. 44 B. 65 C. 75 D. 82

17. 5 2 5 3 5 4 5 5 5 6 5 7 5 8 5 9 6 1 6 2 6 3 6 4 6 6 6 7 6 8 9 9 8 2
A. 76 B. 95 C. 86 D. 66

18. 11 21 22 23 24 25 36 37 38 39 40 41 1 2 3 4 5 1 6
A. 57 B. 61 C. 56 D. 95

19. 8 9 2 3 4 5 6 7 8 9 9 8 7 6 5 4 3 2 1 2 2 9 8 7 6 5 4 3 2 1
A. 80 B. 77 C. 85 D. 70

20. 8 2 4 6 8 1 0 1 2 1 4 1 8 1 9 2 0 2 1 2 2 2 2 3 4 4 4 5 5 5 6
A. 89 B. 38 C. 35 D. 40

21. 3 2 3 4 3 5 2 3 6 7 3 8 9 4 2 2 3 2 4 2 5 6 2 7 2 8 3 3 1 3 2 1 2 1
A. 60 B. 105 C. 65 D. 110

22. 4 8 1 2 1 6 2 0 4 2 8 2 9 3 3 6 7 6 8 5 4 2 1 3 3 4 5 6
A. 77 B. 59 C. 45 D. 53

23. 7 2 9 1 9 0 2 5 9 3 9 4 9 5 9 6 9 7 9 8 9 9 2 2 2 4 2 5 2 6
A. 68 B. 67 C. 57 D. 72

24. 8 2 8 3 8 4 8 5 8 6 8 7 8 8 8 9 9 1 9 2 9 5 7 4 7 5 7 8 1 2 3 3 4 5 1
A. 79 B. 69 C. 89 D. 99

25. 3 2 3 2 3 2 3 2 4 5 6 7 8 3 2 3 2 3 2 32 3 2
A. 44 B. 33 C. 35 D. 42

26. 2 4 2 3 2 2 2 1 1 9 1 8 1 7 16 1 5 1 4 1 3 1 2 2 1 2 2 2 3 2 4 2 6
A. 65 B. 70 C. 95 D. 94

27. 1 1 1 1 1 1 1 1 1 1 1 1 1 1 1 1 1 1 1 1 1 1 1 1 1 1 1 1 1 1 1
A. 99 B. 16 C. 15 D. 14

28. 4 5 4 5 4 5 4 5 4 5 4 5 4 5 1 2 3 4 7 8 1 2 3 4 7 8 9 6 2 6 3
A. 62 B. 70 C. 75 D. 60

29. 5 8 7 0 8 1 8 2 8 3 8 4 2 5 2 6 2 7 2 8 2 9 3 0 1 2
A. 45 B. 75 C. 55 D. 65

30. 3 0 3 1 5 3 3 4 3 8 3 9 7 9 8 7 6 5 4 3 1 2 3 4 5 6 7
A. 71 B. 109 C. 105 D. 61

उत्तरमाला

1	**2**	**3**	**4**	**5**	**6**	**7**	**8**	**9**	**10**
C	C	B	A	D	B	A	D	C	B
11	**12**	**13**	**14**	**15**	**16**	**17**	**18**	**19**	**20**
D	B	A	C	B	D	C	B	A	B
21	**22**	**23**	**24**	**25**	**26**	**27**	**28**	**29**	**30**
C	D	B	A	C	B	B	C	C	D

अभ्यास-4

निर्देश (प्रश्न संख्या 1 से 30): *निम्नलिखित प्रत्येक प्रश्न में अंकों का एक समूह दिया गया है। प्रत्येक समूह में विषम स्थान पर आने वाले अंकों का योग कितना है?*

1. 3 3 4 1 4 4 2 9 2 5 3 1 3 4 3 3 4
A. 3 B. 45 C. 21 D. 28

2. 3 2 2 9 2 9 3 2 4 9 3 4 1 5 3 2 8 7 9 5 1
A. 55 B. 22 C. 39 D. 28

3. 6 2 6 2 7 2 8 2 9 3 0 3 0 6 6 2 6 2 7 8 2 8
A. 45 B. 67 C. 57 D. 62

4. 4 5 7 9 8 7 6 5 3 0 2 3 5 8 9
A. 44 B. 60 C. 40 D. 49

5. 1 7 1 4 1 5 7 3 1 7 5 2 9 0 7 1 4 8 2 9
A. 28 B. 26 C. 30 D. 38

6. 1 4 1 5 4 1 5 7 1 7 1 7 0 5 4 3 2
A. 26 B. 12 C. 19 D. 15

7. 1 8 3 2 4 1 5 6 7 9 7 2 6
A. 52 B. 33 C. 22 D. 46

8. 2 2 0 3 3 0 4 4 0 5 5 0 6 6 7 8 9
A. 36 B. 19 C. 26 D. 16

9. 1 1 6 3 9 8 1 2 1 3 1 2 7 8 0 5 6
A 30 B. 45 C. 32 D. 48

10. 31 60 6 1 6 9 1 2 4 0 1 3 3 1 6 0 6 1
A. 41 B. 42 C. 22 D. 26

11. 9 7 1 5 7 1 7 1 7 4 3 0 2 1 3
A. 39 B. 29 C. 35 D. 40

12. 1 7 1 7 1 7 1 7 1 7 1 7 1 7 1 7 1 7
A. 6 B. 9 C. 7 D. 8

13. 1 5 7 1 5 4 4 4 8 9 5 7 2 7 8 2
A. 35 B. 75 C. 40 D. 25

14. 7 4 7 6 7 8 8 4 8 9 9 3
A. 55 B. 65 C. 49 D. 58

15. 1 7 1 7 1 7 2 2 7 3 3 7 8 8 3 4 5 6
A. 21 B. 31 C. 25 D. 41

16. 1 2 3 4 5 6 7 8 9 1 1 1 2 1 3 1 4 1 5
A. 40 B. 55 C. 30 D. 46

17. 1 2 1 2 1 2 1 2 1 2 1 2 1 2 1 3 1 3 1 3 1 3 1 3
A. 12 B. 9 C. 7 D. 11

18. 5 1 5 1 5 1 5 1 5 1 5 1 5 1 5 1 5 1
A. 50 B. 40 C. 30 D. 60

19. 4 2 4 2 4 2 4 2 4 2 4 2 4 2 4 2 3 1 3 1
A. 39 B. 34 C. 54 D. 24

20. 6 3 6 3 6 3 6 6 3 6 6 3 3 6 6 7 6 9
A. 40 B. 43 C. 48 D. 42

21. 9 4 1 4 8 2 4 0 1 2 8 1 6 9
A. 32 B. 45 C. 31 D. 37

22. 9 6 9 6 4 4 5 4 9 6 9 3 2 8 7 9 8
A. 62 B. 72 C. 68 D. 66

23. 2 6 1 3 3 5 4 6 7 8 2 9 1 2
A. 11 B. 20 C. 19 D. 12

24. 7 1 8 3 6 9 6 6 5 9 5 3 7 3 4 8 9 7 2
A. 13 B. 45 C. 59 D. 63

25. 5 4 1 4 9 8 7 7 7 8 7 7 8 7 7 7 7
A. 51 B. 58 C. 67 D. 47

26. 6 9 6 9 9 6 6 9 6 9 6 9 6 9 6 9 6 9 7 9
A. 60 B. 76 C. 64 D. 88

27. 1 9 9 9 2 7 8 9 2 9 8 9 7 9 7 9 6 9 7 9
A. 52 B. 62 C. 42 D. 57

28. 6 7 9 3 8 5 4 5 5 9 4 7 7 8 9
A. 52 B. 66 C. 60 D. 65

29. 2 6 3 8 8 2 8 9 9 3 6 4 9 5
A. 54 B. 55 C. 45 D. 40

30. 1 5 2 7 3 7 3 8 3 9 3 7 5 5 4 7
A. 21 B. 23 C. 22 D. 24

उत्तरमाला

1	2	3	4	5	6	7	8	9	10
D	C	C	A	D	C	B	A	C	B
11	**12**	**13**	**14**	**15**	**16**	**17**	**18**	**19**	**20**
A	B	C	C	B	A	D	B	B	C
21	**22**	**23**	**24**	**25**	**26**	**27**	**28**	**29**	**30**
D	A	B	C	B	C	D	A	C	D

अभ्यास-5

निर्देश (प्रश्न संख्या 1 से 30): *निम्नलिखित प्रत्येक प्रश्न में अंकों का एक समूह दिया गया है। प्रत्येक समूह में दी गई अंकों की शृंखला में कुल कितनी विषम संख्याएं हैं?*

1. 6 5 7 5 8 5 9 6 0 6 1 2 7 8 9 8 8 3 0 3 1 5 0 5 2 2 3 8 7 5 7 4 3 2 1 6 9 7 5 4 3 2 1 8 7 9
A. 23 B. 27 C. 24 D. 28

2. 5 8 7 8 1 2 8 3 4 5 6 7 6 2 9 2 8 2 5 4 3 2 1 7 2 8 9 3 4 6 4 5 3 3 3 6 7 8 9 1 2 3 4 5 6 7
A. 15 B. 17 C. 16 D. 23

3. 2 9 3 4 1 4 2 6 6 6 7 6 8 9 1 2 4 5 8 9 7 2 3 7 7 7 7 7 7 8 9 6 6 5 5 6 6 4 3 2 1 8 9 9 9 2 2 3 4 5 6 7 8 9
A. 22 B. 28 C. 23 D. 25

4. 7 2 8 2 9 3 3 1 4 1 4 2 4 3 4 4 4 5 4 6 6 4 4 7 8 4 9 5 1 5 2 5 3 5 4 6 7 3 3 1 2 3 4 5
A. 18 B. 20 C. 19 D. 24

5. 2 6 2 5 2 4 2 3 2 2 2 1 9 1 9 1 8 1 7 1 6 1 1 5 1 4 1 3 1 2 1 1 1 9 1 7 1 8 2 3 2 4 2 6
A. 25 B. 22 C. 23 D. 28

6. 3 8 7 1 9 5 4 8 5 2 9 8 7 6 5 4 3 2 3 2 2 2 1 4 5 6 9 7 8 9 2 3
A. 16 B. 17 C. 18 D. 15

7. 7 2 8 2 9 8 8 1 8 2 8 3 8 4 7 5 3 2 1 9 6 7 8 3 9 4 2 3 2
A. 11 B. 15 C. 13 D. 16

8. 2 9 1 8 2 7 3 6 4 5 4 4 5 4 4 6 3 7 2 9 8 9 7 9 2 3 4 5 6 8 7 2 3 5 6
A. 15 B. 17 C. 16 D. 12

9. 1 2 1 6 2 0 2 5 8 9 7 6 2 4 3 7 3 5 1 9 2 6 7 8 9 2 3 5 6 7 8 9 2 1 4
A. 15 B. 18 C. 14 D. 12

10. 3 3 3 3 3 2 4 5 6 7 7 7 7 7 1 7 7 7 3 3 3 3 3 2 4 4 4 5 4 4 4 4 4 4 4 4 7 8
A 20 B 18 C 22 D 19

11. 2 8 4 6 8 1 2 1 4 1 8 1 9 2 1 3 3 4 5 4 4 5 3 6 3 7 1 2
A 18 B 14 C 15 D 12

12. 1 1 1 1 1 1 1 1 2 2 2 2 3 2 2 2 2 2 3 2 2 2 2 2 2 2 5 2 2 2 2 2
A 11 B 16 C 15 D 10

13. 4 5 6 3 2 3 4 5 6 7 8 3 8 8 3 9 8 7 6 5 4 3 2 1 2 2 8 4 3 2 5 6 7 8 8 9
3 2 1 1
A 14 B 16 C 15 D 19

14. 3 8 5 8 5 5 5 5 6 5 5 5 5 2 2 5 3 2 2 3 9 8 3 5 6 2 7 8 9 2 3 4 5 6 2 3 4 1
A 15 B 18 C 22 D 16

15. 8 8 9 2 3 4 5 7 8 9 9 8 8 3 1 7 4 6 7 2 3 4 5 3 2 5 6 7 8 9 8 9 7 2 1 4 5
A 25 B 18 C 20 D 11

16. 7 7 2 6 2 6 7 8 3 2 4 5 6 7 8 9 1 0 1 1 1 2 1 3 4 1 4 2 4 3 5 3 5 5 1 2
A 16 B 20 C 17 D 19

17. 3 2 4 5 4 4 6 7 8 9 8 9 7 7 8 9 2 3 4 5 6 7 1 2 3 4 5 8 7 6 5 4 3
A 12 B 15 C 11 D 17

18. 2 2 4 4 2 2 2 3 2 3 2 4 5 6 8 7 6 2 1 4 5 6 7 8 9
A 8 B 4 C 5 D 3

19. 8 8 8 7 6 5 4 3 2 1 1 2 3 4 5 8 7 6 5 4 3 2 1 3 3 3 4 5 5 6 7 8
A 17 B 15 C 12 D 14

20. 7 8 9 7 2 3 6 7 8 9 2 3 3 3 4 5 5 5 6 7 7 7 7 7 7 7 7 7 7 7 7 7
A 19 B 22 C 23 D 25

21. 6 6 6 6 6 6 6 6 4 5 5 5 5 1 2 3 4 5 6 7 8
A 5 B 8 C 4 D 6

22. 4 5 4 6 4 7 4 8 9 1 2 9 3 4 5 6 7 9 6 5 4 3 2 1 8 9 7 6
A 13 B 12 C 18 D 14

23. 6 7 8 9 2 3 4 5 6 7 8 9 1 2 3 4 5 6 7 8 9 8 7 6 5 4 3 2 1
A 15 B 11 C 14 D 12

24. 7 6 5 3 2 1 1 2 3 4 5 7 8 9 7 8 6 2 3 4 5 6 4 3 2 1 7 8 9 2
A 12 B 16 C 11 D 14

25. 6 5 4 3 2 1 7 8 9 1 1 1 2 1 5 6 6 6 7 8 9
A 11 B 12 C 16 D 10

26. 2 2 2 2 2 3 3 3 5 5 5 9 8 7 8 5
A 9 B 7 C 6 D 5

27. 4 5 3 2 1 2 2 2 2 6 4 7 4 8 4 5 5 2 5 3
A 3 B 6 C 7 D 8

28. 1 6 1 7 2 9 9 3 6 4 5 1 4 2 3 4 4
A 6 B 7 C 9 D 5

29. 6 1 2 9 1 8 2 7 6 4 5 4 4 5 4 6 3 7 2 9 9 1 2 4 5 6
A 11 B 12 C 10 D 9

30. 7 7 8 8 7 8 7 8 7 8 7 8 7 8 6 6 6 6 6 6 6 7 7 5 2 1 3 8 7
A 13 B 14 C 15 D 16

उत्तरमाला

1	2	3	4	5	6	7	8	9	10
B	D	B	D	A	B	C	B	B	C
11	**12**	**13**	**14**	**15**	**16**	**17**	**18**	**19**	**20**
B	A	D	C	C	B	D	A	A	D
21	**22**	**23**	**24**	**25**	**26**	**27**	**28**	**29**	**30**
B	D	A	B	B	A	D	C	B	A

अभ्यास-6

निर्देश (प्रश्न संख्या 1 से 30): *अंकों की दी गई शृंखला में कुल कितनी सम संख्याएं हैं?*

1. 6 7 0 3 0 2 0 3 0 0 3 0 8 9 8 7 5
A 5 B 4 C 7 D 9

2. 1 2 3 4 5 9 8 7 6 5 1 4 2 1
A 9 B 10 C 8 D 6

3. 3 6 9 9 6 3 3 3 6 6 8 9 6 9 7 5 2 1
A 8 B 3 C 9 D 7

4. 2 1 0 9 9 0 8 8 0 3 3 8 3 8 4 3 7 8
A 9 B 4 C 7 D 5

5. 3 8 3 8 3 8 3 3 8 8 3 8 3 3 4 7 2 9
A 10 B 6 C 11 D 8

6. 6 3 0 0 6 6 9 9 0 0 7 8 5 4 2 1
A 9 B 7 C 10 D 6

7. 7 1 7 1 7 1 3 3 0 0 2 9 8 3 4 5 2
A 4 B 5 C 7 D 6

8. 2 2 9 2 3 3 6 5 4 3 2 1 7 7
A 7 B 9 C 6 D 8

9. 1 9 3 1 2 2 1 4 2 1 1 7 5 2 2 8 7 9
A 4 B 7 C 3 D 6

10. 2 1 3 2 4 5 2 9 6 3 7 5 4 2 7 8 5
A 5 B 7 C 10 D 8

11. 9 6 4 1 0 0 1 0 1 1 7 8 5 6 4 3 8
A 9 B 7 C 6 D 8

12. 3 2 2 3 2 3 3 7 1 2 4 5 8 7
A 9 B 5 C 10 D 6

13. 6 4 6 7 0 2 7 2 8 8 0 8 4 8 4 5 9 7 1
A 11 B 10 C 12 D 9

14. 5 2 7 5 9 6 6 5 7 3 7 8 0 2 1
A 3 B 5 C 8 D 4

15. 6 6 8 8 7 9 8 2 3 5 4 3 2 1
A 8 B 4 C 7 D 5

16. 5 7 7 9 4 2 3 3 6 9 6 7 5 7
A 10 B 12 C 4 D 9

17. 6 8 8 4 6 8 9 0 1 3 9 9 3 6
A 7 B 8 C 9 D 10

18. 8 4 9 8 5 7 9 9 2 8 1 9 7 5 4
A 10 B 6 C 2 D 5

19. 3 3 3 4 3 5 3 6 3 7 3 8 9
A 5 B 4 C 3 D 7

20. 5 8 5 9 6 0 6 1 6 2 6 3 6 4 2 8
A 15 B 10 C 16 D 11

21. 8 4 8 5 8 8 9 9 8 3 3 3 3 4 6 7 2
A 11 B 10 C 15 D 9

22. 4 7 4 8 4 9 5 3 5 6 5 9 6 4
A 7 B 9 C 10 D 8

23. 6 4 3 4 5 3 8 8 4 9 3 2 1 0 9 7 2

A 4 B 5 C 3 D 8

24. 2 2 5 7 6 6 9 9 3 4 2 1 8 7 4 5

A 8 B 12 C 6 D 9

25. 7 7 8 8 9 9 2 1 6 4 3 5 4 2 9

A 9 B 8 C 10 D 7

26. 1 2 2 2 2 3 2 4 8 7 3 5 9 8 4

A 6 B 7 C 9 D 12

27. 1 2 1 1 3 4 1 4 3 1 5 5 1 6

A 6 B 4 C 9 D 10

28. 2 3 3 2 4 1 5 2 2 8 7 6 4 3 5

A 8 B 11 C 7 D 12

29. 2 8 2 2 9 3 2 3 8 3 5 8 6 4 0

A 15 B 7 C 9 D 10

30. 4 2 4 4 3 3 8 7 5 2 1 6 9 7 4

A 7 B 5 C 10 D 8

उत्तरमाला

1	2	3	4	5	6	7	8	9	10
B	D	D	C	D	D	A	C	B	D
11	**12**	**13**	**14**	**15**	**16**	**17**	**18**	**19**	**20**
C	D	A	B	A	C	A	B	C	B
21	**22**	**23**	**24**	**25**	**26**	**27**	**28**	**29**	**30**
D	A	D	A	D	C	B	A	C	D

अभ्यास-7

निर्देश (प्रश्न संख्या 1 से 75) : *निम्नलिखित दिये गये प्रश्नों के विकल्पों में से उस विकल्प का चुनाव कीजिए जिसमें अंक '6' का प्रयोग हुआ है। जिस विकल्प में अंक '6' का प्रयोग हुआ है वही आपका उत्तर होगा। यदि किसी विकल्प में अंक '6' का प्रयोग नहीं हुआ हो या एक से अधिक विकल्पों में अंक '6' का प्रयोग हुआ हो तो आपका उत्तर 'E' होगा।*

1. A. 227812535 B. 2245241 C. 2224506553 D. 225542841

2. A. 2110875 B. 5294168 C. 52678953 D. 28640792

3.	A. 27680535	B. 12355058	C. 132512578	D. 27186623
4.	A. 24471444	B. 17658218	C. 235825689	D. 23257920
5.	A. 624444435	B. 352432158	C. 2288895653	D. 273252166
6.	A. 185279535	B. 286528458	C. 2771850153	D. 121524903
7.	A. 175482535	B. 2321119658	C. 2776850153	D. 121524903
8.	A. 26259035	B. 283250238	C. 2235766353	D. 225790013
9.	A. 243577890	B. 2256343158	C. 232155653	D. 25862323
10.	A. 18523535	B. 25253668	C. 15895653	D. 22756243
11.	A. 208932545	B. 15870058	C. 2247987565	D. 10325233
12.	A. 27582535	B. 15870058	C. 23257053	D. 285662780
13.	A. 258389935	B. 254325158	C. 25564653	D. 15289323
14.	A. 27852535	B. 254325158	C. 2257923653	D. 152703211
15.	A. 1412535	B. 262583158	C. 17535153	D. 25117890
16.	A. 28542535	B. 154713158	C. 148725653	D. 153321323
17.	A. 1932566	B. 2741905	C. 15289793	D. 26315783
18.	A. 20789535	B. 18258158	C. 2354653	D. 1578542323
19.	A. 187321535	B. 2549758	C. 612890565	D. 25252707
20.	A. 272582213	B. 12521124	C. 223790653	D. 16322871
21.	A. 2289512535	B. 229553158	C. 2223515653	D. 26548112
22.	A. 22785535	B. 22521558	C. 625789622	D. 22579023
23.	A. 21585535	B. 21887958	C. 2125025653	D. 216901123
24.	A. 22124535	B. 228545318	C. 222592553	D. 222562223
25.	A. 21572535	B. 21986158	C. 216852653	D. 21321323
26.	A. 229652323	B. 22623482	C. 224321585	D. 228524890
27.	A. 217452535	B. 21545468	C. 21471143	D. 21572120
28.	A. 226547871	B. 223546784	C. 227419930	D. 226520004
29.	A. 21766875	B. 21241608	C. 22865253	D. 21547920
30.	A. 22012070	B. 622214705	C. 2287717982	D. 227354123
31.	A. 21510535	B. 21442058	C. 215625689	D. 21587920
32.	A. 22710535	B. 228872058	C. 2257589	D. 22667920

33. A. 21513005 B. 62540660082 C. 2147872117 D. 251235492

34. A. 22414530 B. 22582921 C. 2265216670 D. 2235223004

35. A. 21150535 B. 21255058 C. 215412578 D. 21258623

36. A. 21151444 B. 21254218 C. 211245689 D. 21587920

37. A. 21531444 B. 21520218 C. 212565689 D. 21256920

38. A. 228766875 B. 2277078 C. 22865253 D. 22547920

39. A. 21258535 B. 2168058 C. 212512578 D. 21586623

40. A. 22258245 B. 2590218 C. 225825689 D. 26589922

41. A. 21866875 B. 31900108 C. 31455453 D. 3790329

42. A. 118789035 B. 117980238 C. 1198766353 D. 11970013

43. A. 220514530 B. 117980238 C. 2188216670 D. 2234723004

44. A. 218927890 B. 2170343158 C. 210125653 D. 21323323

45. A. 332312535 B. 3393158 C. 33687879 D. 33222323

46. A. 22232535 B. 22903158 C. 2295653 D. 221542323

47. A. 319022213 B. 31021124 C. 318790653 D. 31122871

48. A. 2232535 B. 225563158 C. 22385153 D. 22817890

49. A. 21892535 B. 217777758 C. 21787053 D. 26612782

50. A. 22892535 B. 22487158 C. 2287923653 D. 228703211

51. A. 218918935 B. 214543158 C. 21424653 D. 21089323

52. A. 225444435 B. 224432158 C. 2278895653 D. 228792166

53. A. 2187012535 B. 215553158 C. 2190015653 D. 21548117

54. A. 22890535 B. 22953668 C. 22795653 D. 22756243

55. A. 21872535 B. 21787958 C. 2179025653 D. 218901123

56. A. 2279766 B. 2297905 C. 22789793 D. 22315783

57. A. 227880535 B. 2289758 C. 227890565 D. 22152707

58. A. 234134 B. 4135379 C. 341579 D. 341623

59. A. 218912535 B. 21545468 C. 22701653 D. 21152120

60. A. 217120703 B. 219214705 C. 2687612313 D. 217974123

61. A. 21891444 B. 21890218 C. 26125682 D. 21187920

62. A. 22790535 B. 22555058 C. 22701278 D. 22786623

63.	A. 218912535	B. 2156158	C. 21780653	D. 21152873
64.	A. 228912535	B. 2214541	C. 22880653	D. 226152841
65.	A. 218979535	B. 21798458	C. 2161260153	D. 211524903
66.	A. 2282535	B. 222103158	C. 2201225653	D. 221315044
67.	A. 21790535	B. 21555058	C. 216125689	D. 21187920
68.	A. 22104535	B. 224545318	C. 22792553	D. 22602223
69.	A. 218912285	B. 21470058	C. 2187987565	D. 21235233
70.	A. 2290121335	B. 22921558	C. 227789653	D. 22879023
71.	A. 21943005	B. 2110660087	C. 2187872117	D. 210135497
72.	A. 228912535	B. 22453158	C. 226125653	D. 22152323
73.	A. 219465323	B. 21355482	C. 214123585	D. 21242890
74.	A. 221712535	B. 2225158	C. 22587879	D. 61222322
75.	A. 213252535	B. 21524158	C. 21580653	D. 26252872

उत्तरमाला

1	**2**	**3**	**4**	**5**	**6**	**7**	**8**	**9**	**10**
C	E	E	E	E	B	E	E	E	E
11	**12**	**13**	**14**	**15**	**16**	**17**	**18**	**19**	**20**
C	D	C	C	B	C	E	C	C	E
21	**22**	**23**	**24**	**25**	**26**	**27**	**28**	**29**	**30**
E	C	E	D	E	E	B	E	E	B
31	**32**	**33**	**34**	**35**	**36**	**37**	**38**	**39**	**40**
C	D	B	C	D	C	E	E	E	E
41	**42**	**43**	**44**	**45**	**46**	**47**	**48**	**49**	**50**
A	C	C	C	C	C	C	B	D	C
51	**52**	**53**	**54**	**55**	**56**	**57**	**58**	**59**	**60**
C	E	C	E	C	A	C	D	E	C
61	**62**	**63**	**64**	**65**	**66**	**67**	**68**	**69**	**70**
C	D	E	E	C	C	C	D	C	C
71	**72**	**73**	**74**	**75**					
B	C	A	D	E					

अभ्यास-8

निर्देश (प्रश्न संख्या 1 से 75) : *निम्नलिखित दिये गये प्रश्नों के विकल्पों में यदि संख्या '6' केवल एक विकल्प में है तो उत्तर A दीजिए। यदि संख्या '6' दो विकल्पों में है तो उत्तर B दीजिए। यदि संख्या '6' तीन विकल्पों में है तो उत्तर C दीजिए। यदि संख्या चारों विकल्प में है तो उत्तर D दीजिए तथा संख्या '6' किसी एक ही विकल्प में एक से अधिक बार हो अथवा किसी विकल्प में नहीं हो तो उत्तर E दीजिए।*

1.	A. 29876542	B. 2232332	C. 2562311	D. 1345672
2.	A. 2987652	B. 2213212	C. 6212322	D. 6189232
3.	A. 17363531	B. 23323132	C. 1031321	D. 2334326
4.	A. 29383982	B. 2986541	C. 624322	D. 2234562
5.	A. 210152022	B. 20354042	C. 2550526	D. 6289231
6.	A. 14681011	B. 24161822	C. 122416	D. 1627282
7.	A. 203132332	B. 14353631	C. 273832	D. 10414241
8.	A. 244562	B. 1748416	C. 6256722	D. 13123166
9.	A. 23444526	B. 16474829	C. 2051522	D. 23545526
10.	A. 19849891	B. 149481	C. 14849891	D. 121489416
11.	A. 1876541	B. 2765431	C. 61891012	D. 2213151612
12.	A. 164742	B. 29505151	C. 135452	D. 26575852
13.	A. 2748982	B. 624982	C. 662891	D. 22876652
14.	A. 1999981	B. 2897652	C. 12132131	D. 25456782
15.	A. 29505151	B. 235451	C. 265751	D. 39601231
16.	A. 223426	B. 289101111	C. 23141512	D. 2819202121
17.	A. 13242516	B. 13242516	C. 18242516	D. 13262581
18.	A. 299888772	B. 614322	C. 2213232	D. 16532121
19.	A. 2354552	B. 2657582	C. 1899102	D. 2234562
20.	A. 2819811	B. 29819812	C. 2999961	D. 28888756
21.	A. 29619322	B. 2981992	C. 2989992	D. 29988892
22.	A. 223101121	B. 201123102	C. 201101101	D. 211101101
23.	A. 2111021031	B. 2051061022	C. 208109122	D. 2211211131
24.	A. 2215251	B. 2667711	C. 2617181	D. 2819201
25.	A. 223416	B. 614322	C. 113426	D. 618912
26.	A. 122341	B. 15242621	C. 17282931	D. 1132331

27. A. 2536371 B. 283941 C. 21424311 D. 2445462
28. A. 178671 B. 134232 C. 134561 D. 618322
29. A. 2923416 B. 6289232 C. 289232 D. 6232122
30. A. 28762 B. 6189232 C. 1312342 D. 6617882
31. A. 17282931 B. 173831 C. 10414241 D. 14454641
32. A. 1849501 B. 1051521 C. 125351 D. 15565751
33. A. 262222 B. 626462 C. 268122 D. 2707072
34. A. 2919826 B. 2654322 C. 6289232 D. 1314562
35. A. 1031321 B. 1233341 C. 1536371 D. 19404141
36. A. 1344416 B. 4647489 C. 19505112 D. 135416
37. A. 2298322 B. 2187652 C. 624322 D. 2234562
38. A. 2835098352 B. 283599225 C. 2075322 D. 22345672
39. A. 134116 B. 6789102 C. 6182321 D. 234578
40. A. 2234562 B. 7654321 C. 134571 D. 234489
41. A. 223492 B. 987543 C. 6182342 D. 238974
42. A. 187542 B. 321456 C. 6182342 D. 238974
43. A. 243211 B. 2122443 C. 245322 D. 123456
44. A. 1876542 B. 3215676 C. 618921 D. 678911
45. A. 188991 B. 234532 C. 134561 D. 678911
46. A. 1988891 B. 8989889 C. 123416 D. 543212
47. A. 2234522 B. 2323232 C. 2345673 D. 678912
48. A. 28993211 B. 23452345 C. 2656321 D. 1234560
49. A. 2923416 B. 6789234 C. 6189231 D. 6789222
50. A. 143401 B. 243406 C. 143221 D. 243222
51. A. 23141526 B. 1617181920 C. 12212222 D. 232425252
52. A. 1122232421 B. 25262728 C. 18293032 D. 3233345
53. A. 21323331 B. 3435363 C. 2637382 D. 38394011
54. A. 21929391 B. 9493959 C. 2697981 D. 991012034
55. A. 201104102 B. 106107108 C. 209110112 D. 1121411516
56. A. 29876652 B. 1213331 C. 2877812 D. 123416
57. A. 298762 B. 614322 C. 28672 D. 23416
58. A. 298991 B. 6243211 C. 134562 D. 156782
59. A. 1932122 B. 2932331 C. 256781 D. 1345682

	A	B	C	D
60.	A. 6143213	B. 1345672	C. 3678991	D. 187654322
61.	A. 2213212	B. 154541	C. 1213212	D. 13344551
62.	A. 6289232	B. 62892312	C. 131114142	D. 6243211
63.	A. 298752	B. 298726	C. 221322	D. 2234572
64.	A. 2981991	B. 189891	C. 189998	D. 1756322
65.	A. 298991	B. 134561	C. 614322	D. 221321331
66.	A. 1898992	B. 28654322	C. 2232331	D. 2532126
67.	A. 262391	B. 6289232	C. 1313232	D. 624322
68.	A. 298166	B. 2213332	C. 26781	D. 1345672
69.	A. 299992	B. 188771	C. 614322	D. 1345621
70.	A. 20717272	B. 147516	C. 27787982	D. 11828381
71.	A. 1586871	B. 288992	C. 11929391	D. 25969792
72.	A. 2273742	B. 227372	C. 257672	D. 6289232
73.	A. 1345121	B. 134512316	C. 6189232	D. 13145621
74.	A. 298716	B. 61432112	C. 62432112	D. 61432112
75.	A. 2987562	B. 6189232	C. 2654322	D. 121321331

उत्तरमाला

1	2	3	4	5	6	7	8	9	10
C	C	B	C	B	D	A	E	C	A
11	**12**	**13**	**14**	**15**	**16**	**17**	**18**	**19**	**20**
D	B	E	B	B	A	D	B	B	B
21	**22**	**23**	**24**	**25**	**26**	**27**	**28**	**29**	**30**
A	E	A	E	D	A	B	C	C	E
31	**32**	**33**	**34**	**35**	**36**	**37**	**38**	**39**	**40**
A	A	E	D	A	C	C	A	C	B
41	**42**	**43**	**44**	**45**	**46**	**47**	**48**	**49**	**50**
A	B	A	E	B	A	B	E	D	A
51	**52**	**53**	**54**	**55**	**56**	**57**	**58**	**59**	**60**
B	A	B	A	B	E	D	C	B	D
61	**62**	**63**	**64**	**65**	**66**	**67**	**68**	**69**	**70**
E	C	A	A	B	B	C	E	B	A
71	**72**	**73**	**74**	**75**					
B	B	C	D	C					

9

तालिका परीक्षण (Table Test or Column-Row Test)

तालिका परीक्षण (Table Test) को स्तम्भ-पंक्ति परीक्षण (Column-Row Test) भी कहा जाता है। इस प्रकार के परीक्षण में तालिका पर आधारित प्रश्न पूछे जाते हैं। तालिका 5 या 7 स्तम्भ (Column) तथा 5 या 7 पंक्ति (Line) में बँटी हुई रहती है। स्तम्भ 1, 2, 3, 4, 5, 6 एवं 7 को Vertical कहा जाता है तथा पंक्ति 1, 2, 3, 4, 5, 6 एवं 7 को Horizontal कहा जाता है। तालिका के प्रत्येक स्तम्भ और पंक्ति में A, B, C, D तथा E को अनिश्चित क्रम में दर्शाया जाता है। परीक्षार्थी को ध्यानपूर्वक तालिका का अवलोकन कर दिये गये प्रश्नों का उत्तर A, B, C, D तथा E के रूप में देना होता है।

तालिका

	कॉलम-I	*कॉलम-II*	*कॉलम-III*	*कॉलम-IV*	*कॉलम-V*
लाइन-I	E	D	C	B	A
लाइन-II	A	B	C	D	E
लाइन-III	B	E	C	D	A
लाइन-IV	A	C	D	B	E
लाइन-V	C	D	A	E	B

प्रश्न 1 : कॉलम–III के लाइन–III के अक्षर के ऊपर कौन–सा अक्षर है?

उत्तर : C

प्रश्न 2 : लाइन–V में सबसे अन्तिम स्थान पर कौन–सा अक्षर है?

उत्तर : B

अभ्यास-1

निर्देश (प्रश्न संख्या 1 से 10) : *एक तालिका दी गई है, जिसमें बाएं से दाएं सात कॉलम क्रमशः कॉलम–1, कॉलम–2, कॉलम–3, कॉलम–4, कॉलम–5, कॉलम–6, और*

कॉलम-7 दिए गए हैं तथा नीचे से दाएं सात पंक्तियां क्रमशः पंक्ति-1, पंक्ति-2, पंक्ति-3, पंक्ति-4, पंक्ति-5, पंक्ति-6 और पंक्ति-7, दी गई हैं। आगे दिए गए 10 प्रश्न इसी तालिका पर आधारित हैं। तालिका को अच्छे ढंग से समझकर आपको नीचे दिए प्रश्नों का उत्तर देना है।

तालिका

	कॉलम-1	*कॉलम-2*	*कॉलम-3*	*कॉलम-4*	*कॉलम-5*	*कॉलम-6*	*कॉलम-7*
पंक्ति-1	C	A	B	D	E	D	B
पंक्ति-2	E	D	C	A	B	A	C
पंक्ति-3	C	B	D	B	D	E	A
पंक्ति-4	D	E	A	A	A	C	B
पंक्ति-5	E	A	C	D	C	E	A
पंक्ति-6	A	B	C	E	E	C	D
पंक्ति-7	B	D	A	B	B	A	C

प्रश्न

1. कॉलम-4 में दोनों A के बीच कौन-सा अक्षर है?

2. पंक्ति-7 में कौन-सा अक्षर सर्वाधिक बार आया है?

3. पंक्ति-5 में D के बाईं ओर के दूसरे अक्षर के दाईं ओर चौथा अक्षर कौन-सा है?

4. ऊपर बाएं कोने से नीचे दाहिने कोने तक विकर्ण के रूप में जाने पर कौन-सा अक्षर सबसे ज्यादा बार आया है?

5. ऊपर बाएं कोने से प्रारंभ कर ऊपर दाएं कोने तक जाइए, फिर ऊपर दाएं कोने से नीचे दाहिने कोने तक, फिर नीचे दाहिने कोने से नीचे बाएं कोने तक, फिर नीचे बाएं कोने से ऊपर बाएं कोने तक जाइए तो कौन-सा अक्षर सबसे कम बार आता है?

6. पंक्ति-2 में दोनों A के बीच कौन-सा अक्षर है?

7. नीचे बाएं कोने से प्रारंभ कर नीचे दायें कोने तक जाइए, फिर नीचे दाएं कोने से ऊपर दाएं कोने तक, फिर ऊपर दाएं कोने से ऊपर बाएं कोने तक, फिर ऊपर बाएं कोने से नीचे बाएं कोने तक जाइए तो तीसरे D के दाहिनी ओर के पहले अक्षर से बाईं ओर तीसरा अक्षर कौन-सा है?

8. यदि पंक्ति–3 को उल्टे क्रम में व्यवस्थित किया जाए तो पंक्ति 4 के D के ठीक ऊपर कौन–सा अक्षर आएगा?

9. इस प्रश्न का उत्तर वह अक्षर है जो कॉलम–6 में दो से अधिक बार आया है अथवा वह अक्षर जो कॉलम–6 में सबसे कम बार आया है।

10. नीचे बाएं कोने में B से प्रारंभ करके ऊपर दाएं कोने में B तक विकर्ण के रूप में जाने पर कौन–सा अक्षर सबसे अधिक बार आया है?

उत्तरमाला

1	2	3	4	5	6	7	8	9	10
B	B	E	C	E	B	D	A	D	B

अभ्यास-2

निर्देश (प्रश्न संख्या 1 से 10) : *आगे एक तालिका दी गई है, जिसमें ऊपर से नीचे पांच पंक्तियां क्रमश: पंक्ति–1, पंक्ति–2, पंक्ति–3, पंक्ति–4, और पंक्ति–5, दी गयी हैं तथा बाएं से दाएं पांच कॉलम क्रमश: कॉलम-1, कॉलम-2, कॉलम-3, कॉलम-4, और कॉलम-5, दिए गए हैं। आगे दी गई तालिका में दिए गए कॉलम और पंक्तियों के आधार पर ही 10 प्रश्नों का संयोजन आगे किया गया है। तालिका का ध्यानपूर्वक अवलोकन करके आपको प्रत्येक प्रश्न का उत्तर देना है।*

तालिका

	कॉलम-1	*कॉलम-2*	*कॉलम-3*	*कॉलम-4*	*कॉलम-5*
पंक्ति-1	E	D	A	B	D
पंक्ति-2	A	D	C	D	B
पंक्ति-3	D	C	A	E	B
पंक्ति-4	C	A	E	B	D
पंक्ति-5	A	C	D	B	E

प्रश्न

1. पंक्ति–1 में D व B के बीच आया अक्षर कौन–सा है?

2. पंक्ति–3 में C के बाईं तरफ के प्रथम अक्षर के दाहिनी ओर आए तीसरे अक्षर को बताइए।

3. कॉलम–3 में उस अक्षर को बताइए, जिसकी आवृत्ति एक से अधिक बार हुई है।
4. कॉलम–4 में लाइन-5 के सामने सबसे नीचे आए B के बाईं ओर पहला अक्षर कौन–सा है ?
5. पंक्ति–2 में किस अक्षर की दो बार आवृत्ति हुई है ?
6. पंक्ति–4 के अंतिम अक्षर के ऊपर आए तीसरे अक्षर के नीचे कौन–सा अक्षर है ?
7. कॉलम–5 के ऊर्ध्वाधर (Vertical) किस अक्षर की पुनरावृत्ति नहीं हुई है ?
8. कॉलम–1 में कौन–सा अक्षर दो बार आया है ?
9. कॉलम–2 के अंतिम अक्षर के दाहिनी ओर स्थित दूसरे अक्षर के ठीक ऊपर बायीं ओर कौन–सा अक्षर है ?
10. कॉलम–1 के अंतिम अक्षर के ठीक बाईं ओर स्थित के ठीक दाहिनी ओर कौन–सा अक्षर है ?

उत्तरमाला

1	2	3	4	5	6	7	8	9	10
A	E	A	D	D	B	E	A	E	E

अभ्यास-3

निर्देश (प्रश्न संख्या 1 से 10) : *आगे एक तालिका दी गई है, जिसमें ऊपर से नीचे पांच पंक्तियां क्रमशः पंक्ति–1, पंक्ति–2, पंक्ति–3, पंक्ति–4, और पंक्ति–5, दी गयी हैं तथा बाएं से दाएं पांच कॉलम क्रमशः कॉलम-1, कॉलम-2, कॉलम-3, कॉलम-4, और कॉलम-5, दिए गए हैं। आगे दी गई तालिका में दिए गए कॉलम और पंक्तियों के आधार पर ही 10 प्रश्नों का संयोजन आगे किया गया है। तालिका का ध्यानपूर्वक अवलोकन करके आपको प्रत्येक प्रश्न का उत्तर देना है।*

तालिका

	कॉलम-1	*कॉलम-2*	*कॉलम-3*	*कॉलम-4*	*कॉलम-5*
पंक्ति-1	A	B	C	D	E
पंक्ति-2	C	D	B	E	A
पंक्ति-3	B	E	A	D	B
पंक्ति-4	B	E	D	A	C
पंक्ति-5	E	B	C	A	D

प्रश्न

1. कॉलम-5 से नीचे पंक्ति-5 तक विकर्ण में कौन–सा अक्षर अधिक बार आया है?

2. कॉलम-4 के मध्य के अक्षर के नीचे कौन–सा अक्षर है?

3. पंक्ति-1 के विकर्ण में कौन–सा अक्षर युग्म में है?

4. कॉलम-2 में पंक्ति–1 और पंक्ति–5 में कौन–सा अक्षर आया है?

5. यदि पंक्ति-1 को पंक्ति-4 से बदल दिया जाए तो पंक्ति-4 के कॉलम-3 में कौन–सा अक्षर आएगा?

6. कॉलम–2 में ऐसा कौन–सा अक्षर है जो सिर्फ एक बार आया है?

7. यदि पंक्ति-2 को पंक्ति-3 से बदल दिया जाए तो पंक्ति-3 के कॉलम-3 के बाएं दूसरा कौन–सा अक्षर होगा?

8. कॉलम–3 का मध्य अक्षर कौन–सा है?

9. पंक्ति-1 के सामने कॉलम-4 से नीचे चलकर पूरा चक्कर लगाते हुए वहीं वापस आ जाइए, जहां से चले थे। इस परिक्रमा में सबसे ज्यादा कौन–सा अक्षर आता है?

10. कॉलम-4 में ऐसा कौन–सा अक्षर आता है जिसके मध्य में E अक्षर है?

उत्तरमाला

1	2	3	4	5	6	7	8	9	10
E	A	D	B	C	D	C	A	B	D

अभ्यास-4

निर्देश (प्रश्न संख्या 1 से 10) : *आगे एक तालिका दी गई है, जिसमें ऊपर से नीचे पांच पंक्तियां क्रमशः पंक्ति–1, पंक्ति–2, पंक्ति–3, पंक्ति–4, और पंक्ति–5, दी गयी हैं तथा बाएं से दाएं पांच कॉलम क्रमशः कॉलम-1, कॉलम-2, कॉलम-3, कॉलम-4, और कॉलम-5, दिए गए हैं। आगे दी गई तालिका में दिए गए कॉलम और पंक्तियों के आधार पर ही 10 प्रश्नों का संकलन किया गया है। तालिका का ध्यानपूर्वक अध्ययन करके आपको प्रत्येक प्रश्न का उत्तर देना है।*

तालिका

	कॉलम-1	*कॉलम-2*	*कॉलम-3*	*कॉलम-4*	*कॉलम-5*
पंक्ति-1	A	B	D	C	E
पंक्ति-2	C	A	B	C	A
पंक्ति-3	B	D	E	A	B
पंक्ति-4	A	D	C	B	C
पंक्ति-5	E	B	C	A	D

प्रश्न

1. पंक्ति-1 के सामने कॉलम-5 से नीचे चलकर पूरा चक्कर लगाते हुए वापस वहीं आ जाइए जहां से चले थे। इस परिक्रमा के बीच पड़ने वाले दोनों D अक्षरों के बीच में कौन–सा अक्षर है?

2. पंक्ति-1 से चलकर कॉलम-5 के नीचे पंक्ति-3 में मुड़िए, E अक्षर के ऊपर वाले अक्षर B के बाएं दूसरा अक्षर कौन–सा होगा?

3. पंक्ति-1 कॉलम-1 के विकर्ण में सबसे अधिक बार कौन–सा अक्षर आया है।

4. पंक्ति-5 के ऊपर कॉलम-5 तक विकर्ण में कौन–सा अक्षर अधिक बार आया है?

5. यदि पंक्ति-1 को पंक्ति-3 से तथा 2 को 4 से बदल दिया जाए तो पंक्ति-3 के सामने कॉलम-4 में कौन–सा अक्षर होगा?

6. कॉलम-3 में ऐसा कौन–सा अक्षर है जो एक से अधिक बार आया है?

7. पंक्ति-4 के सामने कॉलम-4 मे B अक्षर के बाएं कौन–सा अक्षर है?

8. कॉलम-1 में B अक्षर के नीचे कौन-सा अक्षर है?

9. पंक्ति-3 के सामने कॉलम-2 में D अक्षर के नीचे कौन–सा अक्षर है?

10. कॉलम-5 के आखिरी अक्षर के ऊपर दूसरे अक्षर के नीचे में कौन–सा अक्षर है?

उत्तरमाला

1	2	3	4	5	6	7	8	9	10
A	C	A	E	C	C	C	A	D	C

अभ्यास-5

निर्देश (प्रश्न संख्या 1 से 10) : *आगे एक तालिका दी गई है, जिसमें ऊपर से नीचे पांच पंक्तियां क्रमश: पंक्ति–1, पंक्ति–2, पंक्ति–3, पंक्ति–4, और पंक्ति–5, दी गयी हैं तथा बाएं से दाएं पांच कॉलम क्रमश: कॉलम-1, कॉलम-2, कॉलम-3, कॉलम-4, और कॉलम-5, दिए गए हैं। आगे दी गई तालिका में दिए गए कॉलम और पंक्तियों के आधार पर ही 10 प्रश्नों का संकलन किया गया है। तालिका का ध्यानपूर्वक अध्ययन करके आपको प्रत्येक प्रश्न का उत्तर देना है।*

तालिका

	कॉलम-1	*कॉलम-2*	*कॉलम-3*	*कॉलम-4*	*कॉलम-5*
पंक्ति-1	B	C	D	E	A
पंक्ति-2	E	D	C	B	A
पंक्ति-3	C	D	E	B	A
पंक्ति-4	A	B	C	D	E
पंक्ति-5	C	D	A	B	E

प्रश्न

1. पंक्ति-1 के कॉलम-1 से चलकर पंक्ति-4 के कॉलम-4 तक पहुंचने में सबसे अधिक बार कौन–सा अक्षर आया है?
2. पंक्ति-5 के कॉलम-3 के अक्षर के ऊपर कौन–सा अक्षर है?
3. कॉलम-2 के मध्य में कौन–सा अक्षर है?
4. पंक्ति-2 के मध्य में कौन–सा अक्षर है?
5. कॉलम-1 में सबसें नीचे कौन–सा अक्षर है?
6. पंक्ति-4 के कॉलम-5 में कौन–सा अक्षर है?
7. कॉलम-3 के पंक्ति-2 में कौन–सा अक्षर है
8. पंक्ति-1 के तीसरे अक्षर के ठीक ऊपर कौन–सा अक्षर है?
9. कॉलम-3 के नीचे B और C के मध्य कौन–सा अक्षर है?
10. पंक्ति-3 के दूसरे अक्षर के ठीक पहले कौन–सा अक्षर है?

उत्तरमाला

1	2	3	4	5	6	7	8	9	10
D	C	D	C	C	E	C	C	E	B

10

आकृति, आकार एवं रंग पर आधारित परीक्षण
(Shape, Size and Colour Based Test)

इस प्रकार के परीक्षण के अन्तर्गत प्रत्येक प्रश्न के अन्दर बायीं ओर एक मूल आकृति तथा दायीं ओर परिणामी आकृति दी गयी होती है। इन दोनों आकृतियों के मध्य परिवर्तन के कुछ नियम दिये गये रहते हैं जिनका अनुसरण कर परिणामी आकृति प्राप्त होती है तथा इन नियमों को A, B, C तथा D के रूप में व्यक्त किया जाता है। परीक्षार्थी को उस विकल्प का चुनाव करना होता है। जिसको प्रश्नवाचक चिह्न के स्थान पर रखने से परिणामी आकृति प्राप्त होती है।

इसमें कुछ विशेष बातों पर ध्यान रखना आवश्यक है

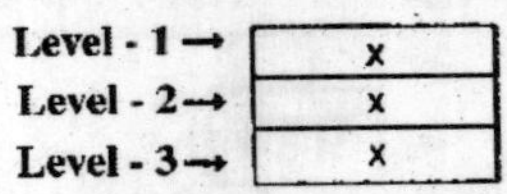

यदि Level-1 में क्रॉस (×) है, तो आकृति (Shape) बदलती है। आकृति को गोले से वर्ग अथवा वर्ग से गोले में बदला जाता है।

यदि Level-2 में क्रॉस (×) है, तो आकार (Size) बदलता है। आकार को बड़े से छोटे अथवा छोटे से बड़े में बदला जाता है।

यदि Level-3 में क्रॉस (×) है, तो रंग बदलता है। रंग को काले से सफेद अथवा सफेद से काले में बदला जाता है।

परिवर्तन के नियम

Level-1 (आकृति (Shape) में बदलाव)

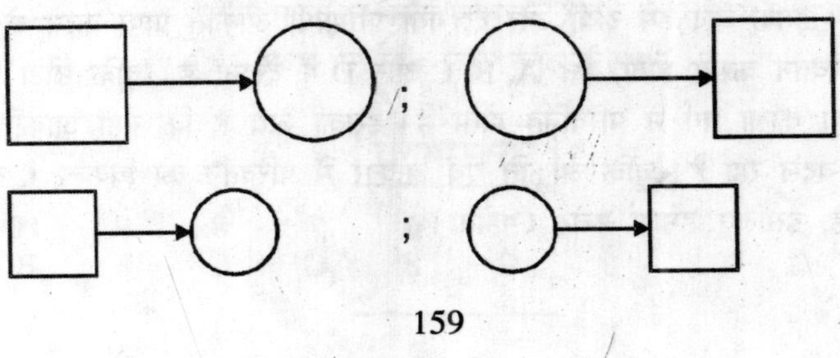

Level-2 (आकार (Size) में बदलाव)

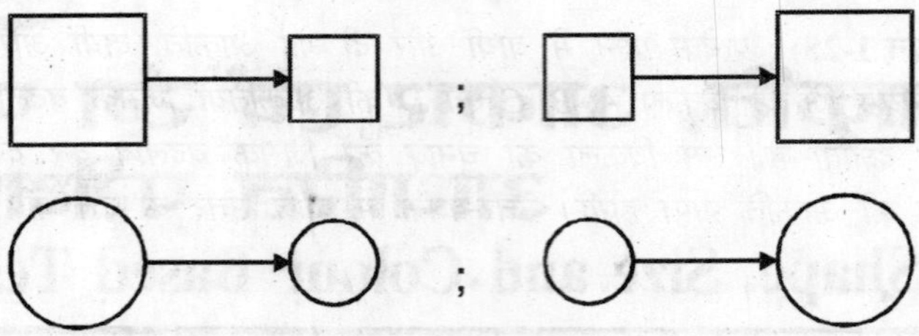

Level-3 (रंग (Colour) में बदलाव)

उदाहरण:

मूल आकृति **परिणामी आकृति**

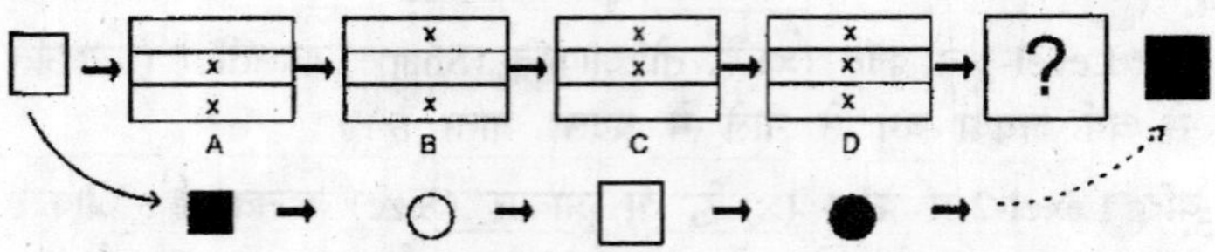

यहाँ पर मूल आकृति के विकल्प A में आकार एवं रंग बदला गया है, तो हमें छोटा काला वर्ग प्राप्त होता है। इसके बाद विकल्प B में आकृति एवं रंग बदला गया है, तो हमें छोटा उजला वृत्त प्राप्त होता है। फिर विकल्प C में आकृति एवं आकार बदला गया है, तो हमें बड़ा उजला वर्ग प्राप्त होता है। इसी प्रकार विकल्प D में आकृति, आकार एवं रंग बदल गया है, तो छोटा काला वृत्त प्राप्त होता है। इसके बाद हमें दायीं ओर दी गयी परिणामी आकृति प्राप्त करने के लिए क्या परिवर्तन करना होगा, इसे A, B, C और D में देखना है। चूंकि छोटा काला वृत्त, बड़ा काला वर्ग में परिवर्तित होता है। इसका अर्थ है कि यहाँ आकृति एवं आकार बदल रहा है। चूंकि आकृति एवं आकार में परिवर्तन को विकल्प C व्यक्त करता है, इसलिए हमारा उत्तर C होगा।

अभ्यास-1

निर्देश (प्रश्न 1-25) : *प्रत्येक प्रश्न में बायीं ओर दी गई आकृति, दायीं ओर एक निश्चित नियम जिसके विकल्प A, B, C एवं D की आकृतियाँ जिसके बदलाव के नियम को दर्शाता है। उस विकल्प का चुनाव करें जिसके बदलाव कर देने पर दायीं ओर की आकृति प्राप्त होगी। उत्तर-पत्रक में प्राप्त उत्तर के वृत्त को काला करें।*

1. 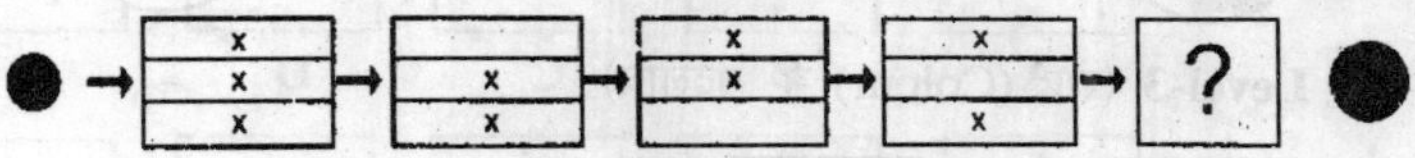

A B C D

2. 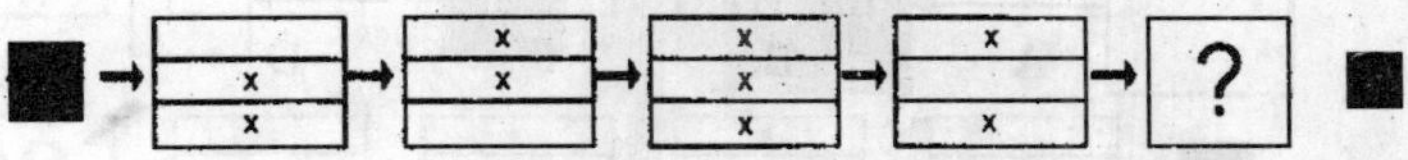

A B C D

3. 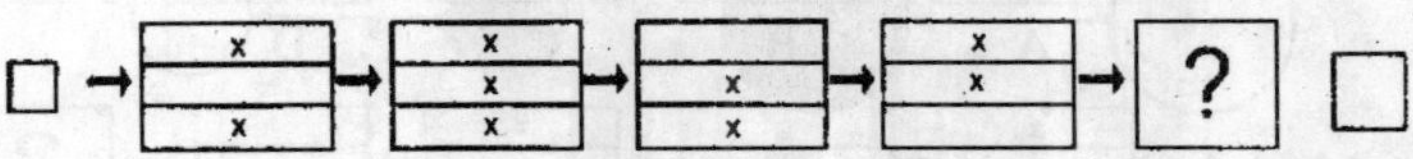

A B C D

4. 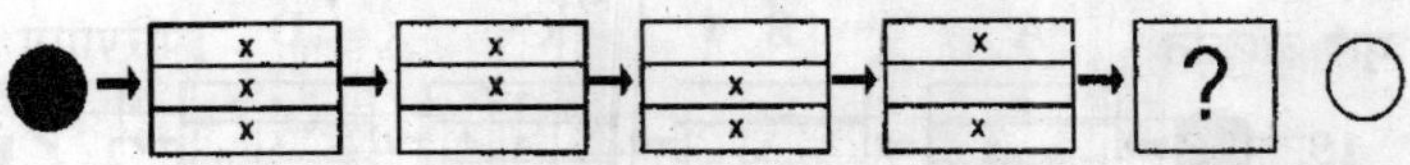

A B C D

5. 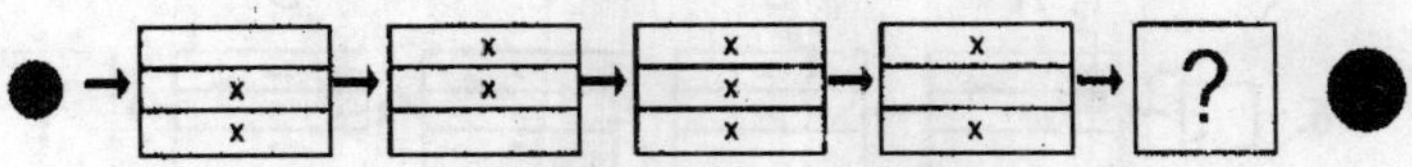

A B C D

6. 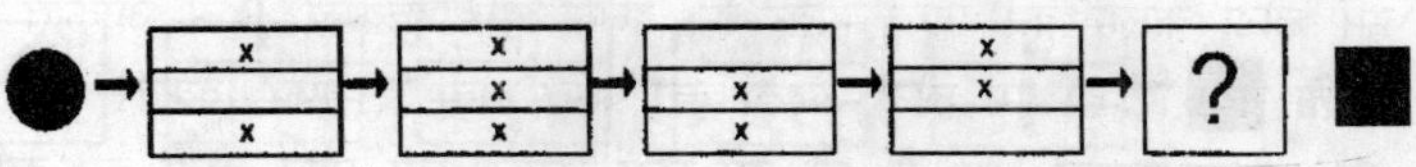

A B C D

7. 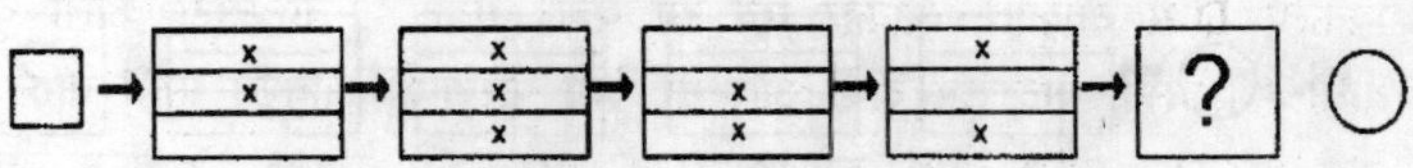

A B C D

8. 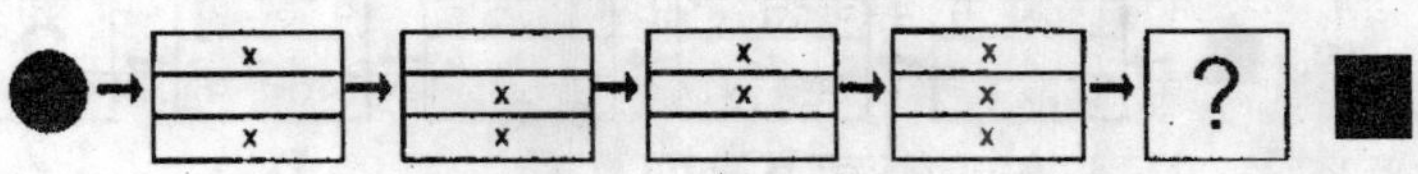

A B C D

9. 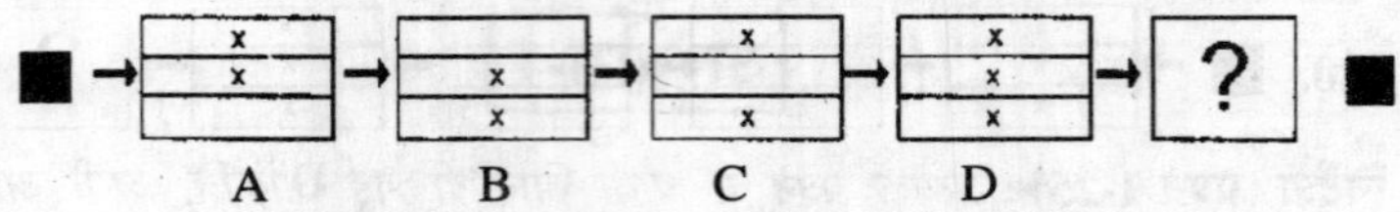

10. 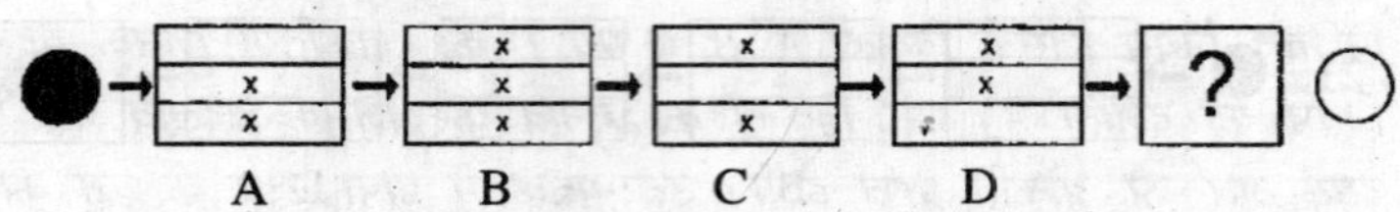

11. 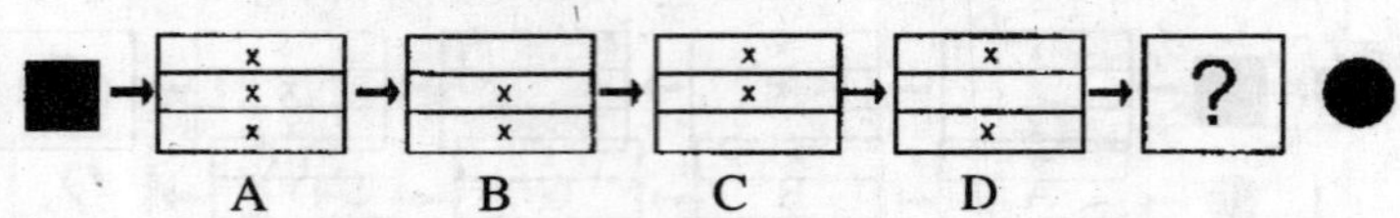

12. 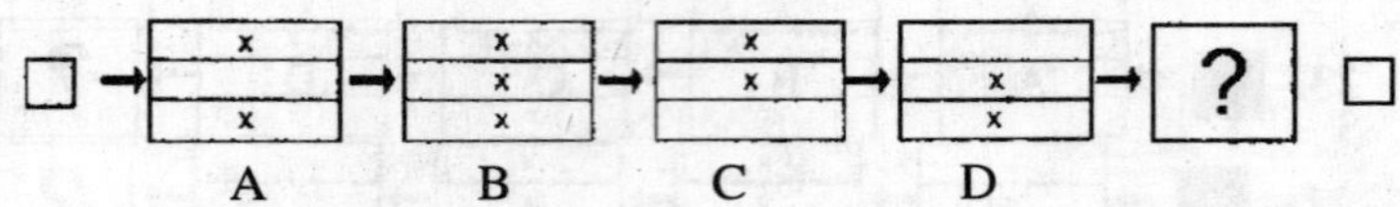

13. 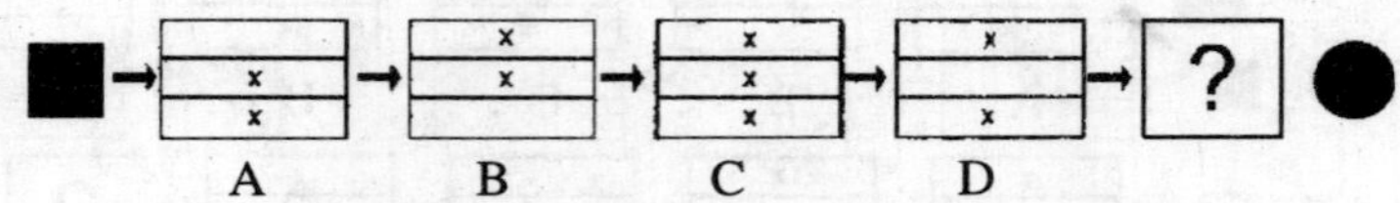

14. 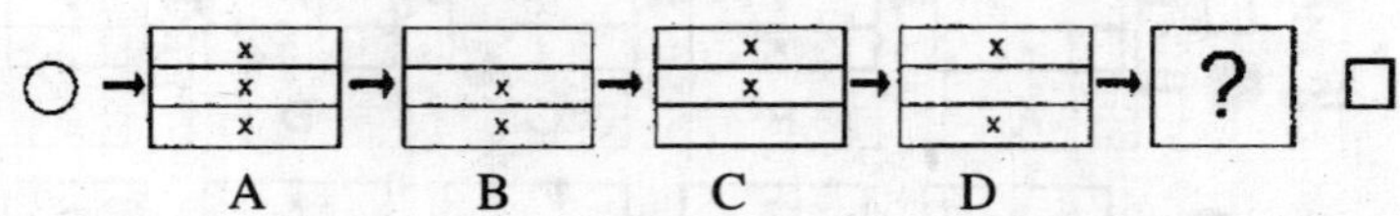

15. 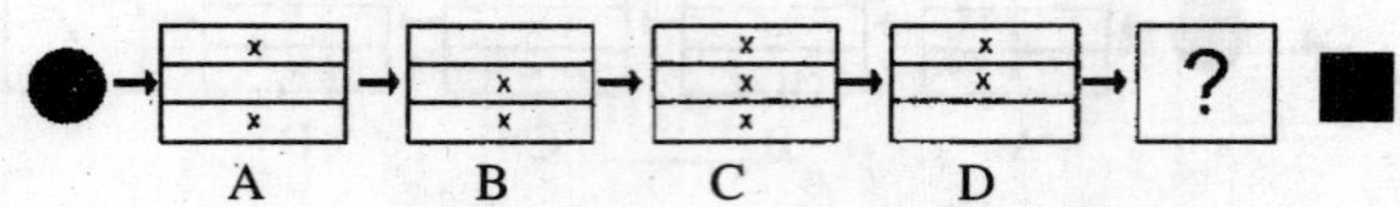

16. 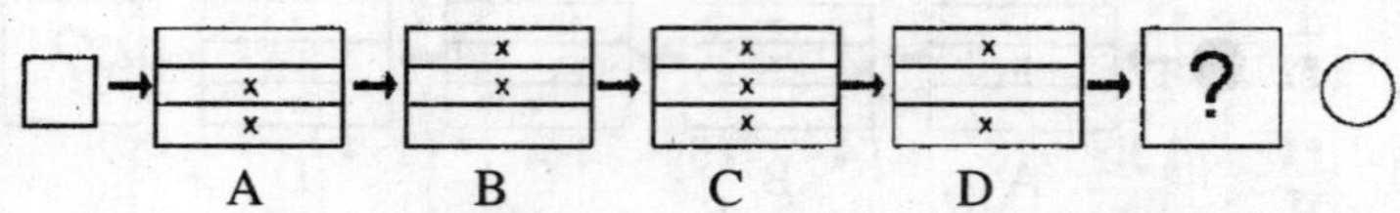

17. 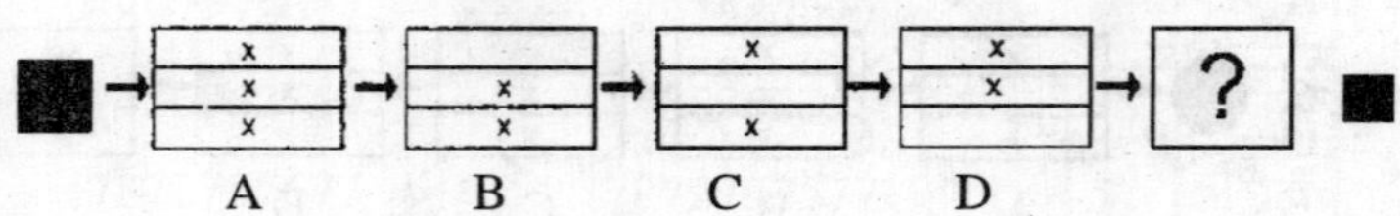

18. 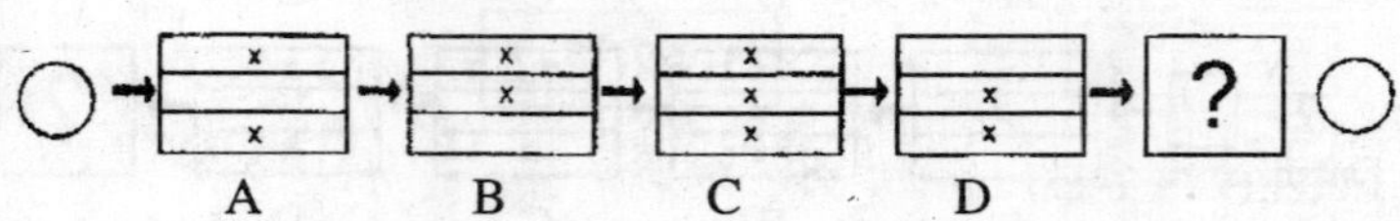

19. 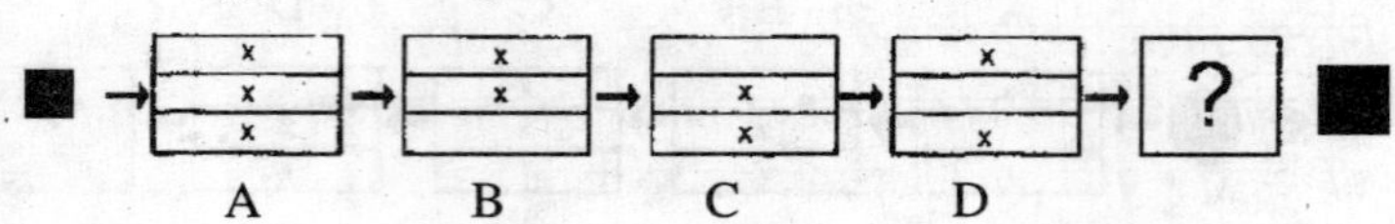

20. 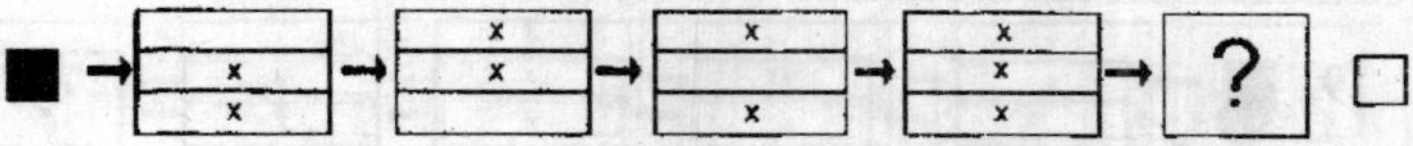

A B C D

21. 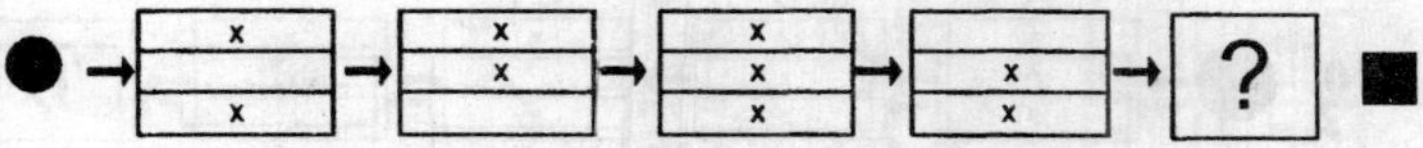

A B C D

22. 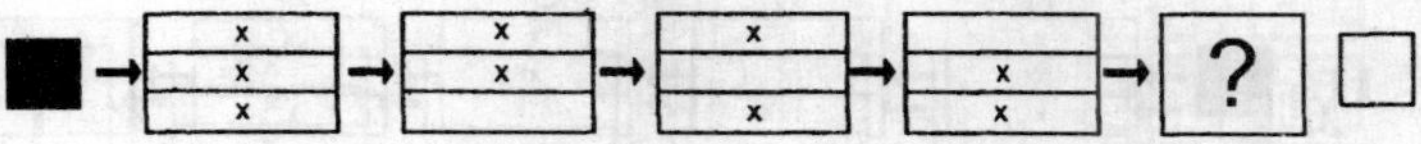

A B C D

23. 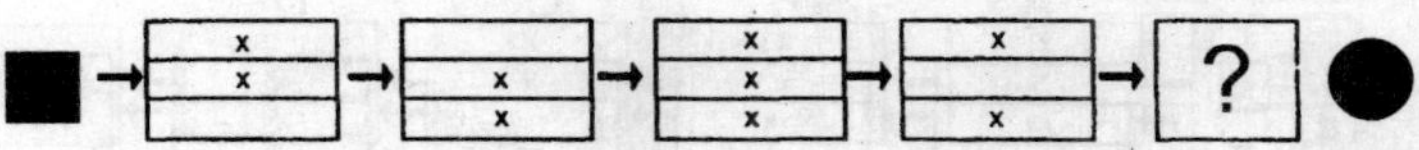

A B C D

24. 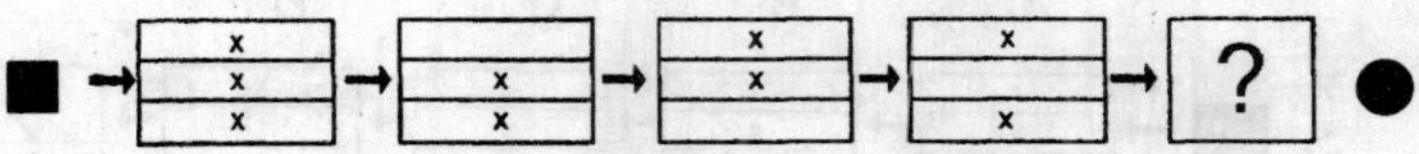

A B C D

25. 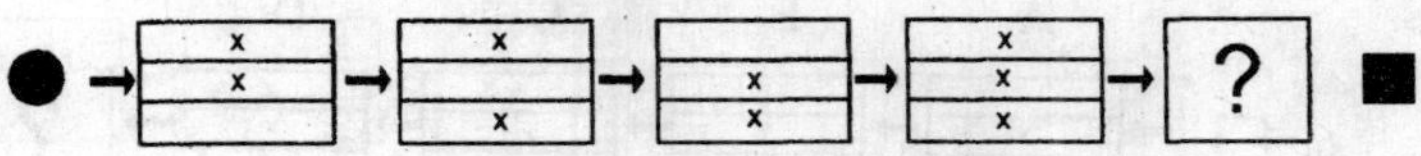

A B C D

उत्तरमाला

1	2	3	4	5	6	7	8	9	10
D	D	A	B	D	C	C	B	D	D
11	**12**	**13**	**14**	**15**	**16**	**17**	**18**	**19**	**20**
B	B	A	B	B	A	C	C	D	B
21	**22**	**23**	**24**	**25**					
D	B	B	B	C					

अभ्यास-2

निर्देश (प्रश्न 1-25) : *प्रत्येक प्रश्न में बायीं ओर दी गई आकृति, दायीं ओर एक निश्चित नियम जिसके विकल्प A, B, C एवं D की आकृतियाँ जिसके बदलाव के नियम को दर्शाता है। उस विकल्प का चुनाव करें जिसके बदलाव कर देने पर दायीं ओर की आकृति प्राप्त होगी। उत्तर-पत्रक में प्राप्त उत्तर के वृत्त को काला करें।*

1. 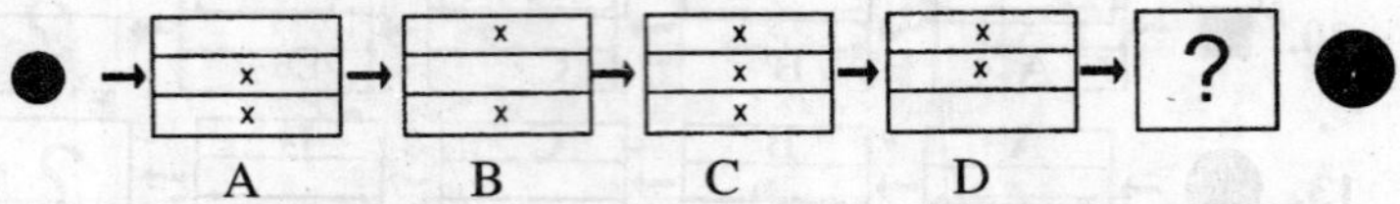

2. 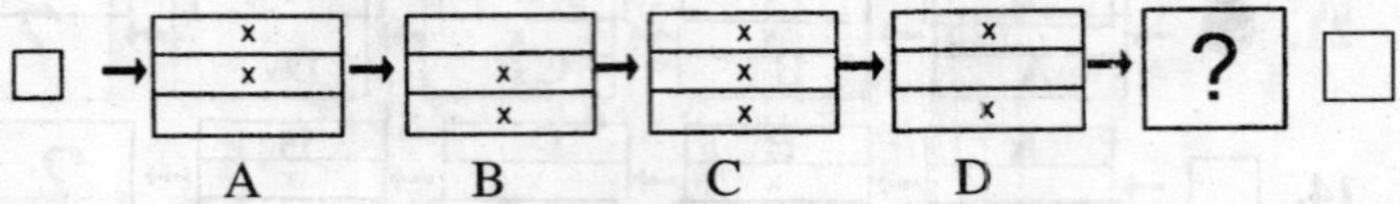

3. 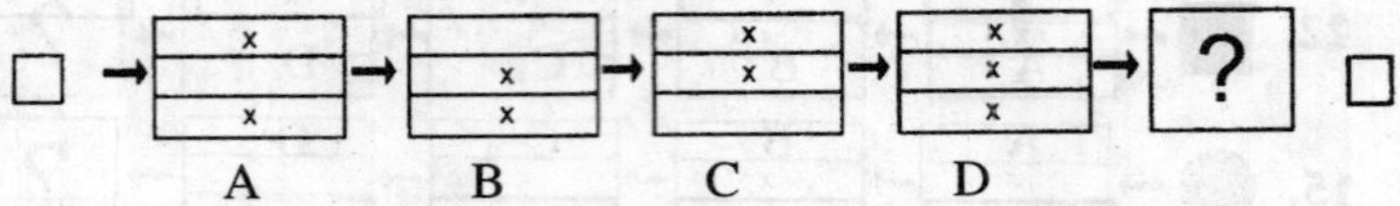

4. 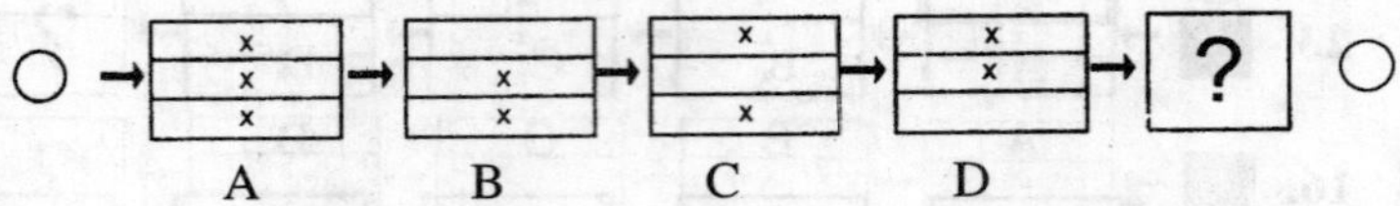

5. 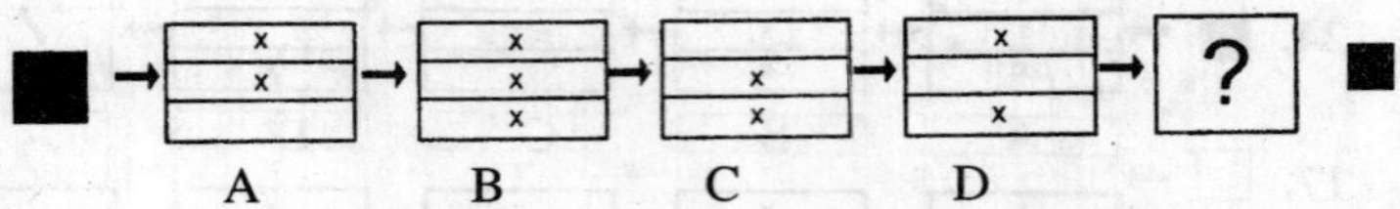

6. 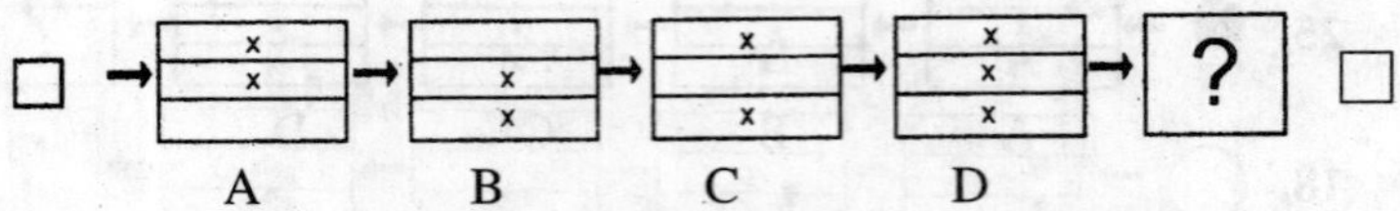

7. 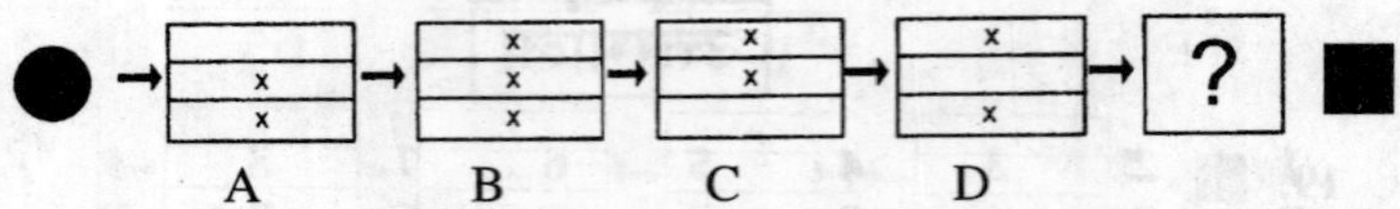

8. 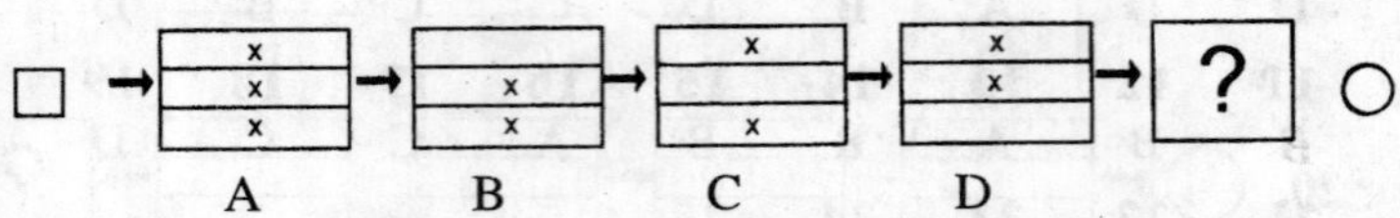

9. 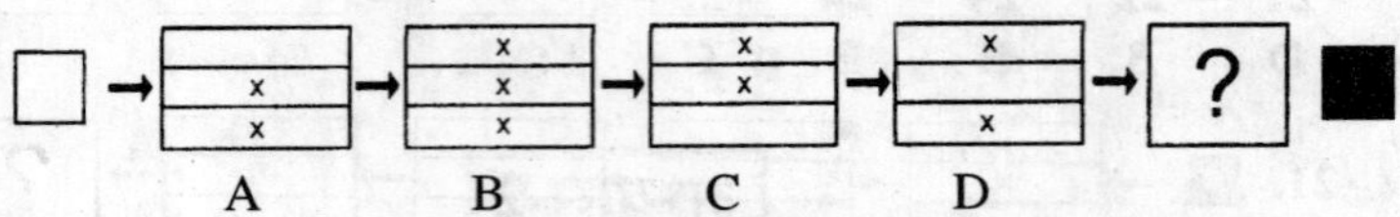

10. 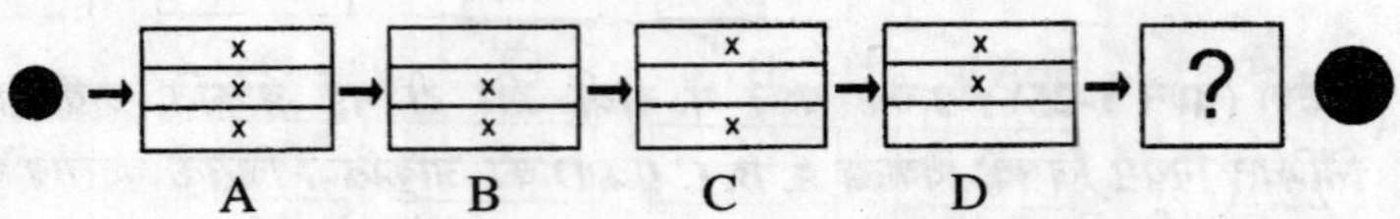

11. 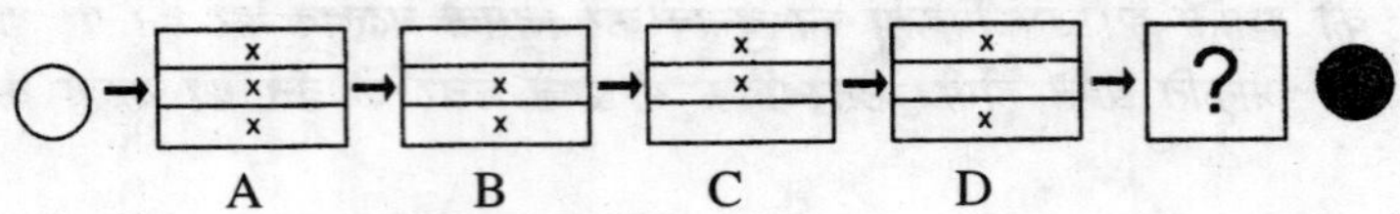

12. 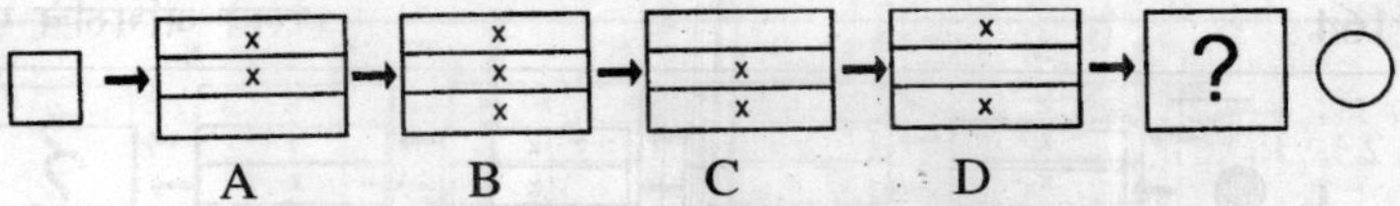

13. 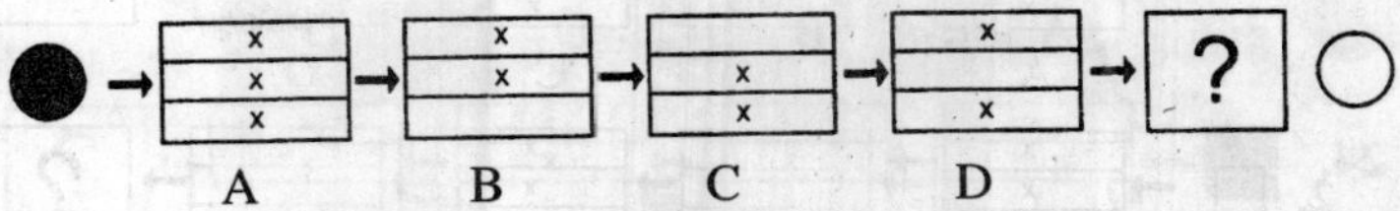

14. 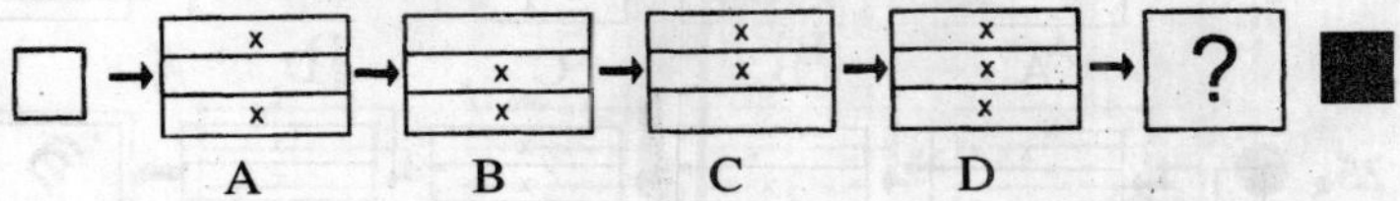

15. 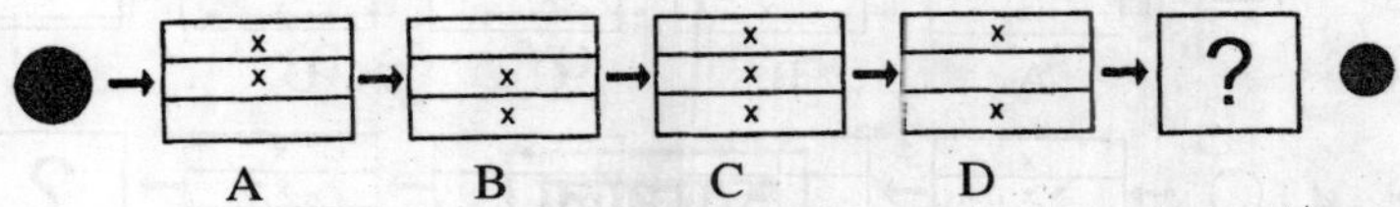

16. 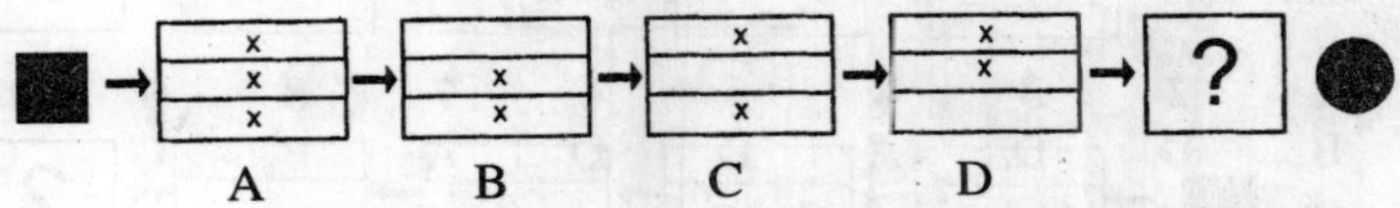

17. 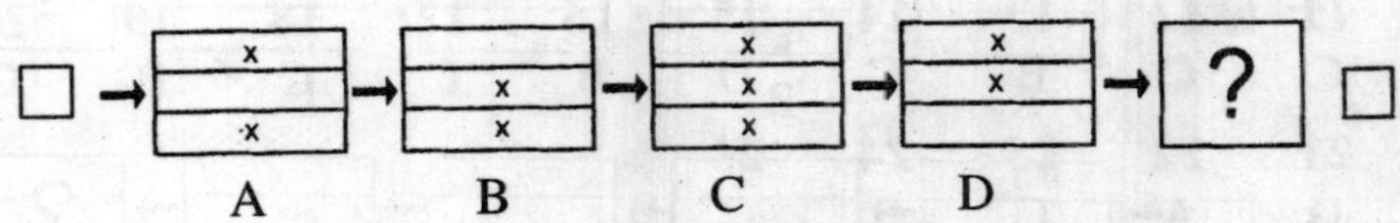

18. 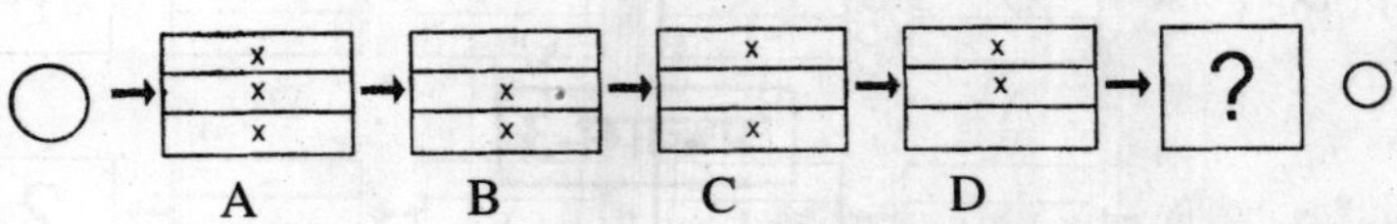

19. 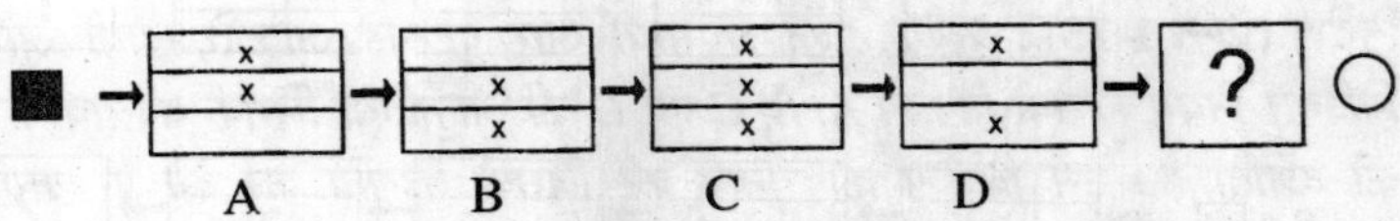

20. 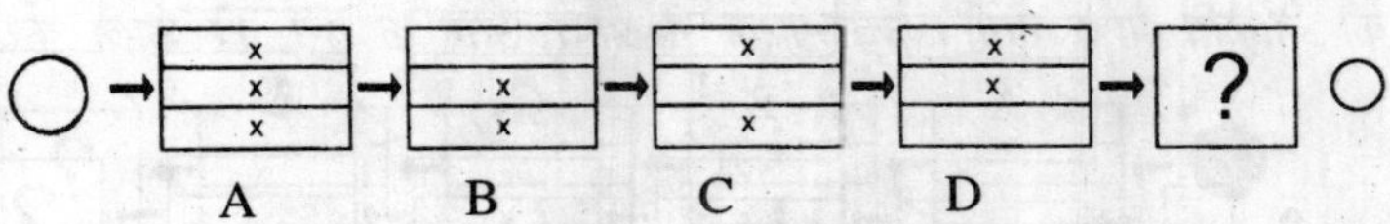

21. 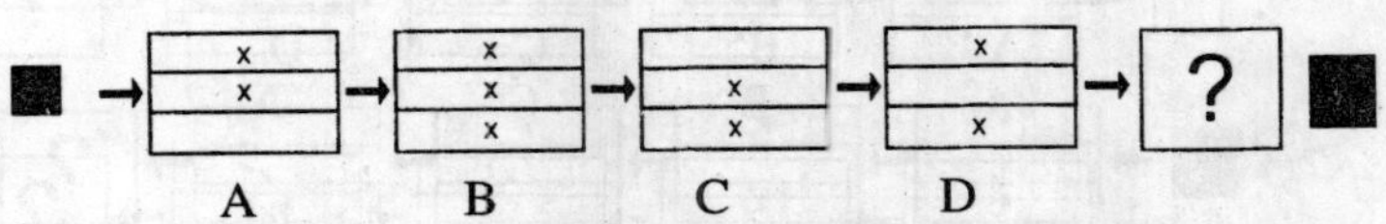

22. 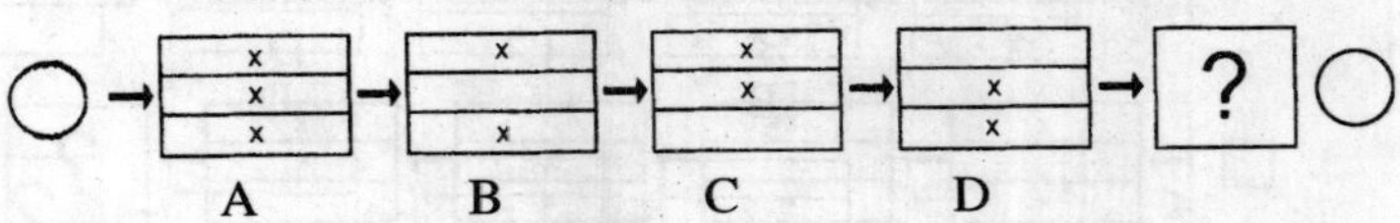

23. 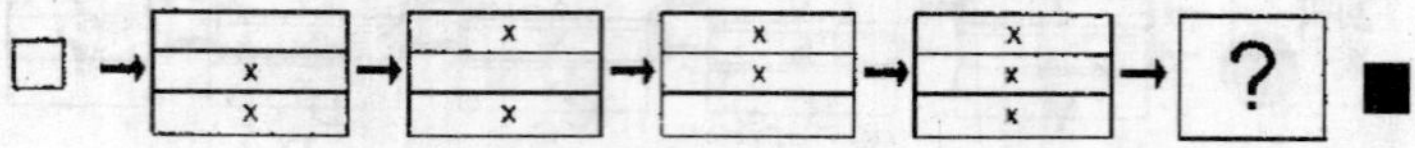

A B C D

24. 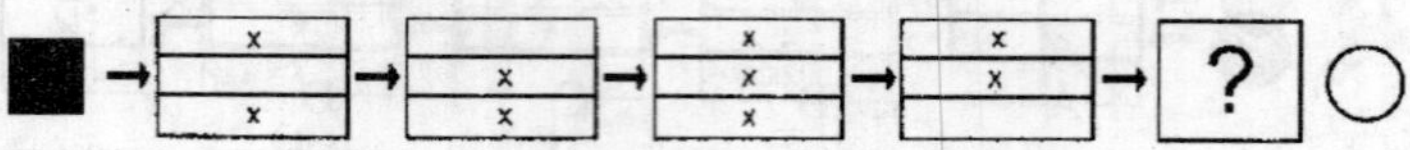

A B C D

25. 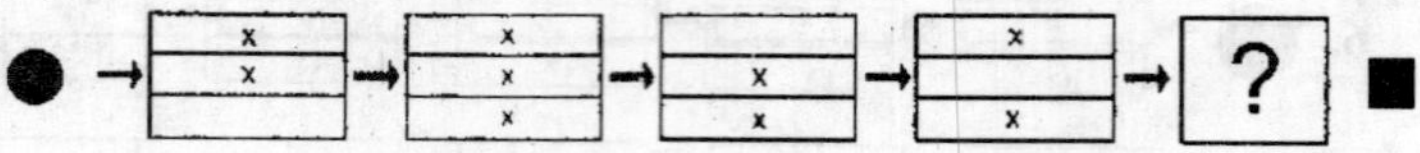

A B C D

उत्तरमाला

1	2	3	4	5	6	7	8	9	10
B	D	D	A	D	D	A	B	C	C
11	**12**	**13**	**14**	**15**	**16**	**17**	**18**	**19**	**20**
C	C	B	C	D	B	C	C	B	C
21	**22**	**23**	**24**	**25**					
D	A	C	B	C					

अभ्यास-3

निर्देश (प्रश्न 1-25) : *प्रत्येक प्रश्न में बायीं ओर दी गई आकृति, दायीं ओर एक निश्चित नियम जिसके विकल्प A, B, C एवं D की आकृतियाँ जिसके बदलाव के नियम को दर्शाता है। उस विकल्प का चुनाव करें जिसके बदलाव कर देने पर दायीं ओर की आकृति प्राप्त होगी। उत्तर-पत्रक में प्राप्त उत्तर के वृत्त को काला करें।*

1. 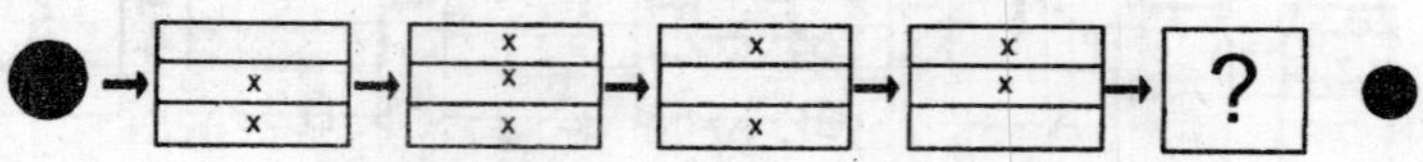

A B C D

2. 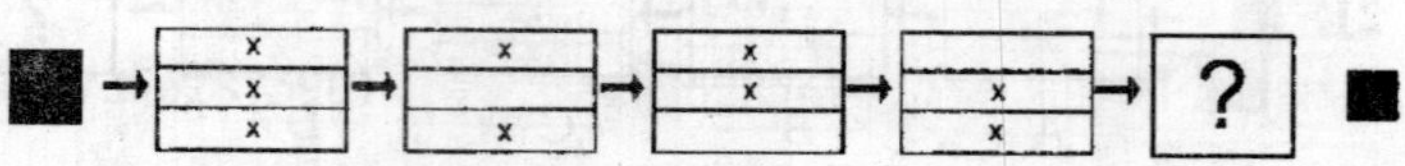

A B C D

3. 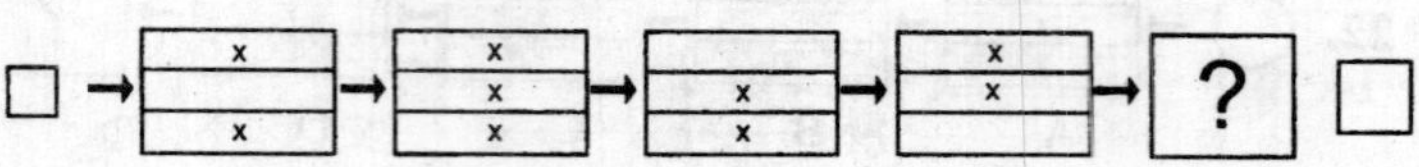

A B C D

4. 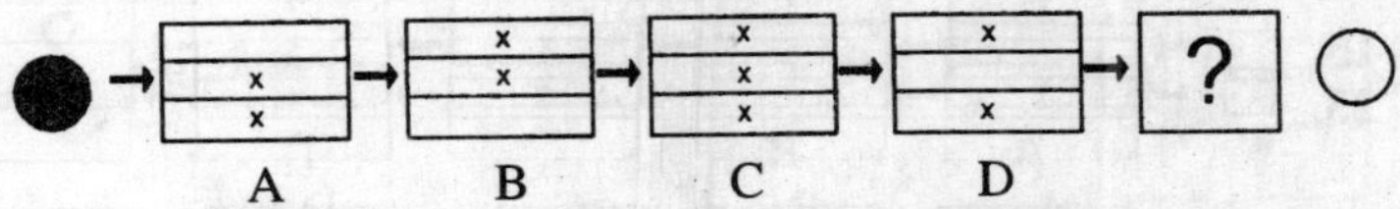

5. 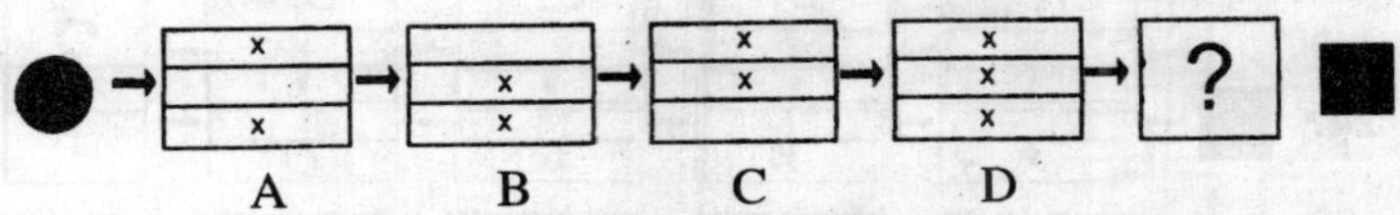

6. 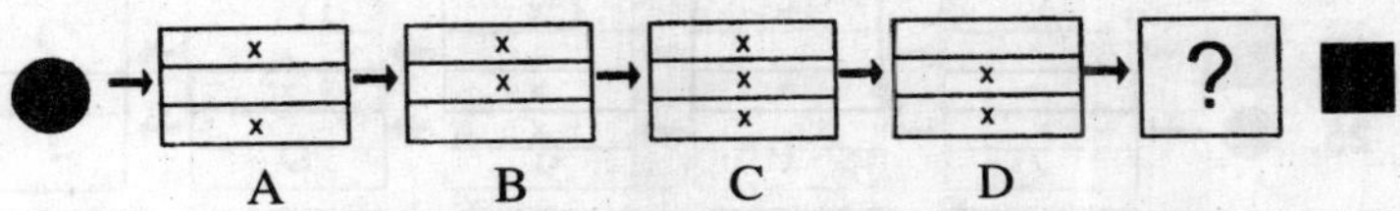

7. 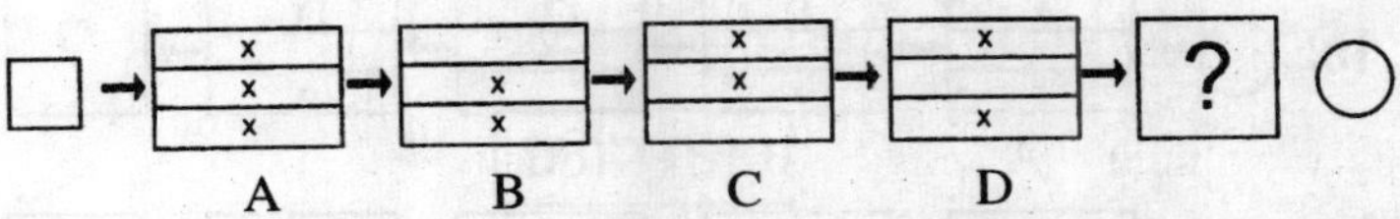

8. 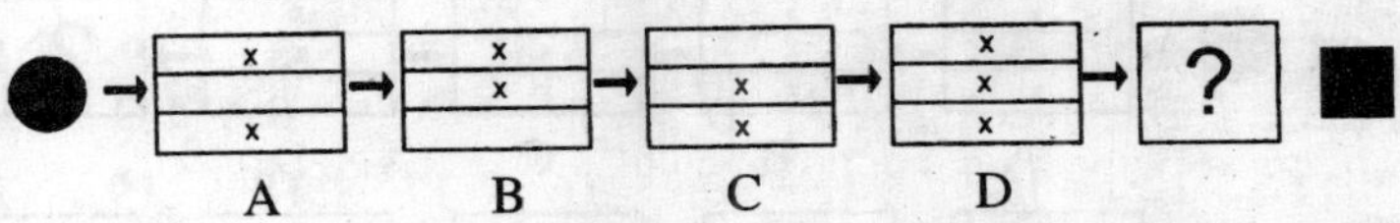

9. 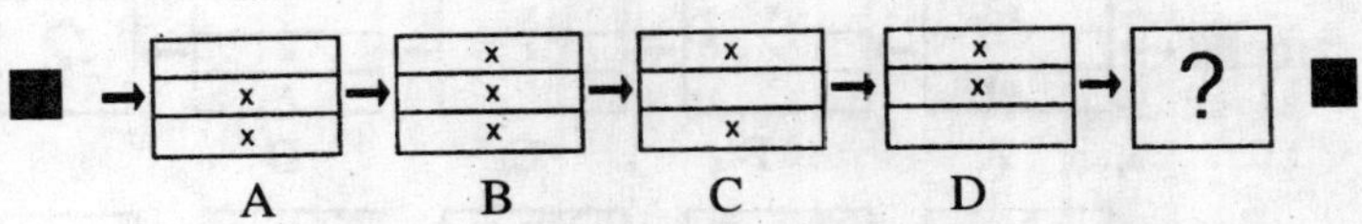

10. 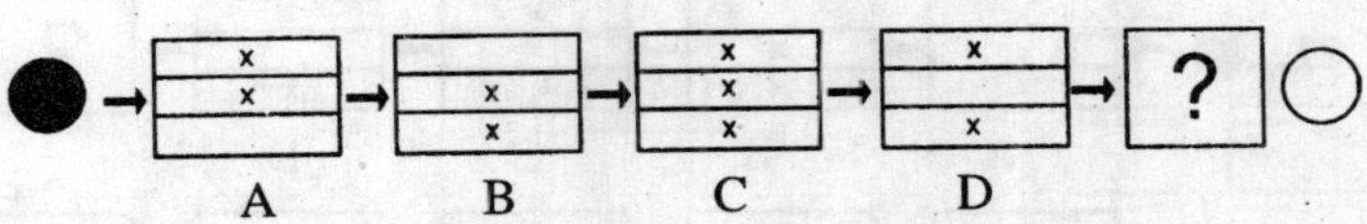

11. 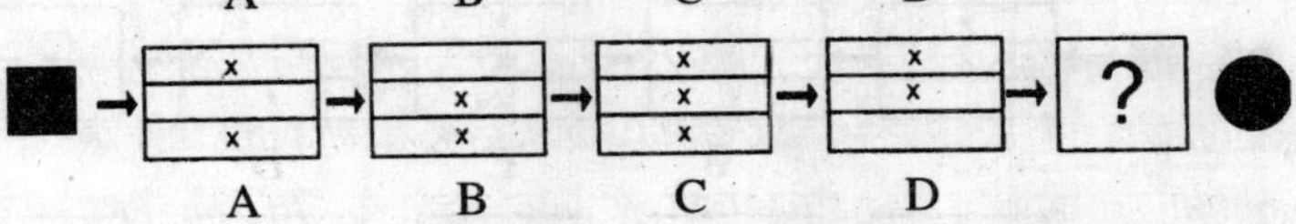

12. 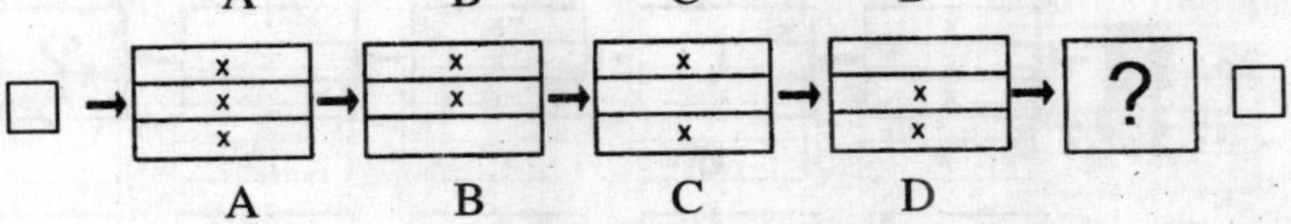

13. 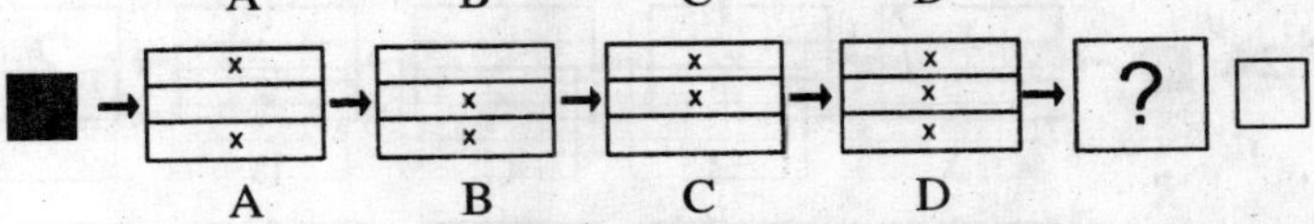

14. 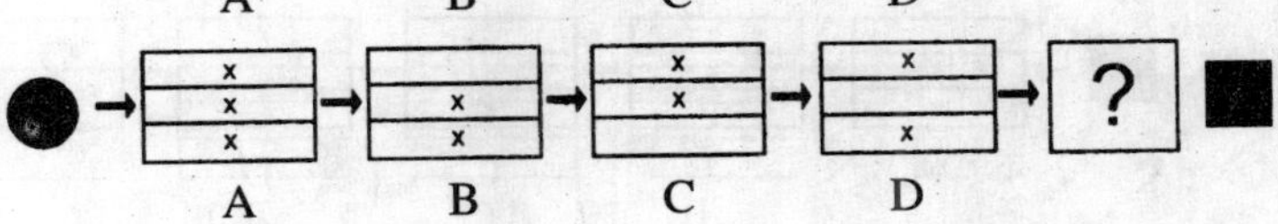

15. 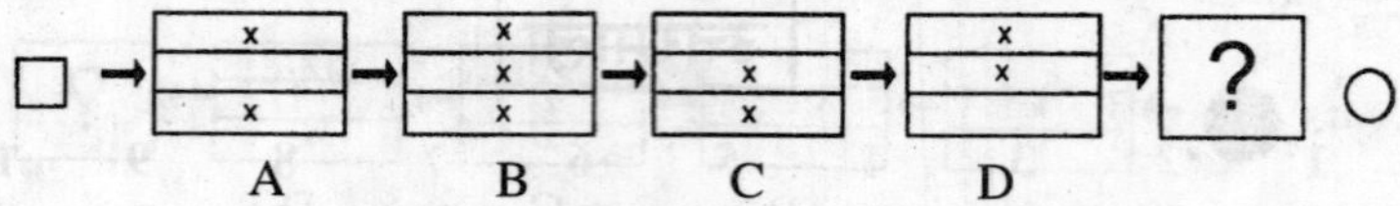

16. 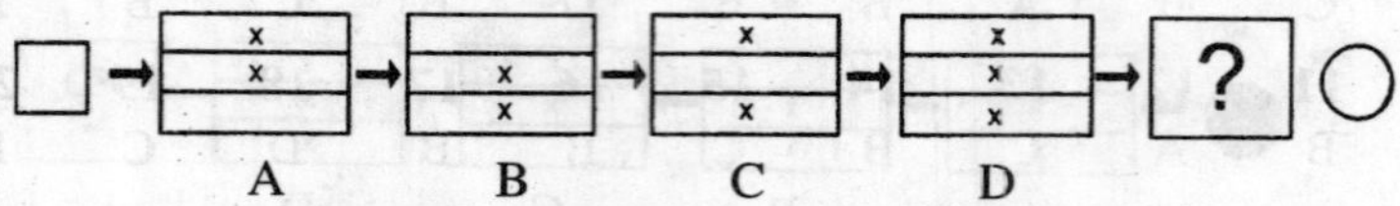

17. 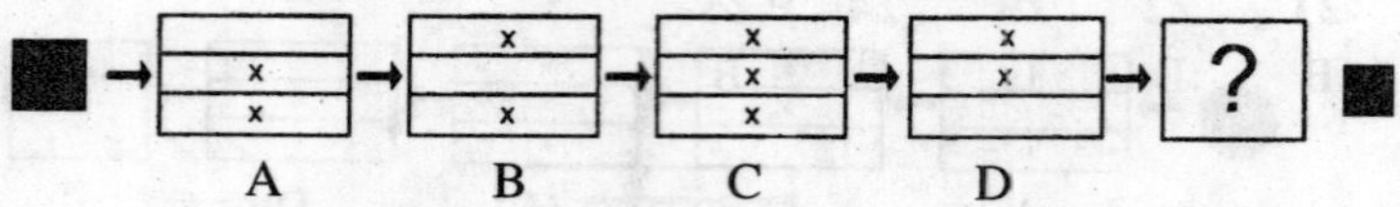

18. 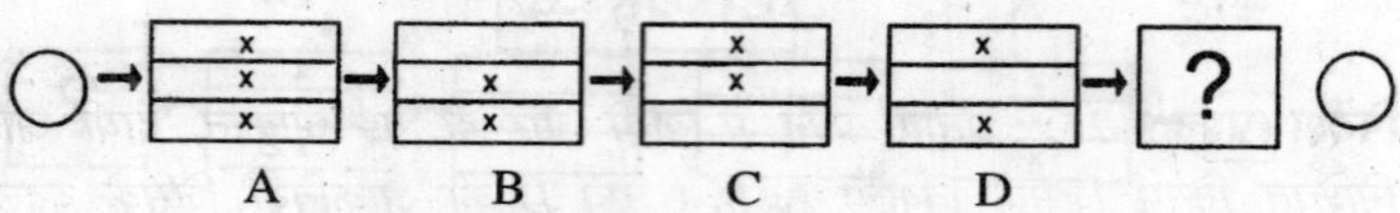

19. 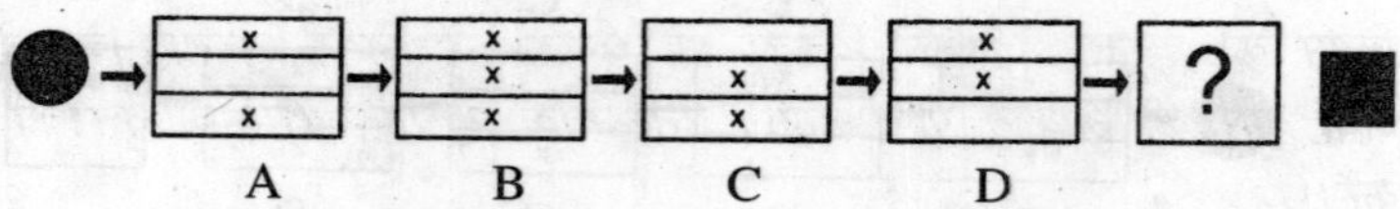

20. 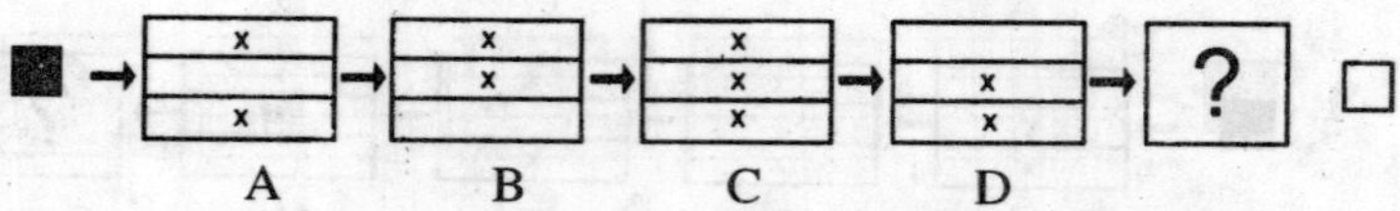

21. 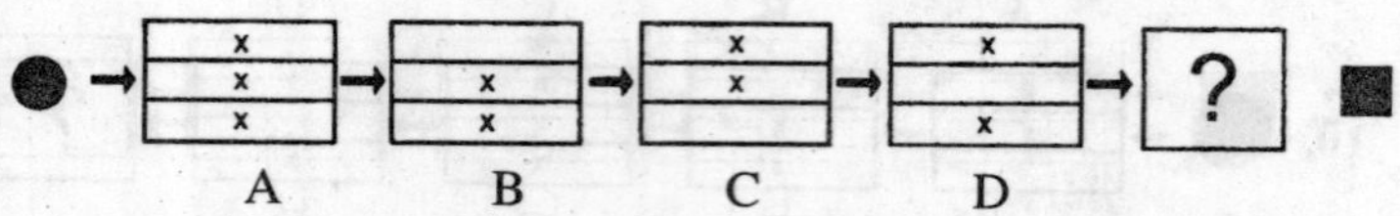

22. 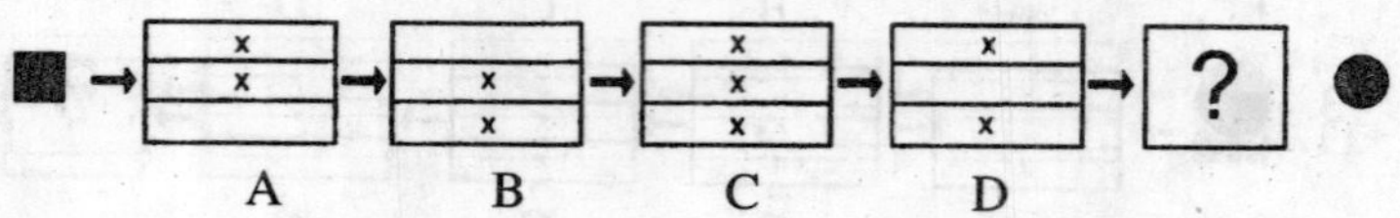

23. 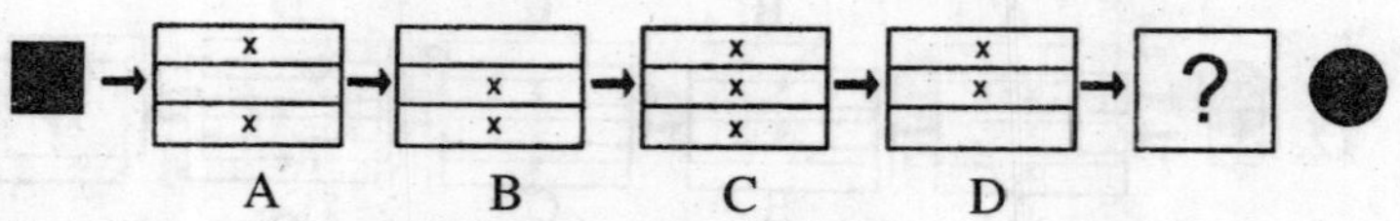

24. 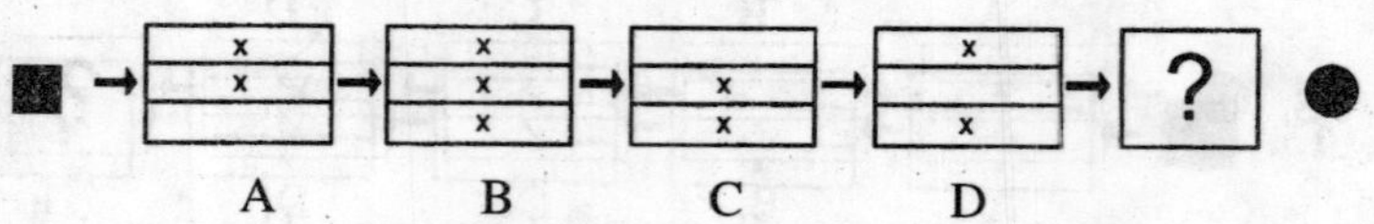

25. 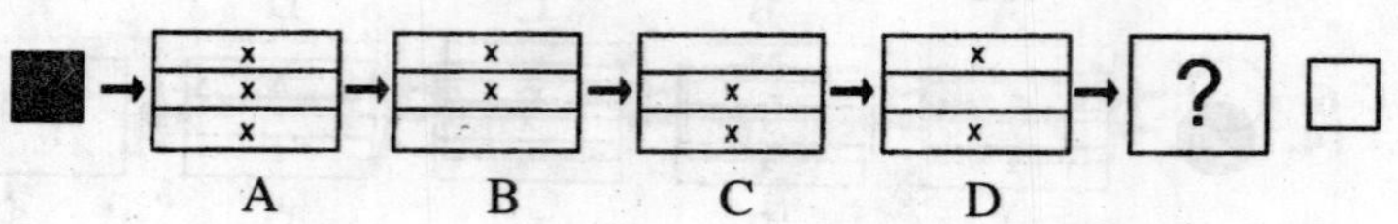

उत्तरमाला

1	2	3	4	5	6	7	8	9	10
C	B	A	B	B	D	B	C	B	A
11	**12**	**13**	**14**	**15**	**16**	**17**	**18**	**19**	**20**
B	A	C	B	C	B	B	D	C	B
21	**22**	**23**	**24**	**25**					
B	B	B	C	B					

अभ्यास-4

निर्देश (प्रश्न 1-25) : *प्रत्येक प्रश्न में बायीं ओर दी गई आकृति, दायीं ओर एक निश्चित नियम जिसके विकल्प A, B, C एवं D की आकृतियाँ जिसके बदलाव के नियम को दर्शाता है। उस विकल्प का चुनाव करें जिसके बदलाव कर देने पर दायीं ओर की आकृति प्राप्त होगी। उत्तर-पत्रक में प्राप्त उत्तर के वृत्त को काला करें।*

1. 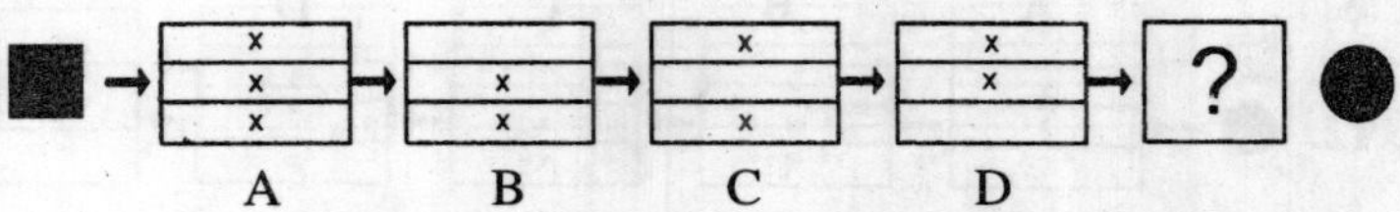

2. 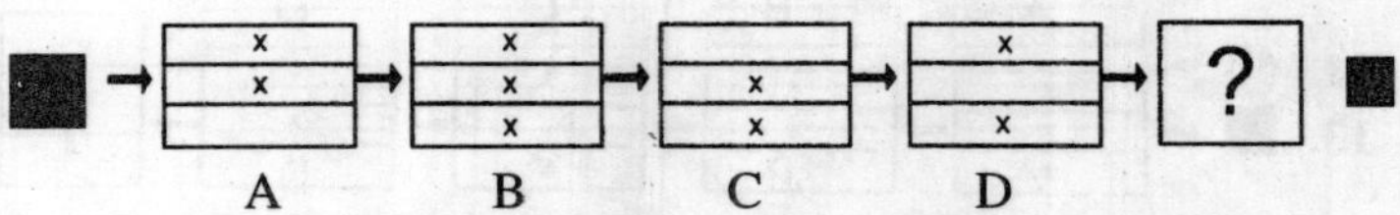

3. 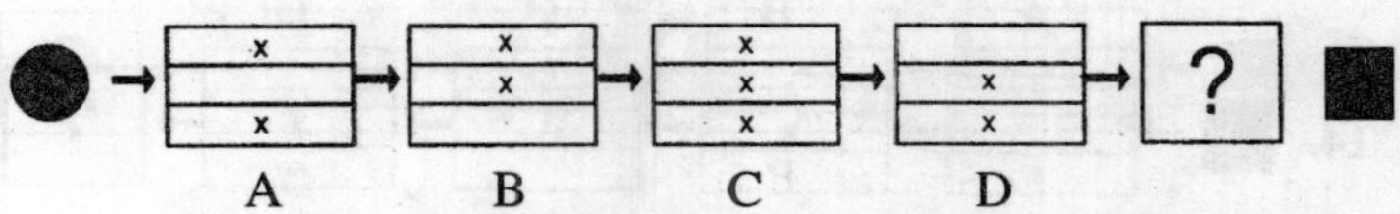

4. 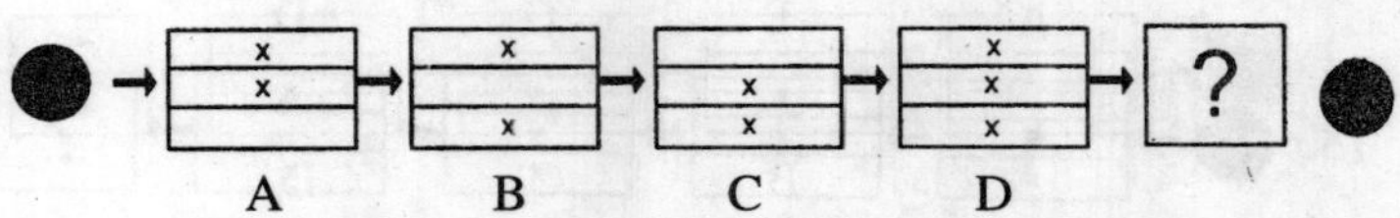

5. 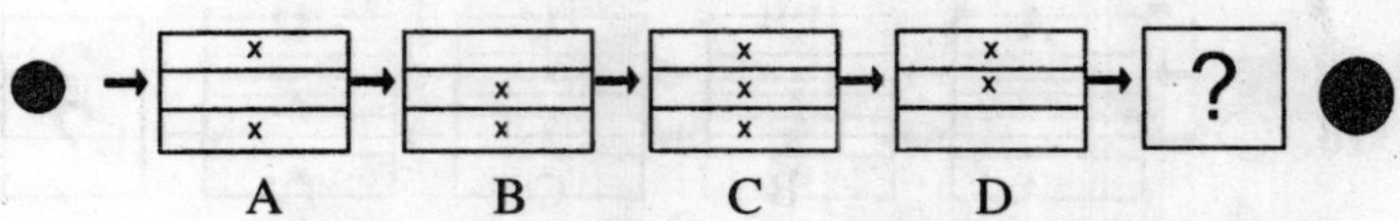

6. 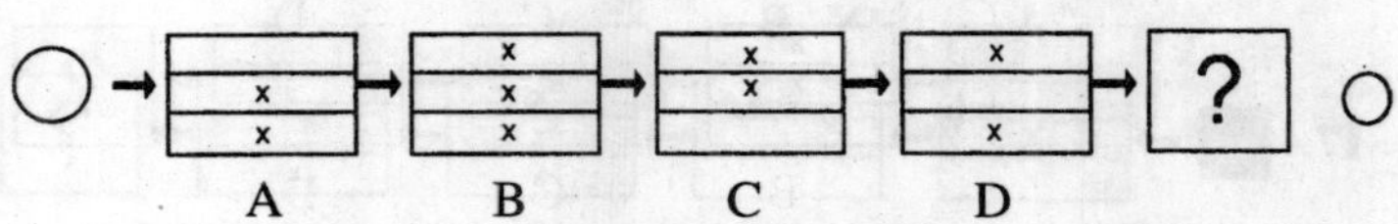

7. 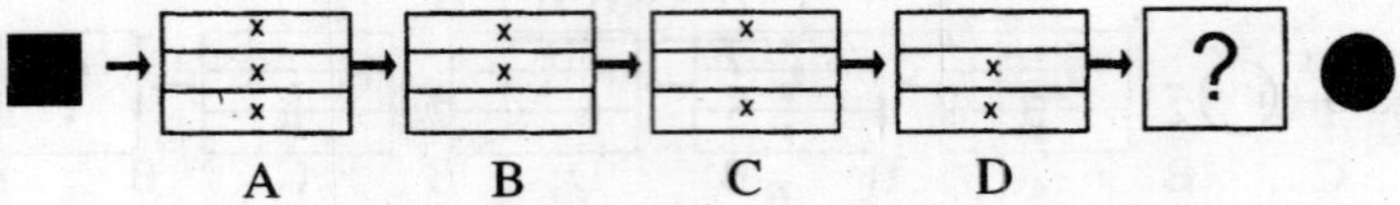

8. 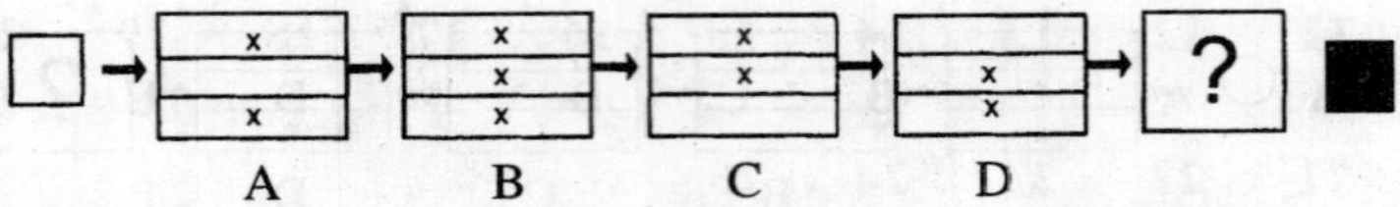

9. 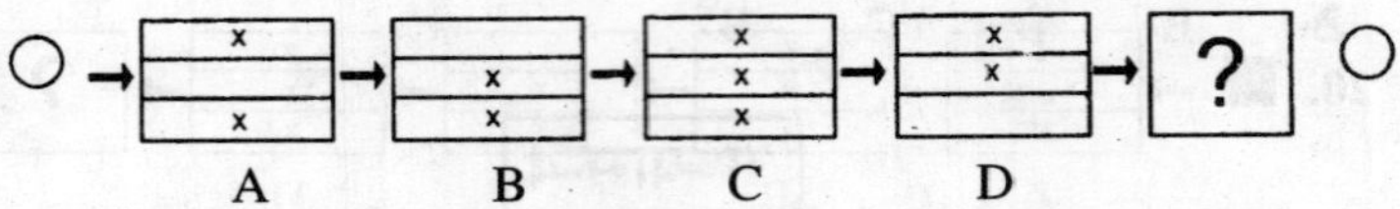

10. 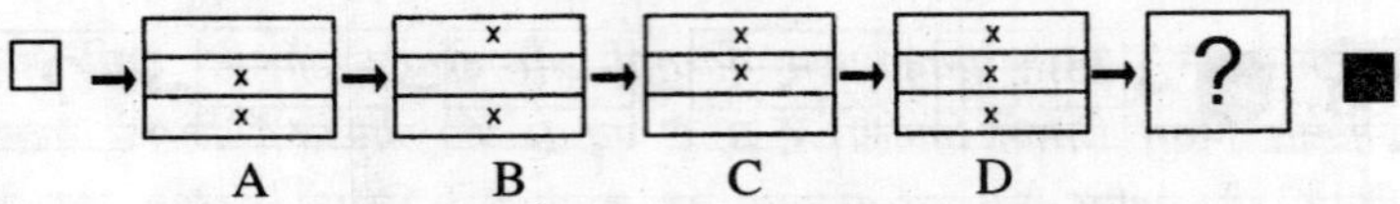

11. 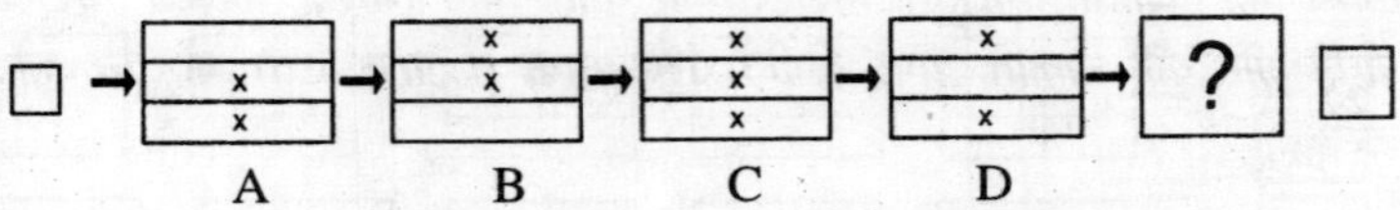

12. 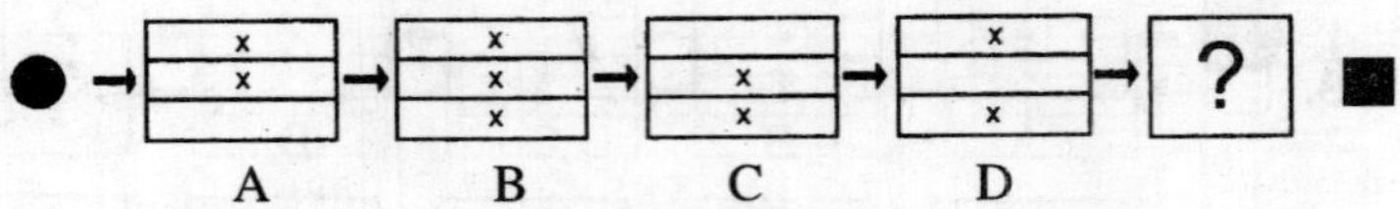

13. 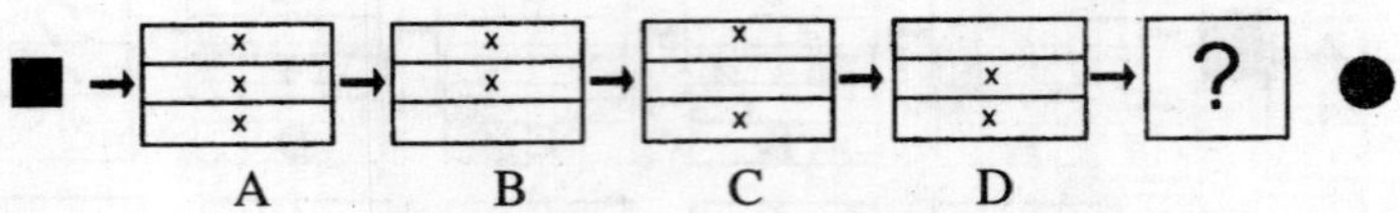

14. 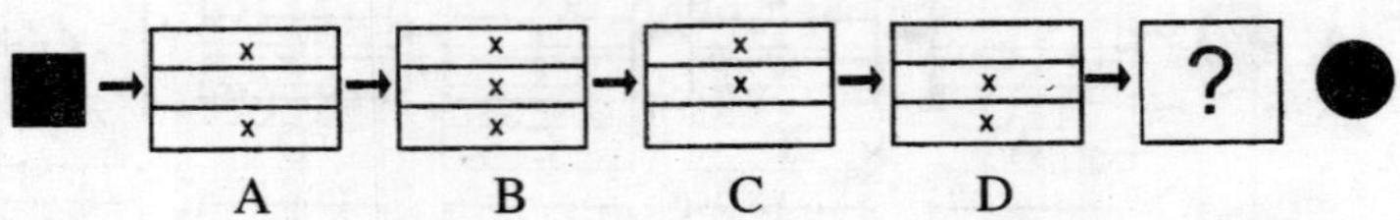

15. 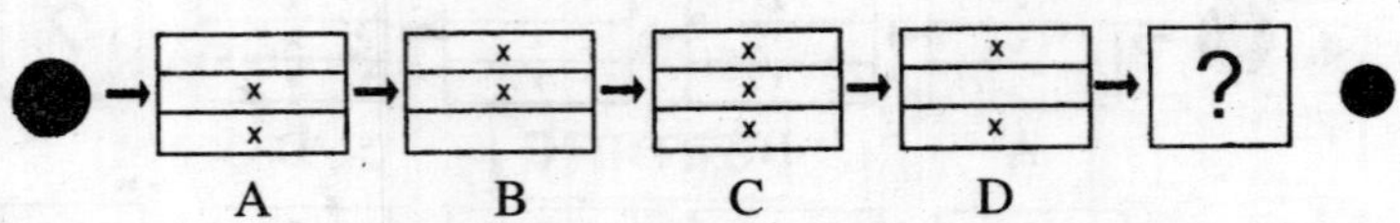

16. 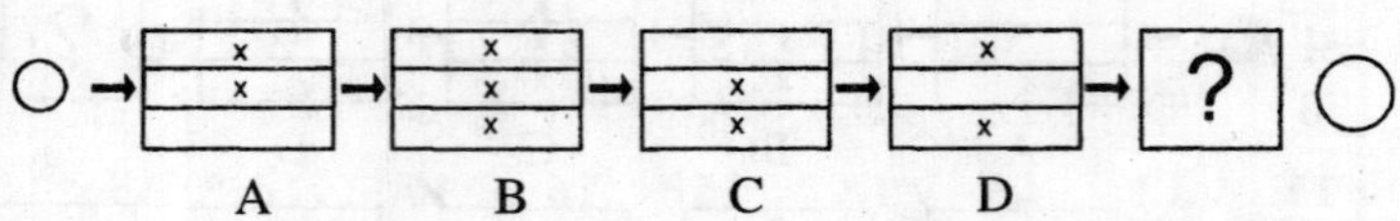

17. 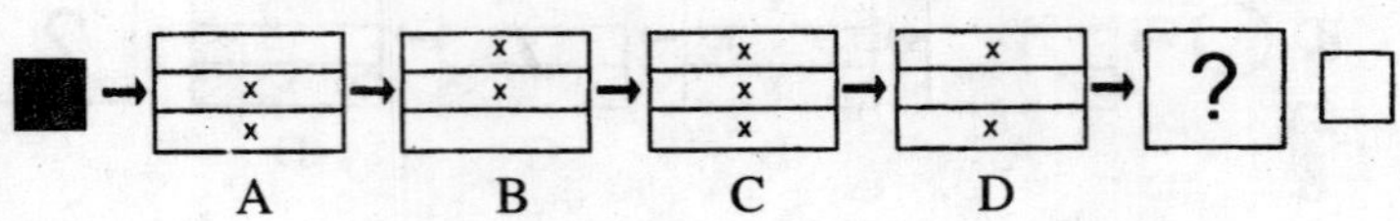

18. 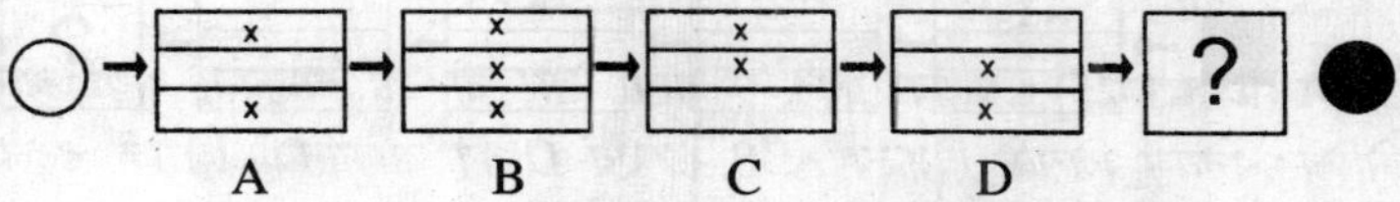

19. 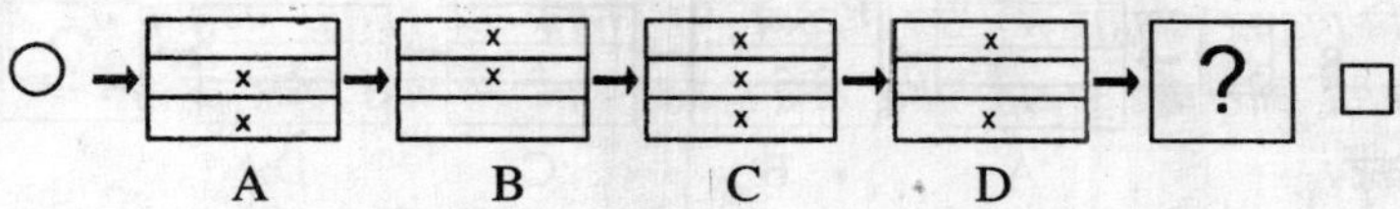

20. 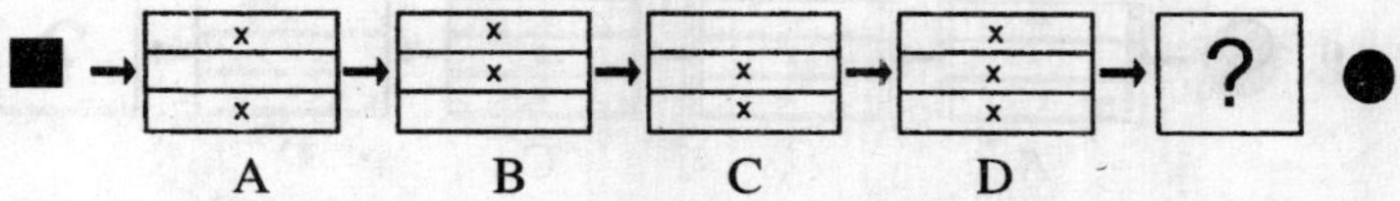

21. 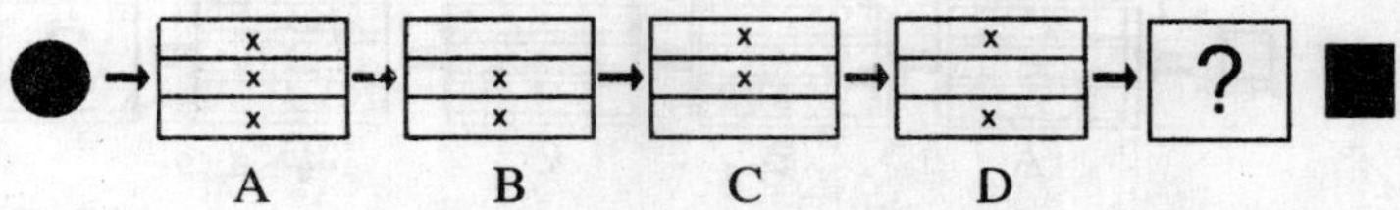

22. 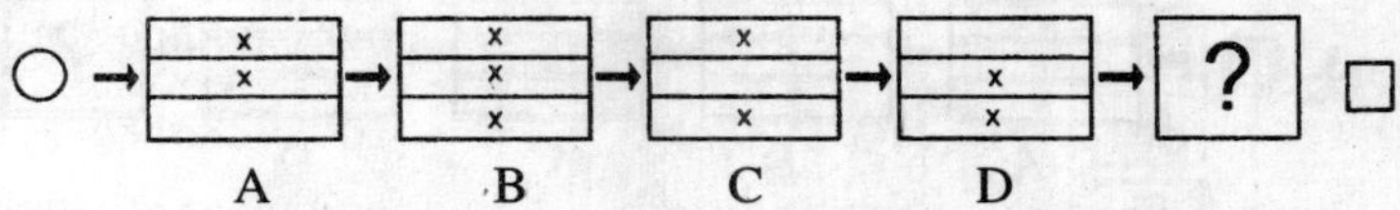

23. 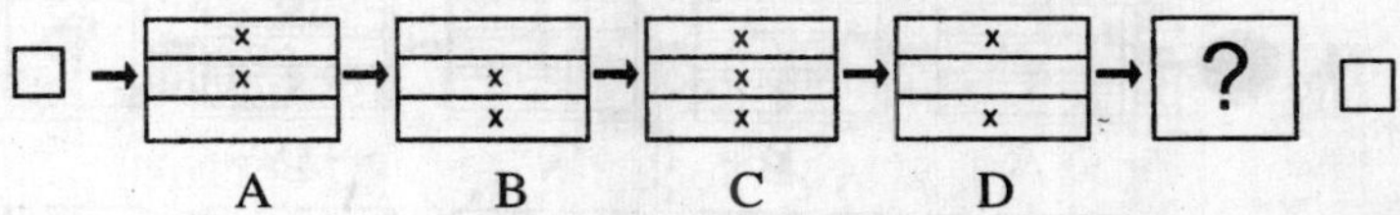

24. 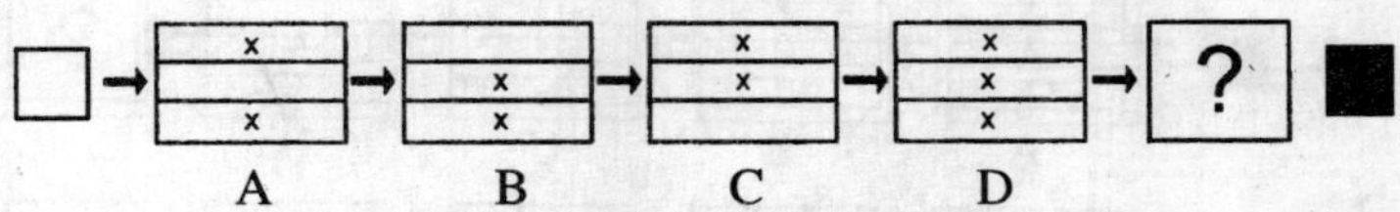

25. 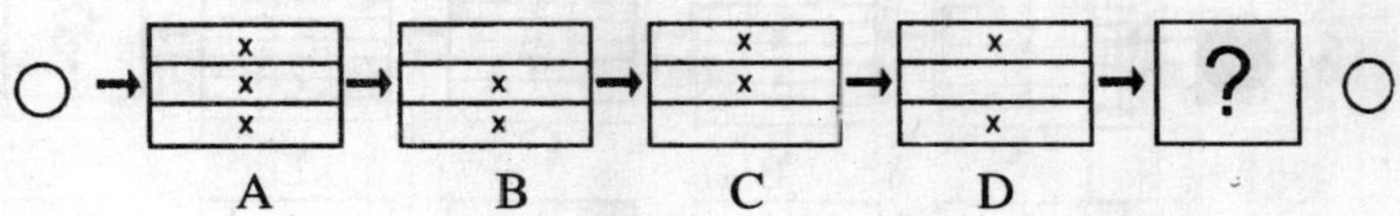

उत्तरमाला

1	2	3	4	5	6	7	8	9	10
B	D	D	D	A	D	D	C	C	C
11	**12**	**13**	**14**	**15**	**16**	**17**	**18**	**19**	**20**
D	C	D	D	D	D	B	C	A	C
21	**22**	**23**	**24**	**25**					
B	D	C	C	A					

अभ्यास-5

निर्देश (प्रश्न 1-25) : *प्रत्येक प्रश्न में बायीं ओर दी गई आकृति, दायीं ओर एक निश्चित नियम जिसके विकल्प A, B, C एवं D की आकृतियाँ जिसके बदलाव के नियम को दर्शाता है। उस विकल्प का चुनाव करें जिसके बदलाव कर देने पर दायीं ओर की आकृति प्राप्त होगी। उत्तर-पत्रक में प्राप्त उत्तर के वृत्त को काला करें।*

1. 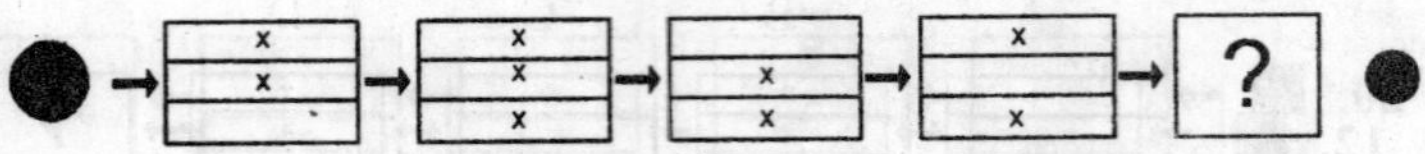

A B C D

2. 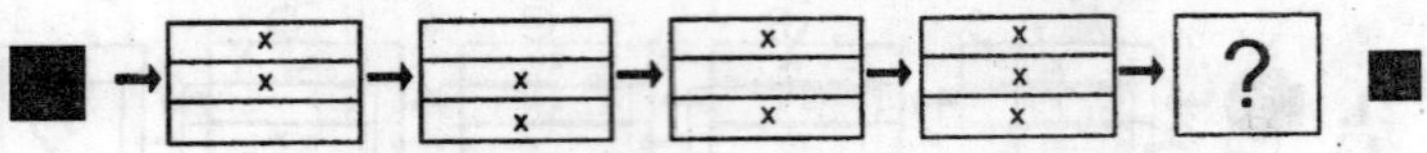

A B C D

3. 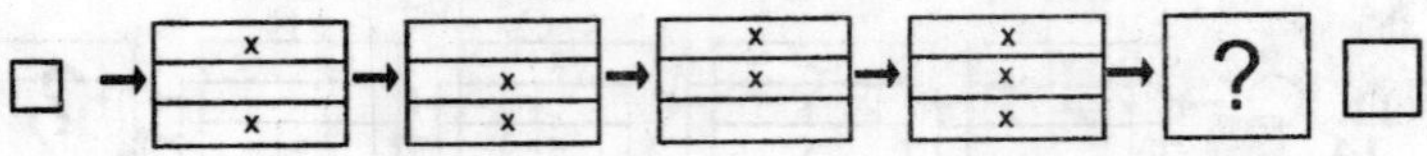

A B C D

4. 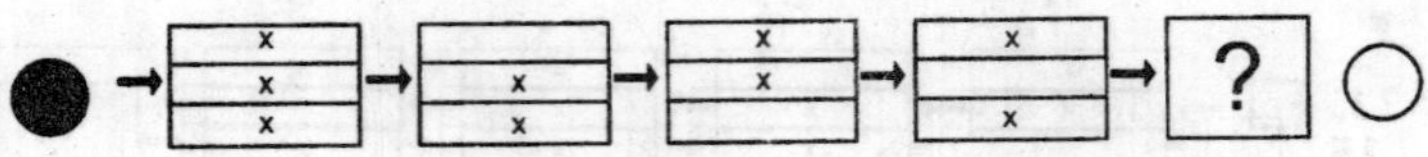

A B C D

5. 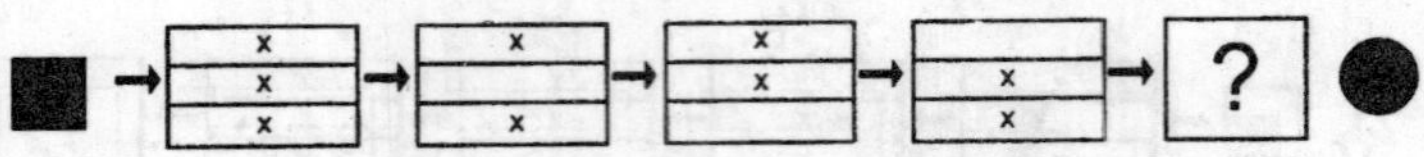

A B C D

6. 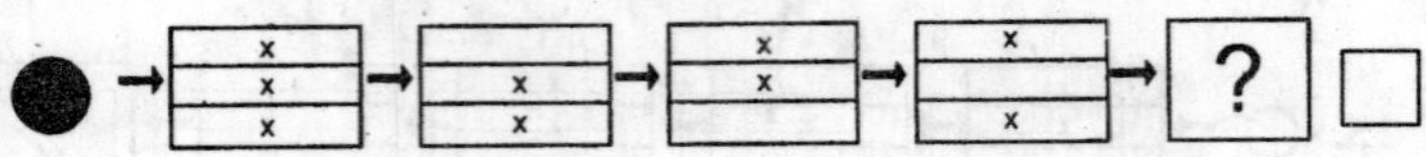

A B C D

7. 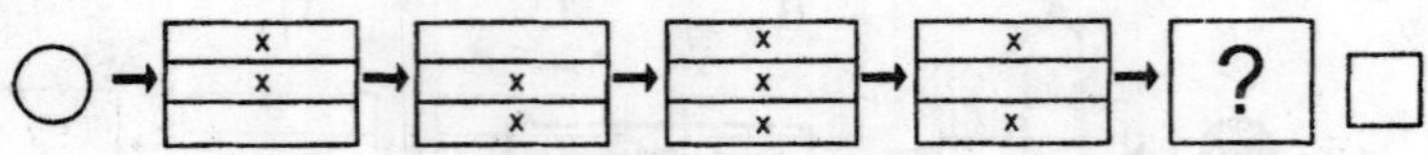

A B C D

8. 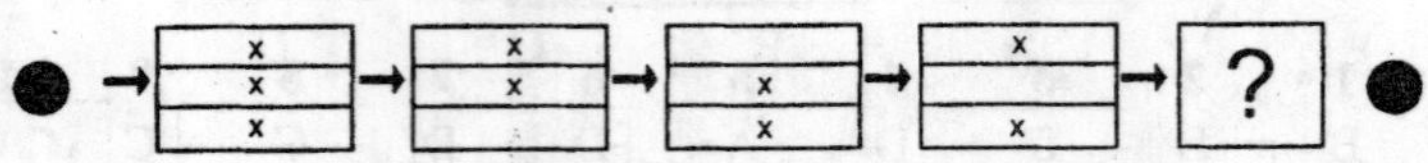

A B C D

9. 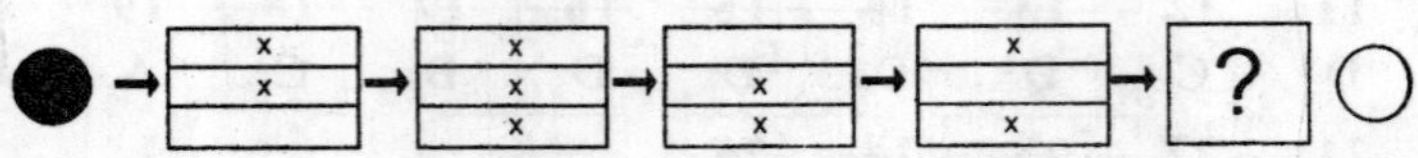

A B C D

10. 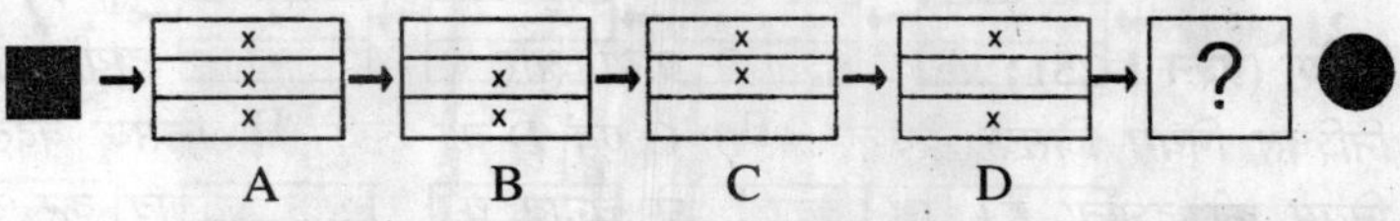

11. 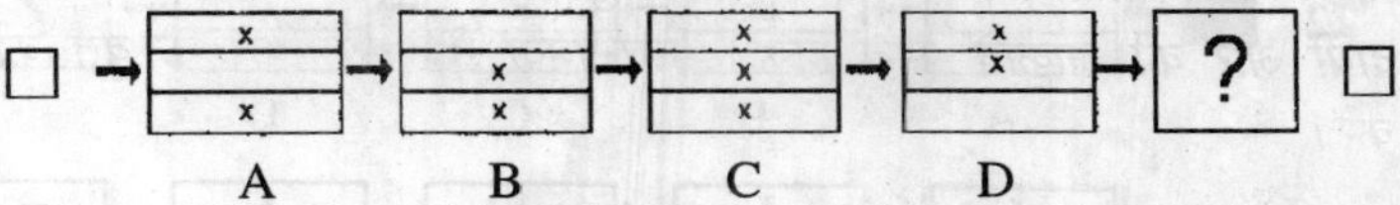

12. 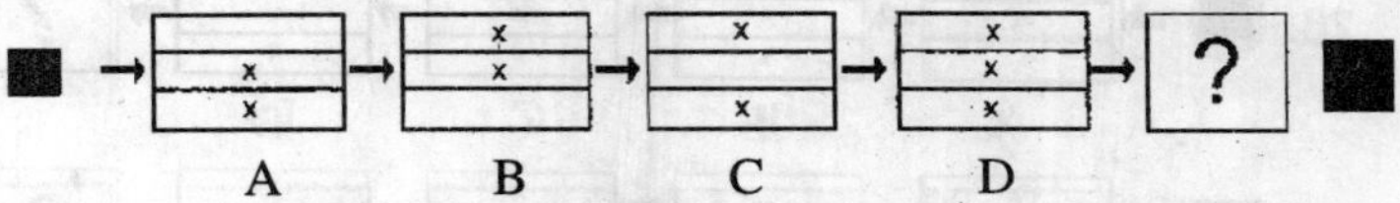

13. 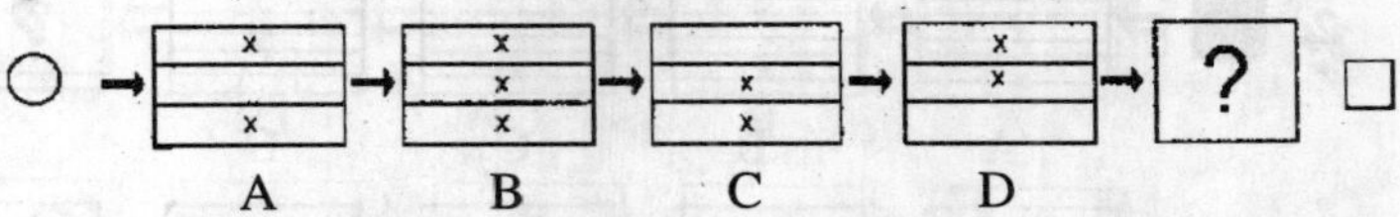

14. 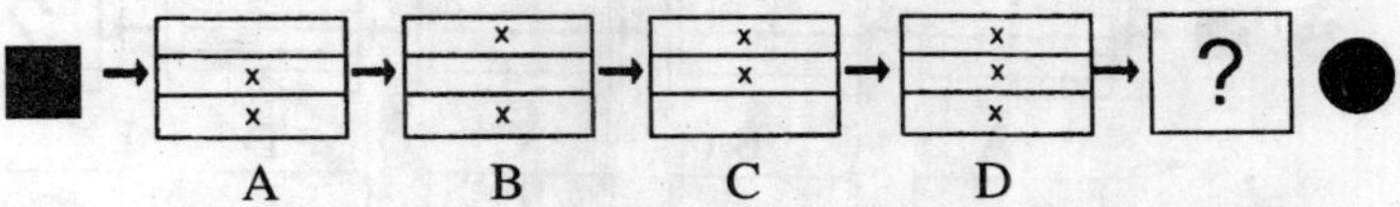

15. 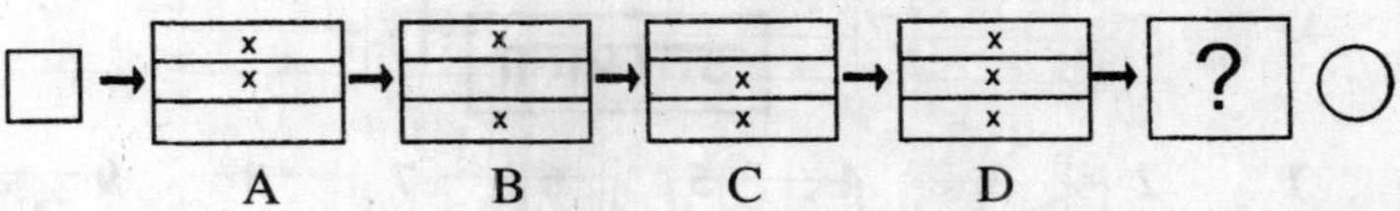

16. 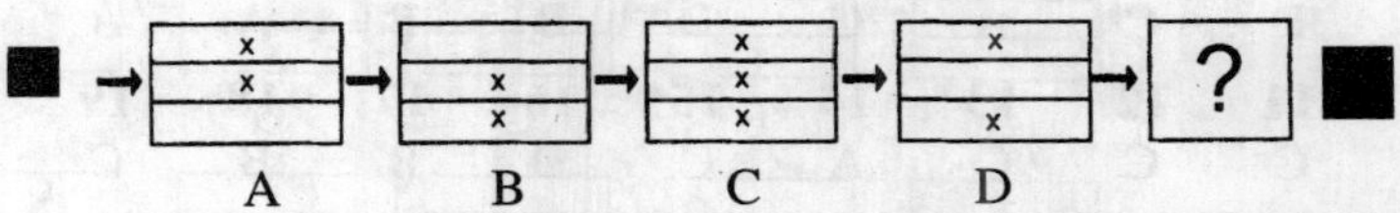

17. 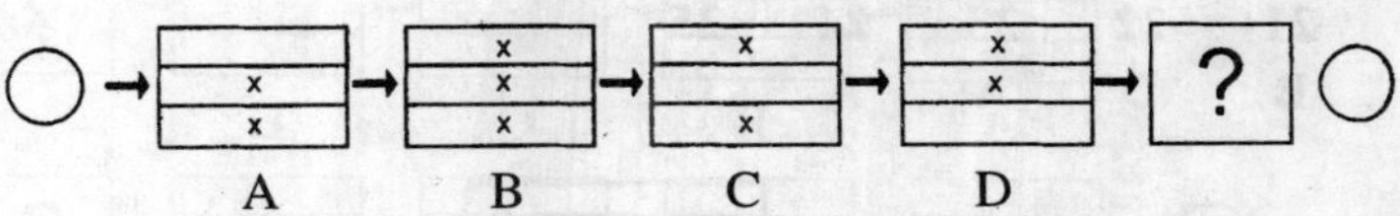

18. 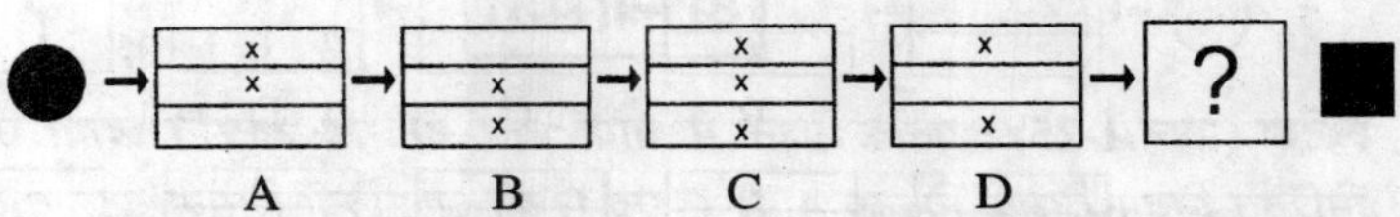

19. 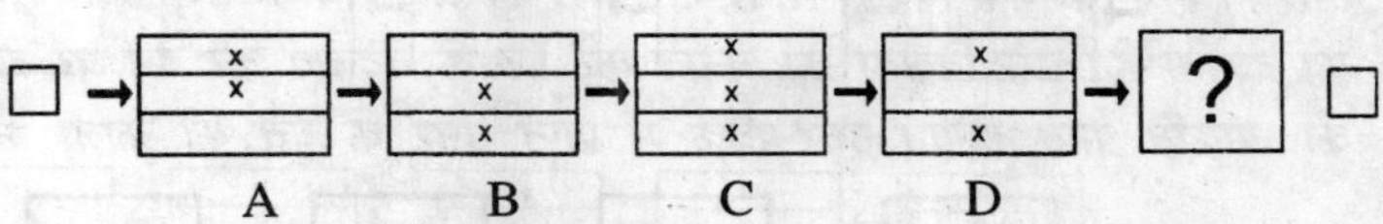

20. 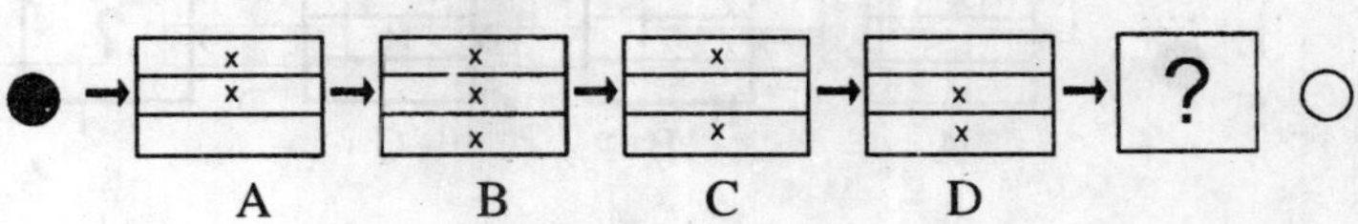

21. 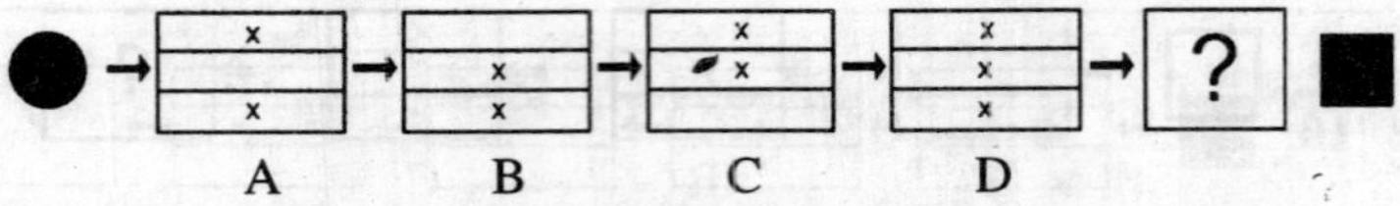

22. 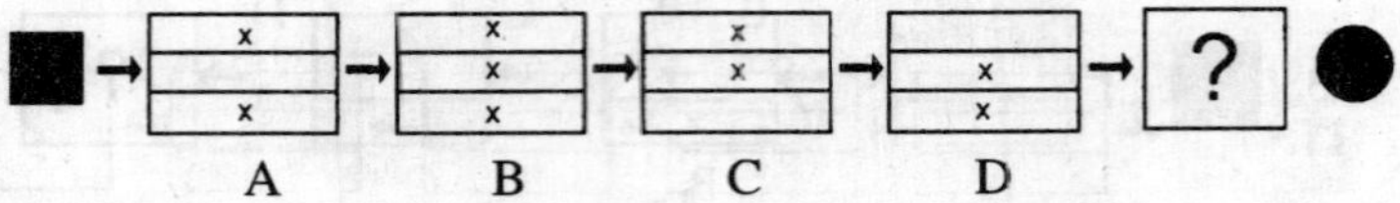

23. 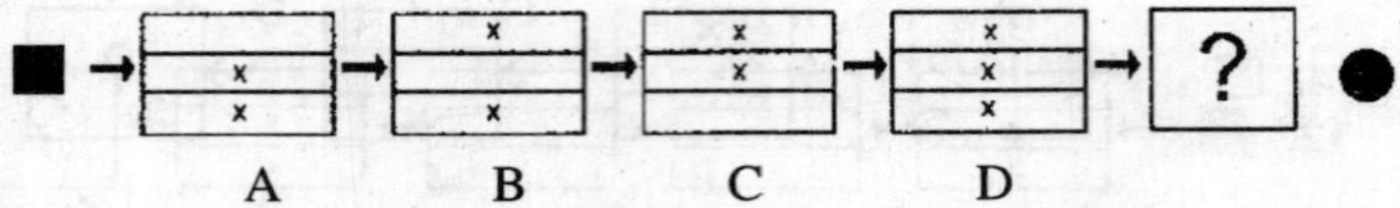

24. 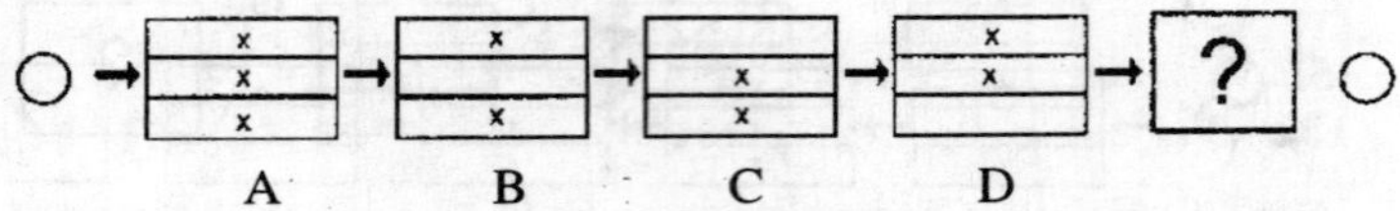

25. 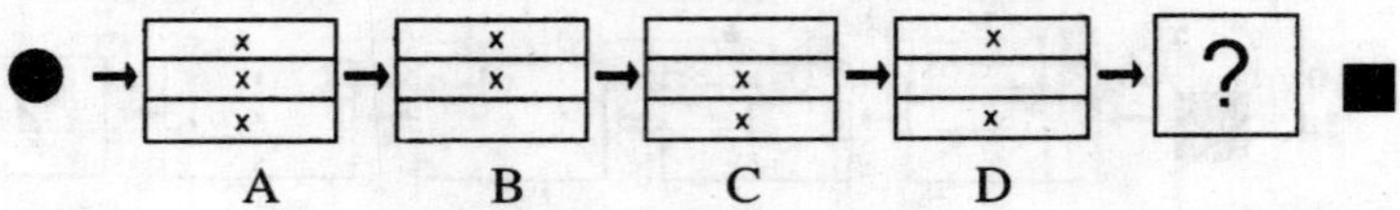

उत्तरमाला

1	2	3	4	5	6	7	8	9	10
D	C	A	C	D	B	B	A	A	B
11	**12**	**13**	**14**	**15**	**16**	**17**	**18**	**19**	**20**
C	C	C	A	C	D	B	B	C	A
21	**22**	**23**	**24**	**25**					
B	D	A	A	C					

अभ्यास-6

निर्देश (प्रश्न 1-25) : *प्रत्येक प्रश्न में बायीं ओर दी गई आकृति, दायीं ओर एक निश्चित नियम जिसके विकल्प A, B, C एवं D की आकृतियाँ जिसके बदलाव के नियम को दर्शाता है। उस विकल्प का चुनाव करें जिसके बदलाव कर देने पर दायीं ओर की आकृति प्राप्त होगी। उत्तर-पत्रक में प्राप्त उत्तर के वृत्त को काला करें।*

1. 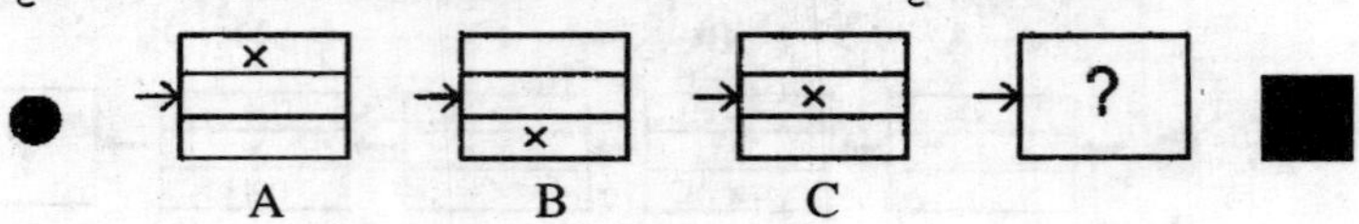

2. 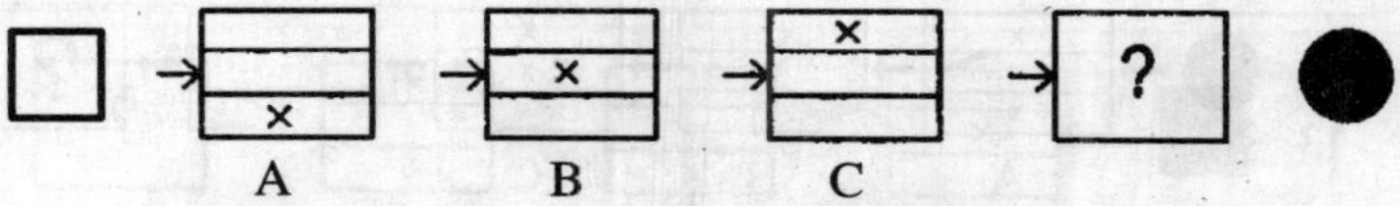

3. 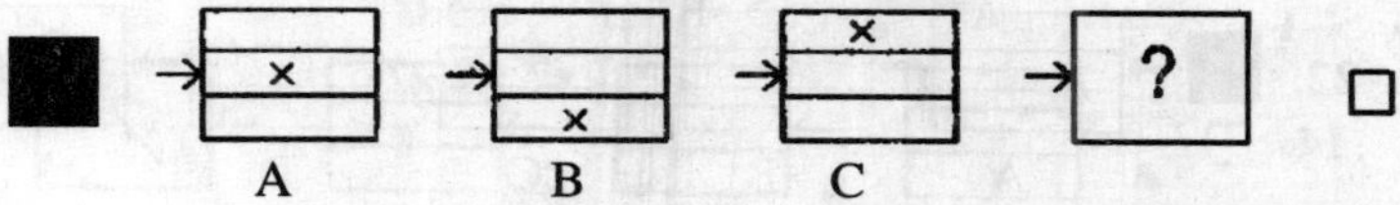

4. 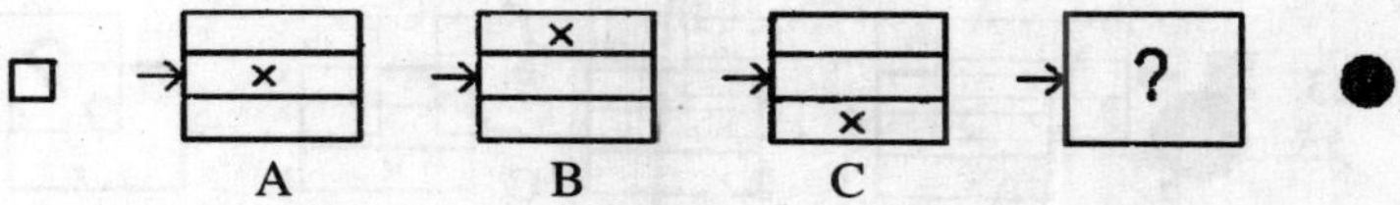

5. 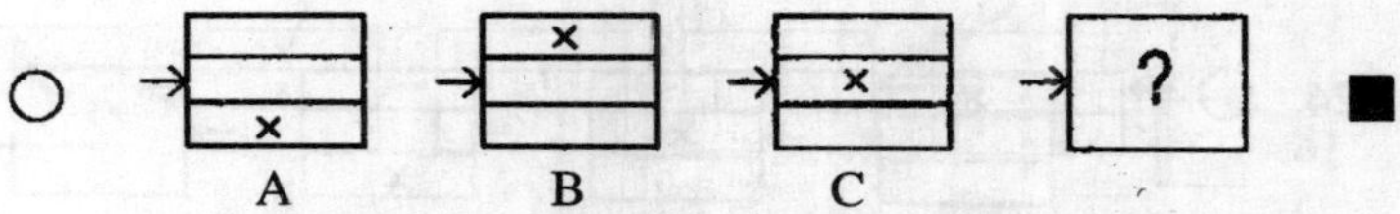

6. 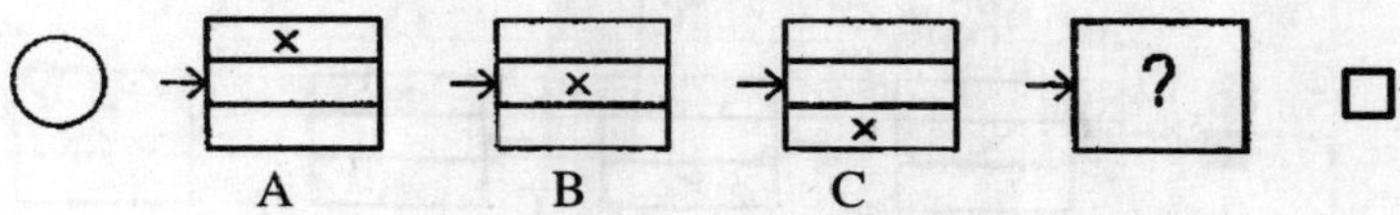

7. 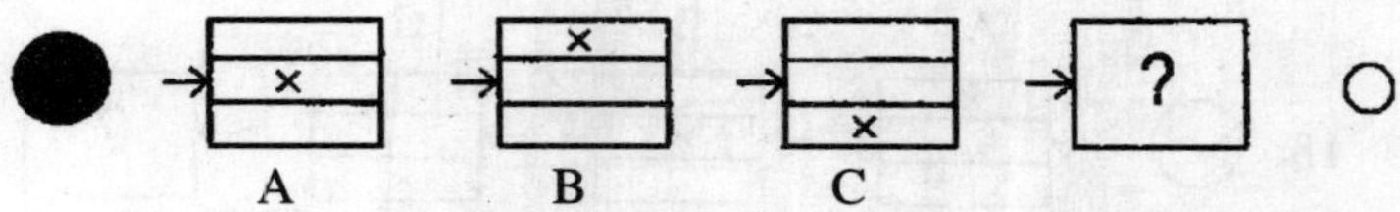

8. 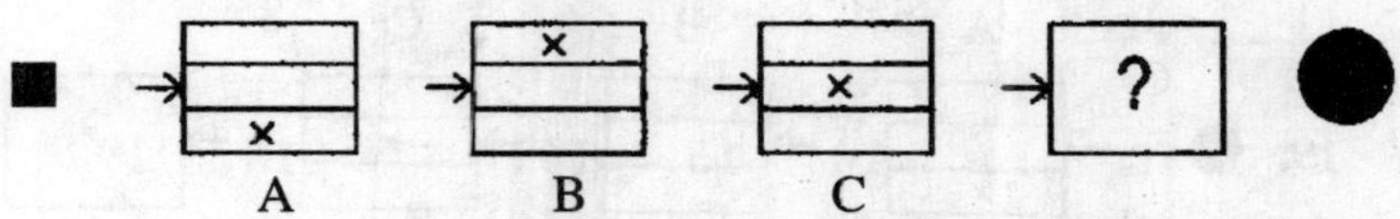

9. 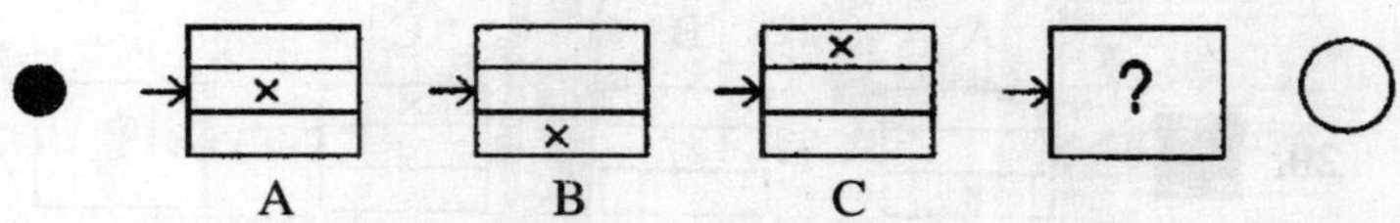

10. 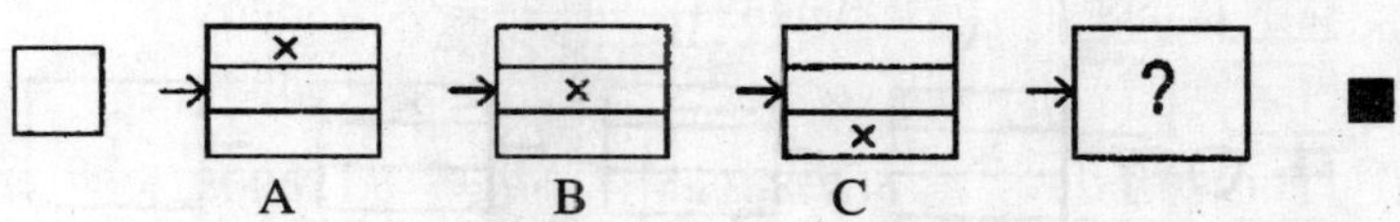

11. 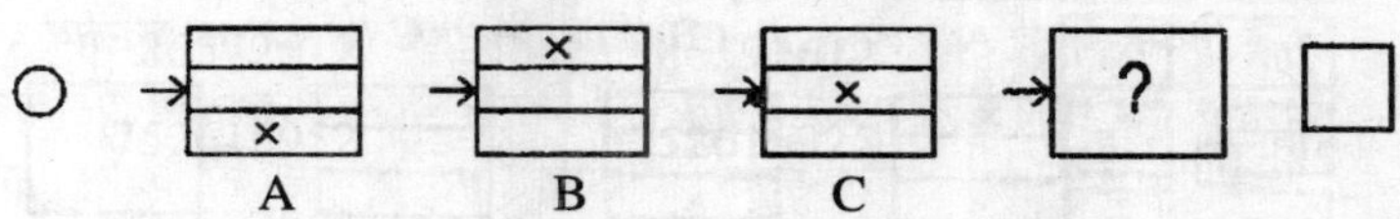

12. 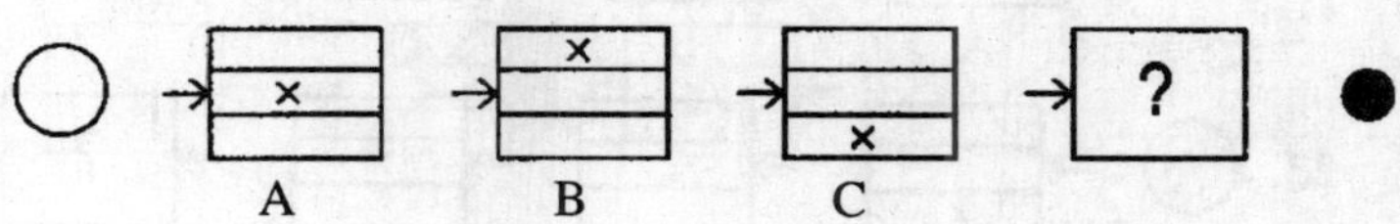

13. 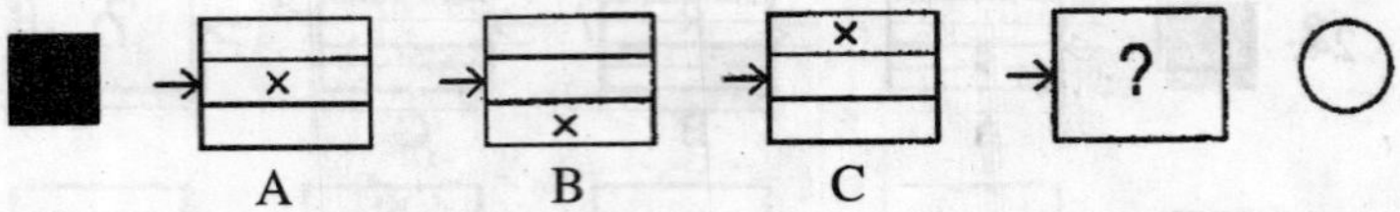

14. 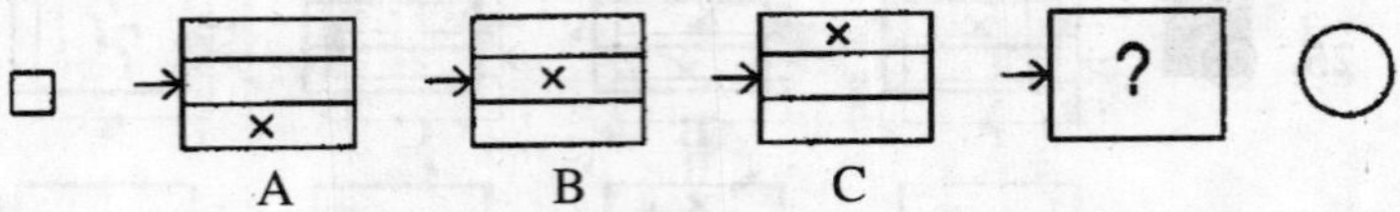

15. 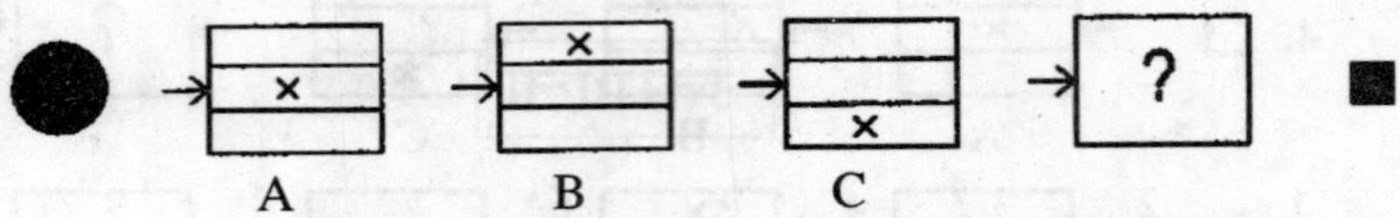

16. 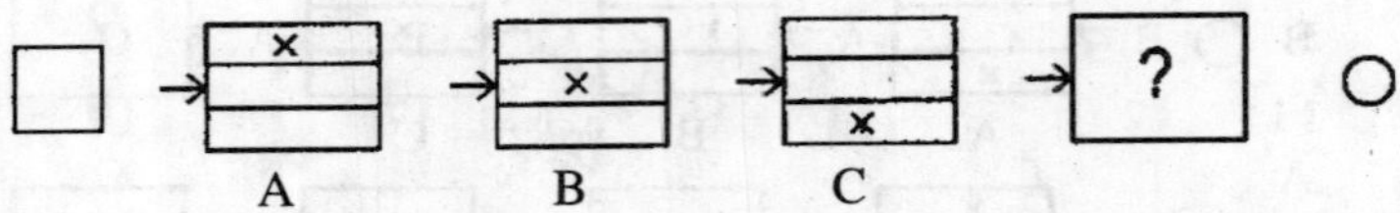

17. 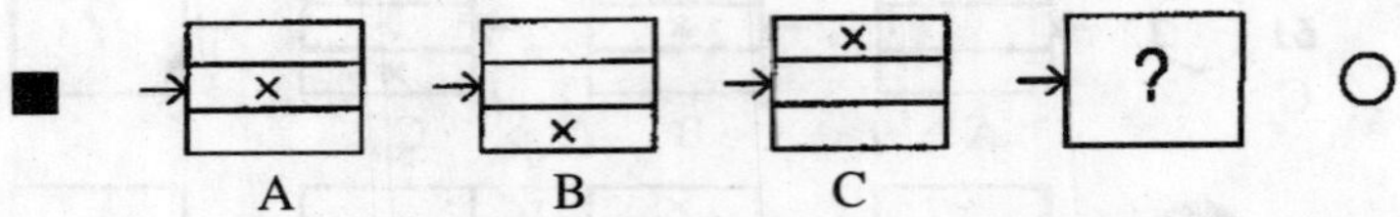

18. 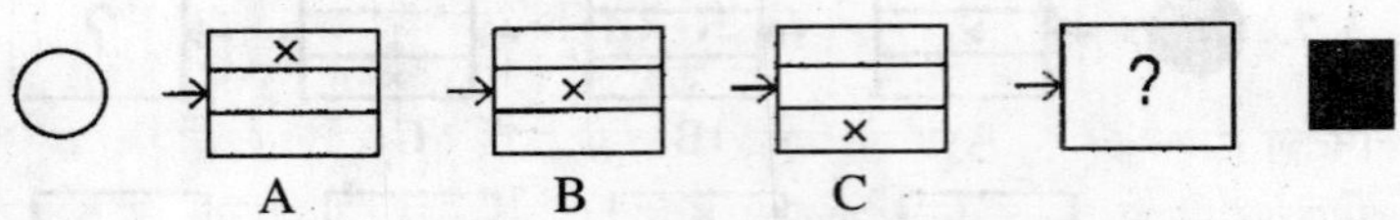

19. 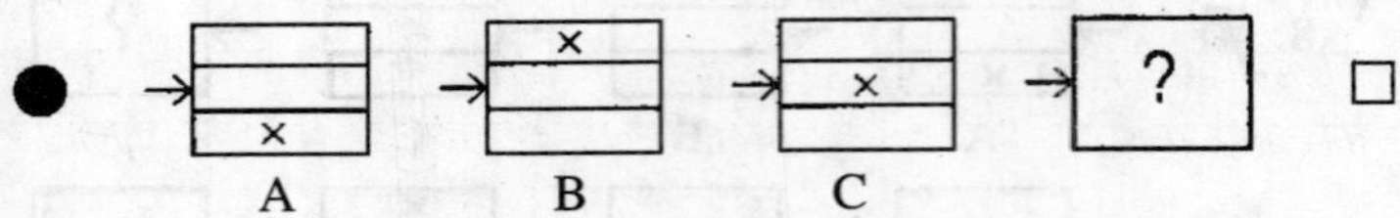

20. 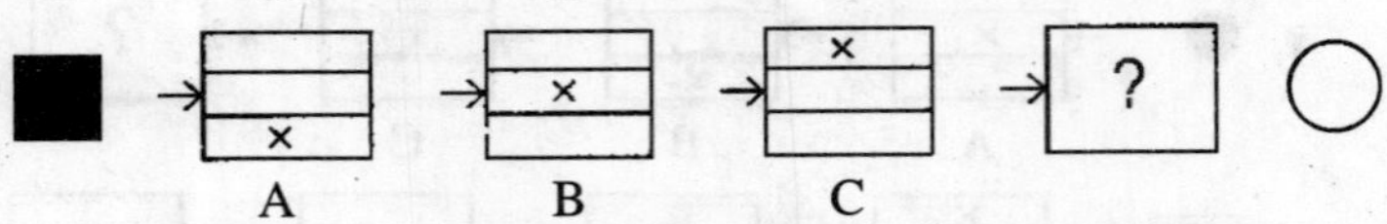

21. 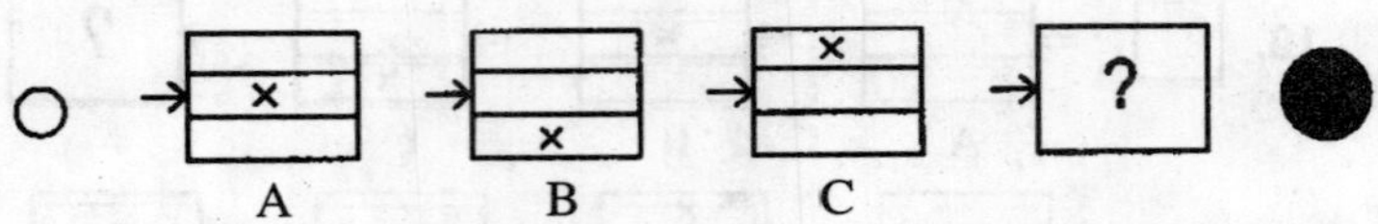

22. 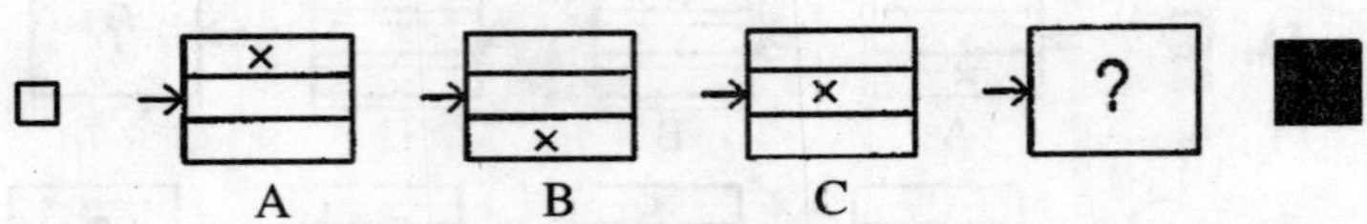

23. 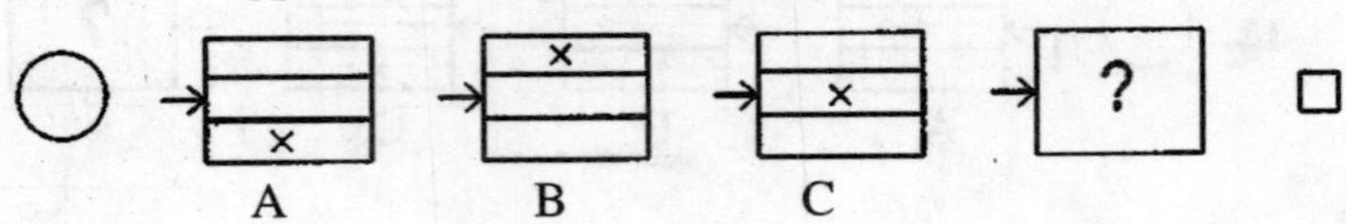

24. 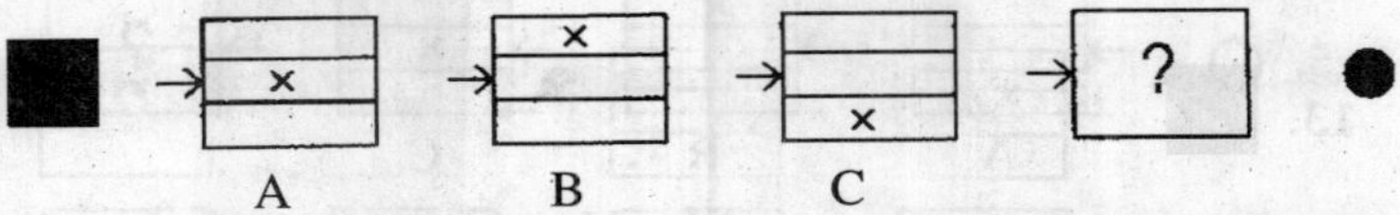

25. 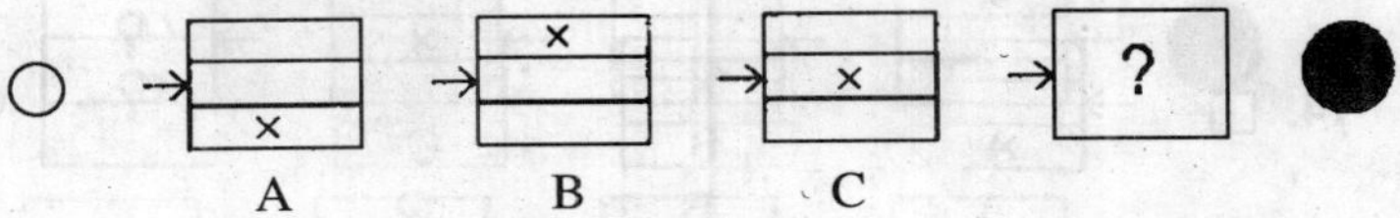

उत्तरमाला

1	2	3	4	5	6	7	8	9	10
B	B	C	A	C	C	B	A	C	A
11	**12**	**13**	**14**	**15**	**16**	**17**	**18**	**19**	**20**
A	B	A	A	C	C	A	B	C	B
21	**22**	**23**	**24**	**25**					
C	A	A	C	B					

अभ्यास-7

निर्देश (प्रश्न 1-25) : *प्रत्येक प्रश्न में बायीं ओर दी गई आकृति, दायीं ओर एक निश्चित नियम जिसके विकल्प A, B, C एवं D की आकृतियाँ जिसके बदलाव के नियम को दर्शाता है। उस विकल्प का चुनाव करें जिसके बदलाव कर देने पर दायीं ओर की आकृति प्राप्त होगी। उत्तर-पत्रक में प्राप्त उत्तर के वृत्त को काला करें।*

1. 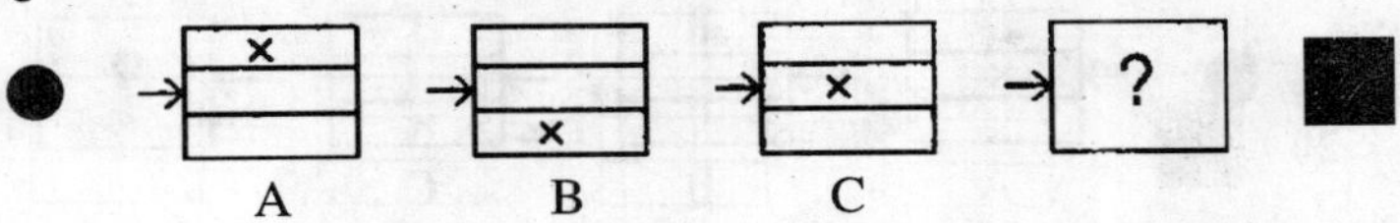

2. 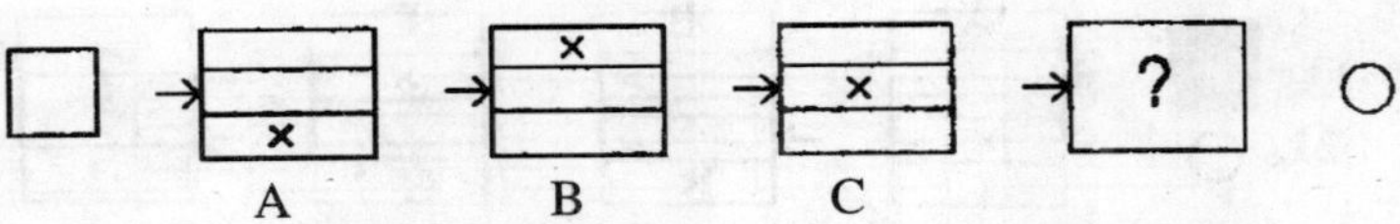

3. 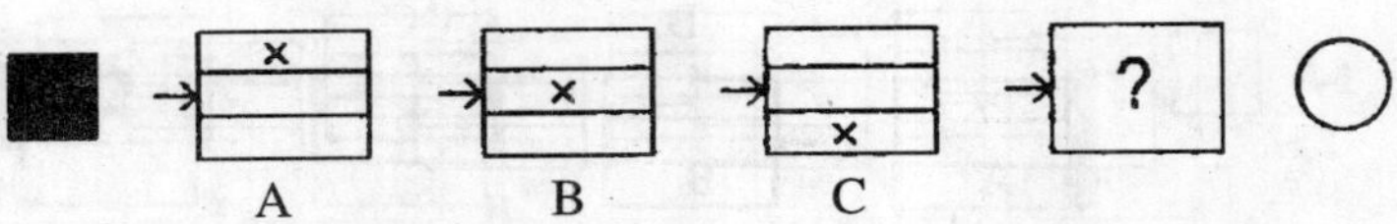

4. 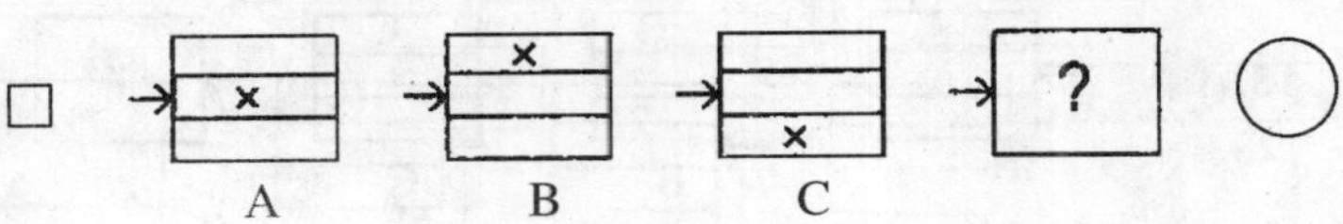

5. 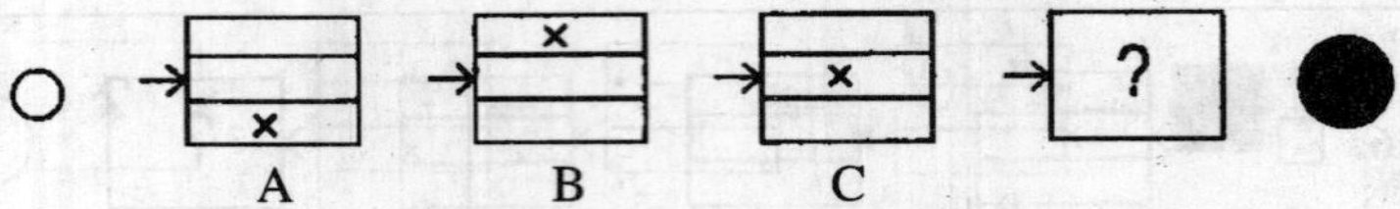

6. 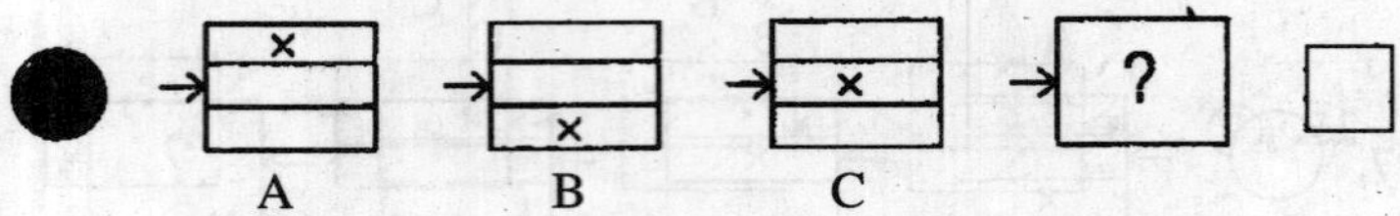

7. 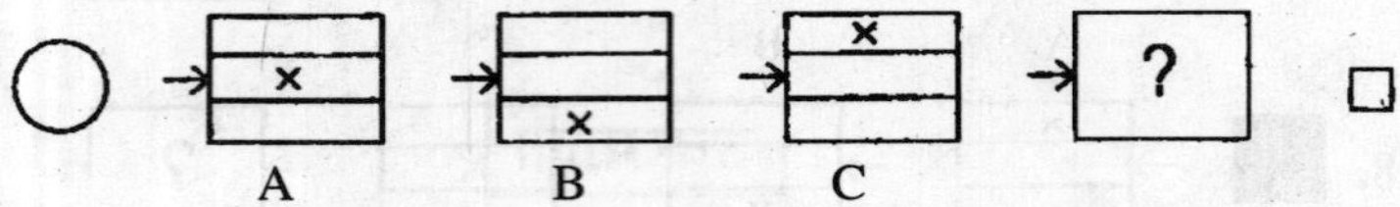

8. 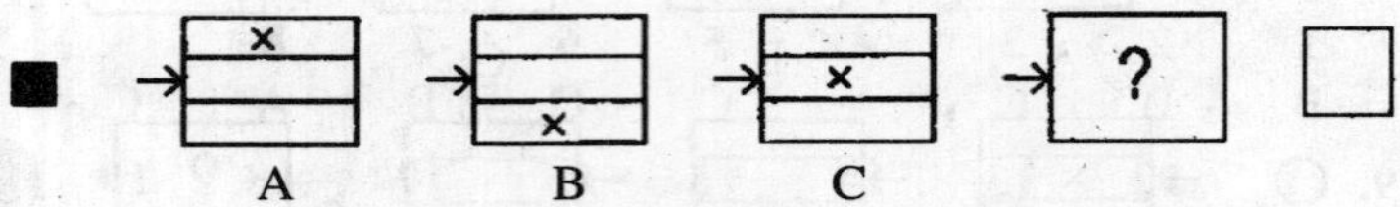

9. 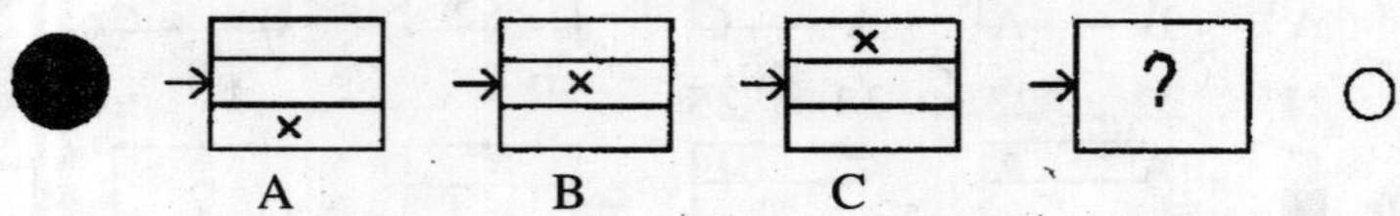

10. 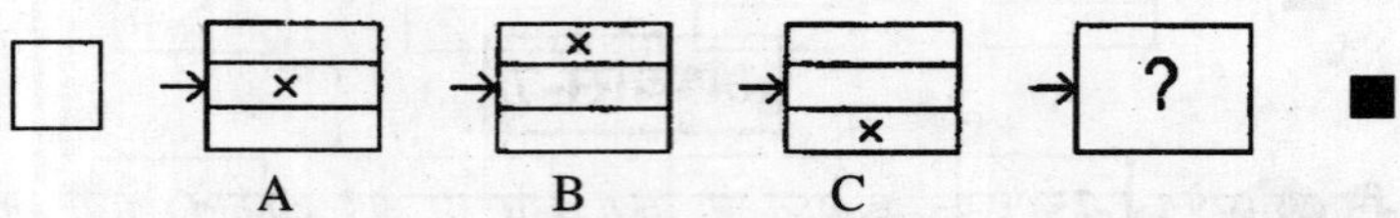

11. 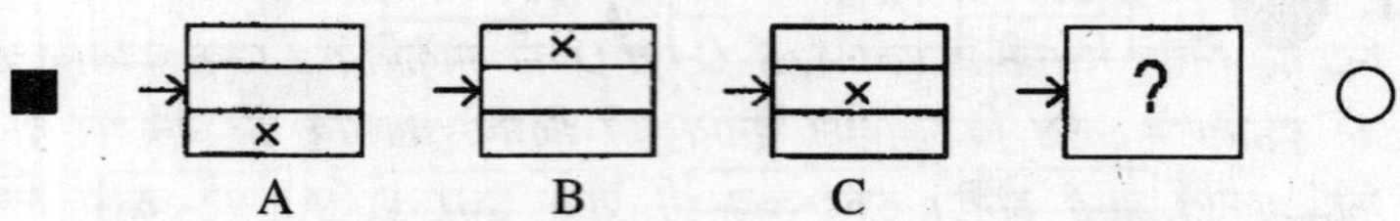

12. 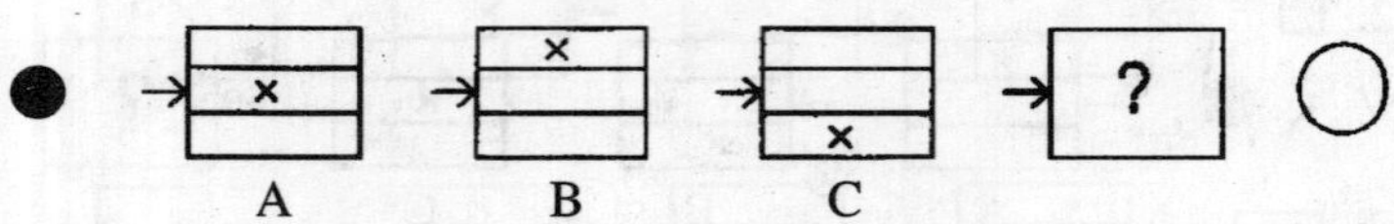

13. 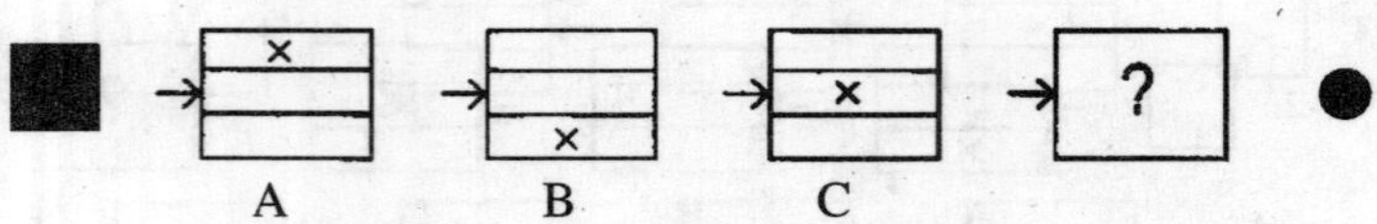

14. 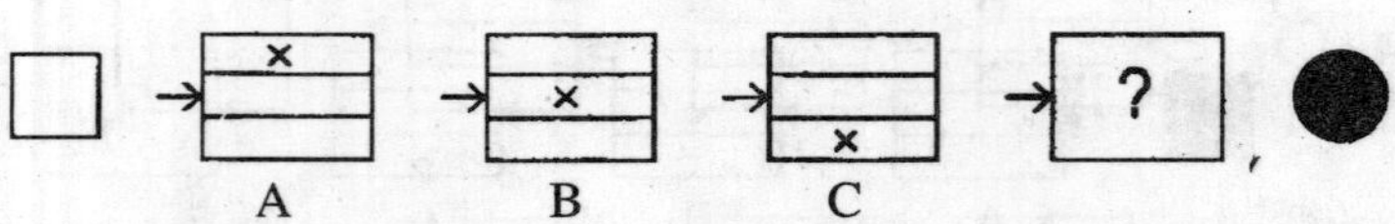

15. 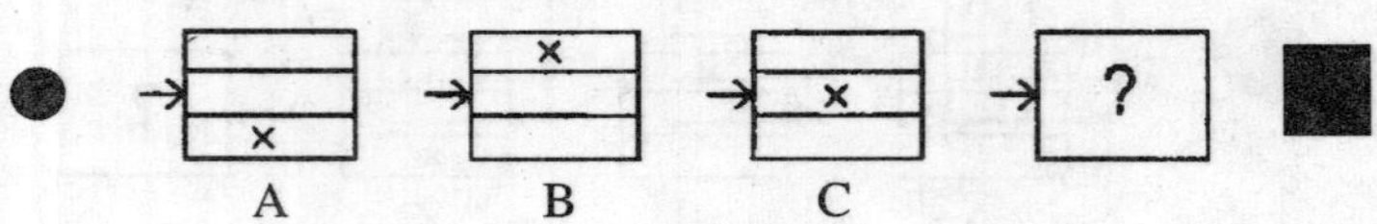

16. 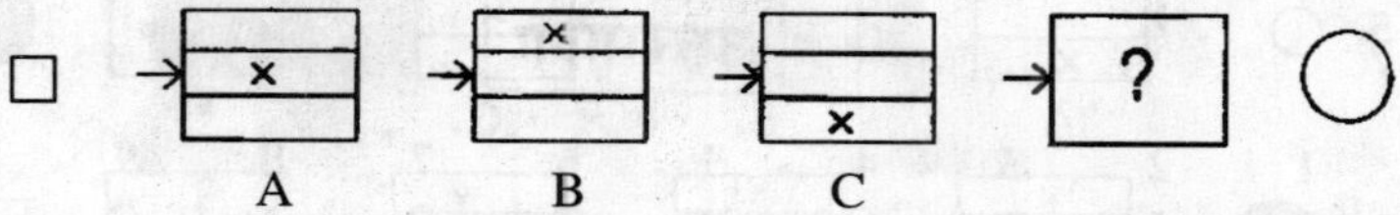

17. 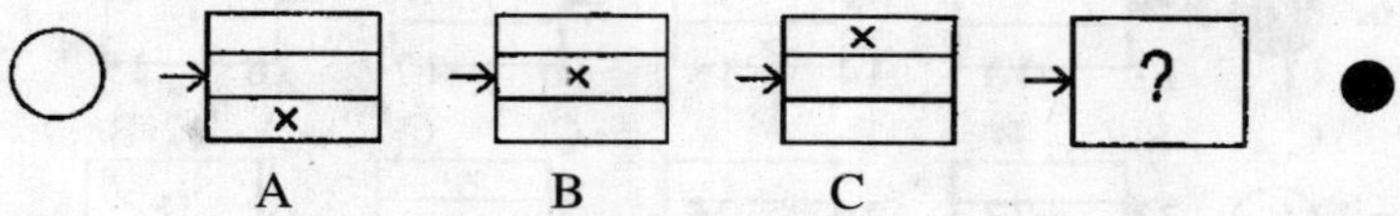

18. 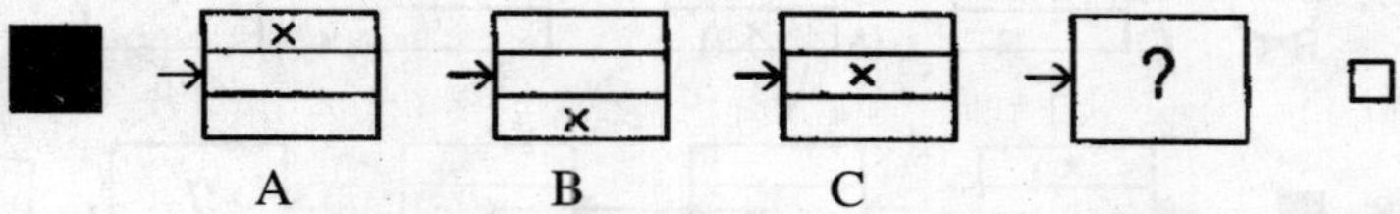

19. 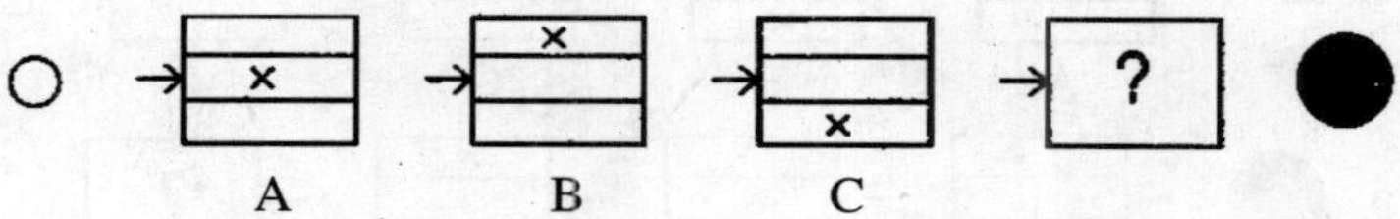

20. 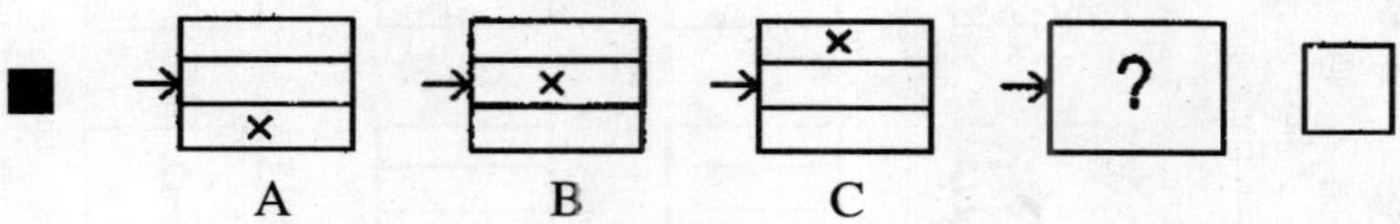

21. 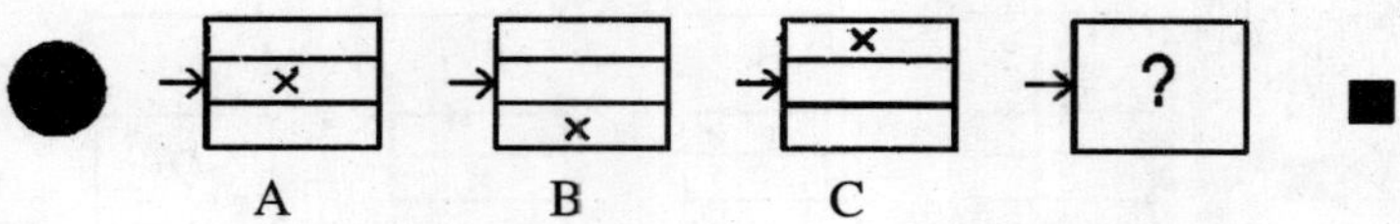

22. 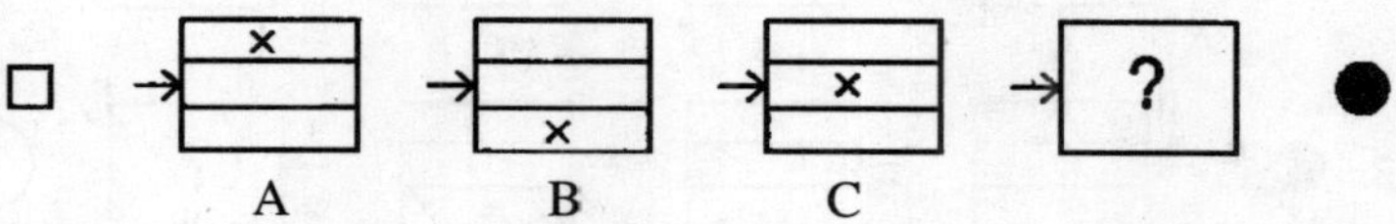

23. 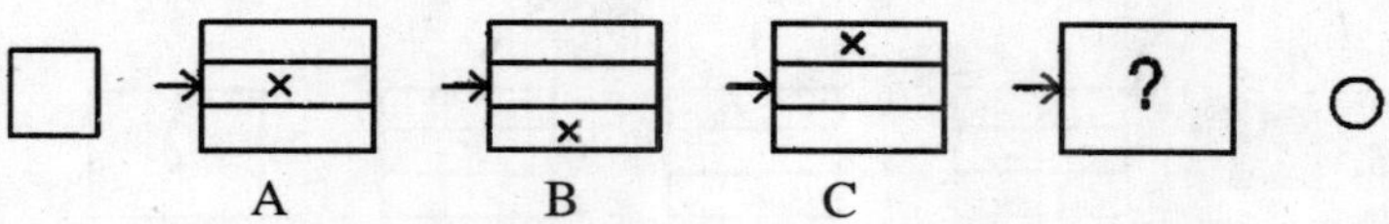

24. 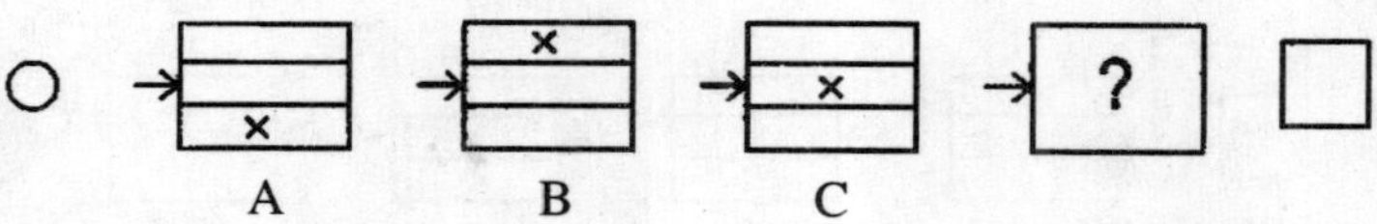

25. 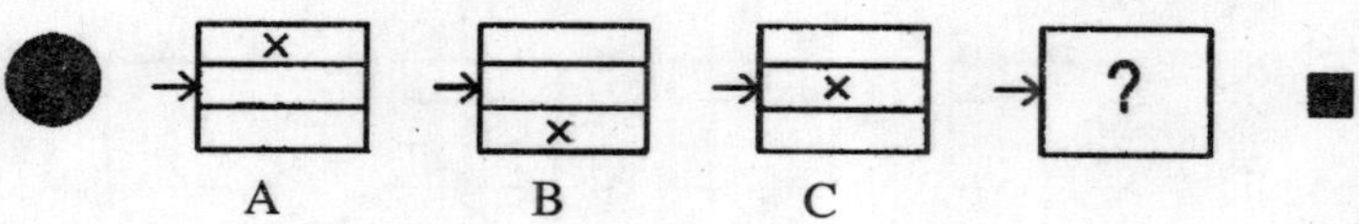

उत्तरमाला

1	2	3	4	5	6	7	8	9	10
B	A	B	C	B	C	B	A	C	B
11	**12**	**13**	**14**	**15**	**16**	**17**	**18**	**19**	**20**
C	B	B	B	A	C	C	A	B	C
21	**22**	**23**	**24**	**25**					
B	C	B	A	B					

11

अभिरुचि परीक्षण
(Aptitude Test)

इस प्रकार के परीक्षण द्वारा अभ्यर्थियों की सोच, शीघ्र निर्णय लेने की क्षमता, व्यावहारिक ज्ञान तथा जागरूकता आदि को आँका जाता है। रेलवे भर्ती बोर्ड द्वारा इस प्रकार के प्रश्नों को तैयार करते समय एक आदर्श व्यक्ति की परिकल्पना का सहारा लिया जाता है। आपका व्यक्तित्व उस काल्पनिक आदर्श व्यक्ति के व्यक्तित्व के जितना निकट होगा आपके इस प्रकार के परीक्षण में सफल होने की संभावना उतनी ही अधिक होगी।

इस प्रकार के परीक्षण के अन्तर्गत प्रत्येक प्रश्न में एक उक्ति (Statement) दी होती है और इनके उत्तर में तीन/चार विकल्प दिये जाते हैं। अभ्यर्थियों को अपने विवेक और अपनी अभिरुचि के अनुसार उत्तर देने होते हैं।

उदाहरण—

1. मैं एक साथ कई समस्याओं को महसूस कर

A. विचलित हो जाता हूँ

B. एकाग्रचित हो जाता हूँ

C. धैर्यपूर्वक समस्याओं के निदान पर विचार करता हूँ

उत्तर: एक साथ कई समस्याओं के सामने आने पर व्यक्ति को धैर्यपूर्वक, बिना विचलित हुए, समस्याओं के निदान पर विचार करना चाहिए। अतः उत्तर 'C' होगा।

2. मैं दूसरे के दबाव में अधिक काम करता हूँ

A. हाँ B. नहीं C. मालूम नहीं

उत्तर: यहाँ पर उपयुक्त उत्तर 'B' है।

अभ्यास-1

निर्देश (प्रश्न संख्या 1 से 36) : *प्रत्येक प्रश्न के लिए एक उक्ति (Statement) दी गयी है और उसके उत्तर में तीन विकल्प दिए गए हैं। आप अपने विवेक और अभिरुचि के आधार पर प्रश्नों का उत्तर दें। अपने सही उत्तर के लिए दिए गए उत्तर-पत्रक में अंकित गोले को काला करें।*

1. मैं पैसा कमाता हूँ।
A. ऐशो-आराम के लिए B. परिवार एवं बच्चों के लिए
C. शराब पीने के लिए

2. मैं रात में विश्राम करता हूँ।
A. हमेशा B. कभी-कभी C. कभी-नहीं

3. मैं दीवाना हूँ।
A. लड़कियों के पीछे B. लड़कों के पीछे
C. अपने अच्छे कार्यों के लिए

4. मैं दिन-रात मेहनत करता हूँ।
A. सफलता के लिए B. चोरी के लिए
C. साजिश रचने के लिए

5. मुझे गलत कार्यों से परहेज है।
A. कभी नहीं B. कभी-कभी C. हाँ

6. मैं डॉक्टर बनना चाहता हूँ।
A. धन-संग्रह करने के लिए B. जनता की सेवा करने के लिए
C. ऊँची इमारत बनाने के लिए

7. मैं गाँवों में रहना पसंद करता हूँ।
A. कभी नहीं B. हमेशा C. कभी-कभी

8. मुझे साम्प्रदायिक दंगे अच्छे लगते हैं।
A. कभी नहीं B. हमेशा C. कभी-कभी

9. शत्रुओं से बातें करनी चाहिए।
A. प्यार से B. तलवार से C. भय दिखाकर

10. मुझे अपने आप पर गुस्सा आता है।
A. कभी-कभी B. कभी नहीं C. हमेशा

11. मुझे आनन्द आता है।
A. मार-पीट करने में B. नॉवेल पढ़ने में
C. दूसरों का दुःख देखकर

12. दूसरों का दुःख देखकर मुझे खुशी होती है।
A. हाँ B. नहीं C. कभी-कभी

13. मार-पीट करने में मुझे आनन्द आता है।
A. कभी-कभी B. हमेशा C. कभी नहीं

14. मैं जनता की सेवा करना चाहता हूँ।
A. कभी नहीं B. वोट देने के वक्त C. हाँ

15. मैं धर्म-ग्रंथ पढ़ता हूँ।
A. कभी नहीं B. कभी-कभी C. नहीं

16. परिवर्तन का विपरीतार्थक–
A. बदलना B. पलटना C. अपरिवर्तन

17. आप मुझे अच्छे लगते हैं।
A. आपकी सौहार्द्रपूर्ण बातों से B. आपकी सुन्दरता से
C. आपके अच्छे कपड़े से

18. मैं अपने नेता को पसन्द करता हूँ।
A. उनके मधुर भाषण से B. सुन्दर चेहरे से
C. अच्छे कार्यों के लिए

19. मैं स्मार्ट रहना पसन्द करता हूँ।
A. फिल्मों में जाने के लिए B. अच्छे व्यक्तित्व के लिए
C. लड़कियों से दोस्ती करने के लिए

20. मैं अपने कार्यों से पूर्णतः संतुष्ट रहता हूँ।
A. हाँ B. नहीं C. हमेशा

21. मुझे अपनी गलतियों पर अफसोस होता है।
A. कभी नहीं B. कभी-कभी C. हमेशा

22. मैं स्वावलम्बी होना चाहता हूँ।
A. हाँ B. कभी नहीं C. कभी-कभी

23. मुझे अच्छी नींद में सोना अच्छा लगता है।
A. हाँ B. कभी नहीं C. कभी-कभी

24. मुझे दूसरों की सुन्दरता देखकर अच्छा लगता है।
A. हाँ B. कभी नहीं C. ईर्ष्या होती है

25. मैं काम करते समय दूसरों से गप्पें करता हूँ।
A. कभी नहीं B. कभी-कभी C. हमेशा

26. मैं दूसरों की भलाई सोचता हूँ।
A. कभी-कभी B. हमेशा C. कभी नहीं

27. दूर की वस्तुएं मुझे सुन्दर लगती हैं।
A. हाँ B. नहीं C. कभी नहीं

28. मैं गुनगुनाता हूँ।
A. कभी-कभी B. प्रायः C. कभी नहीं

29. मुझे विदेश जाने की इच्छा होती है।
A. हमेशा B. कभी नहीं C. नहीं

30. मुझे पढ़ना अच्छा लगता है।
A. हाँ B. नहीं C. कभी नहीं

31. मैं दूसरों की किताबें पढ़ता हूँ।
A. नहीं B. कभी-कभी C. हमेशा

32. मैं लड़कियों से दोस्ती करना चाहता हूँ।
A. कभी नहीं B. कभी-कभी C. नहीं

33. मैं लड़कों से दोस्ती करना चाहता हूँ।
A. कभी नहीं B. कभी-कभी C. नहीं

34. यदि मुझे पति मिल जाए तो–
A. उसकी बहुत सेवा करूँगी B. उससे बहुत ईर्ष्या करूँगी
C. उससे केवल पैसा माँगूगी

35. मैं अमीर आदमी बनना चाहता हूँ।
A. गलत काम करके B. मेहनत और परिश्रम से
C. माता-पिता को मार कर

36. मैं अपनी बातों पर अडिग रहता हूँ।
A. हाँ B. कभी-कभी C. नहीं

अभ्यास-2

निर्देश (प्रश्न संख्या 1 से 36): *प्रत्येक प्रश्न के लिए एक उक्ति (Statement) दी गयी है और उसके उत्तर में तीन विकल्प दिए गए हैं। आप अपने विवेक और अभिरुचि के आधार पर प्रश्नों का उत्तर दें। अपने सही उत्तर के लिए दिए गए उत्तर-पत्रक में अंकित गोले को काला करें।*

1. अगर रास्ते में चलते वक्त कोई अच्छा व्यक्ति मिल जाए तो, उन्हें–
A. नमस्कार करेंगे B. दुत्कारेंगे C. मार-पीट करेंगे

2. मैं भगवान की पूजा करता हूँ, ताकि मुझे–
A. गलत कामों में पुलिस न पकड़े
B. भगवान मिल जाए
C. बुद्धि, बल, विद्या में बढ़ोतरी प्राप्त हो

3. कोई पढ़ाई में बाधा डालता है तो मैं उसे–
A. समझाता हूँ B. मारता हूँ C. धमकी देता हूँ

4. मैं कॉलेज जाना चाहता हूँ।
A. पढ़ने के लिए B. लड़कियों को देखने के लिए
C. रंगदारी करने के लिए

5. मैं भोजन करता हूँ।
A. जीने के लिए B. ऊर्जा समाप्त करने के लिए
C. अस्वस्थ रहने के लिए

6. मैं हमेशा मंजिल को पाने के लिए अलग-अलग उपाय सोचता हूँ।
A. हाँ B. कभी-कभी C. कभी नहीं

7. आप कैद में रहना चाहते हैं।
A. हाँ B. नहीं C. कभी-कभी

8. कोई अनोखी वस्तु पाता हूँ, तो मैं–
A. खुश होता हूँ B. जल उठता हूँ C. बेहोश हो जाता हूँ

9. आप धूम्रपान करते हैं।
A. जीने के लिए B. गम को दूर करने के लिए
C. खुश रहने के लिए

10. कंगारू का देश ऑस्ट्रेलिया है, तो जिराफ का देश–
A. जापान B. अफ्रीका C. भारत

11. इवनिंग स्टार का दूसरा नाम है।
A. पृथ्वी B. सूर्य C. शुक्र

12. मुझ में बर्दाश्त करने की क्षमता है।
A. हाँ B. नहीं C. कभी-कभी

13. अभिमान का पर्याय है
A. कलह B. अस्मिता C. प्रयुत

14. किसी भी चीज को मैं बहुत जल्दी हासिल करना चाहता हूँ।
A. कभी-कभी B. कभी- नहीं C. हाँ

15. खाद्य पदार्थ में मिलावट करने से हानि होती है।
A. हाँ B. नहीं C. कभी-कभी

16. 'बुखार उतरना' का अर्थ है–

A. क्रोध ठंडा होना B. ज्वर न होना C. बीमारी से उबरना

17. आप जीना चाहते हैं, अपने–

A. मित्रों के साथ B. दुश्मनों के साथ C. माता-पिता के साथ

18. मैं विदेशी खाना पसंद करता हूँ।

A. कभी-कभी B. हमेशा C. कभी नहीं

19. मैं शिक्षा के क्षेत्र में गरीबों की मदद करना चाहता हूँ।

A. हाँ B. कभी-कभी C. कभी नहीं

20. मैं अन्तर्राष्ट्रीय स्तर पर देश के लिए बहुत कुछ करना चाहता हूँ।

A. नहीं B. हाँ C. कभी-कभी

21. मुझे अपने-आप से नफरत होती है।

A. अपनी बुराई के कारण B. अपनी सुन्दरता के कारण

C. अपनी भलाई के कारण

22. मैं कसम खाना चाहता हूँ।

A. सत्यता पर B. मिथ्या पर C. मूर्खता पर

23. अपनी समस्यायों से मुकाबला खुद करता हूँ।

A. हाँ B. नहीं C. कभी-कभी

24. जीवन के दो पहलू होते हैं।

A. सुख-दुख B. चोरी-डकैती C. मार-पीट

25. जब गलत काम करते हैं, तो आपको–

A. मान-सम्मान मिलता है B. डाँट पड़ती है

C. सांत्वना मिलती है

26. 'KD' को 114 कहते हैं तो 'ICE' को।

A. 932 B. 934 C. 935

27. लूल्हे-लंगड़े को सड़क पार करने में मदद करनी चाहिए।

A. हाँ B. नहीं C. कभी-कभी

28. मुझे झगड़ा करना अच्छा लगता है।

A. हाँ B. नहीं C. कभी-कभी

29. मेरी तमन्ना है कि मैं–

A. व्यावसायिक बनूँ B. चोर बनूँ C. नेक इंसान बनूँ

30. मैं किसी का हमशक्ल बनना चाहता हूँ।
A. हाँ B. कभी नहीं C. कभी-कभी

31. मैं झूम उठता हूँ।
A. खुशी के कारण B. गम के कारण C. बर्बादी के कारण

32. वह मेरे लिए चिन्ता करती है, क्योंकि मैं उसके लिए–
A. प्यारा हूँ B. गंदा हूँ C. कुछ नहीं हूँ

33. मैं नई-नई चीजों की तलाश में रहता हूँ।
A. हाँ B. नहीं C. कभी-कभी

34. मैं खेती भी करना चाहता हूँ।
A. कभी-कभी B. हाँ C. कभी-नहीं

35. चार्ल्स वैबेज का संबंध है–
A. कम्प्यूटर से B. रेडियो से C. घड़ी से

36. मैं शिक्षक को बहुत चाहता हूँ।
A. उनके गुणों के कारण B. उनकी सुन्दरता के कारण
C. उनके गलत व्यवहार के कारण

अभ्यास-3

निर्देश (प्रश्न संख्या 1 से 36) : *प्रत्येक प्रश्न के लिए एक उक्ति (Statement) दी गयी है और उसके उत्तर में तीन विकल्प दिए गए हैं। आप अपने विवेक और अभिरुचि के आधार पर प्रश्नों का उत्तर दें। अपने सही उत्तर के लिए दिए गए उत्तर-पत्रक में अंकित गोले को काला करें।*

1. मैं कॉलेज में अव्वल आना चाहता हूँ।
A. कभी नहीं B. हमेशा C. नहीं

2. मैं अपने शौक को पूरा करने का प्रयास करता हूँ।
A. कभी नहीं B. कभी-कभी C. हाँ

3. मैं किसी कार्य को आरम्भ करने के लिए दूसरे का सहयोग लेता हूँ।
A. नहीं B. कभी नहीं C. कभी-कभी

4. मैं स्वास्थ्य पर ध्यान रखता हूँ।
A. कभी नहीं B. हमेशा C. कभी-कभी

5. इनमें से कौन अलग है?
A. किताब B. उपन्यास C. लाइब्रेरी

6. मैं विद्यार्थी को पढ़ाता हूँ।

A. समझा कर B. खराब व्यवहार से C. पीटकर

7. अभिशाप का विपरितार्थक है।

A. वरदान B. शाप C. अभिलाषा

8. मैं पत्नी से ईर्ष्या करता हूँ।

A. सुन्दर नहीं होने के कारण B. लम्बाई कम होने के कारण
C. गलत नैतिक विचार के कारण

9. मैं यात्रा करता हूँ।

A. अपनी पत्नी के साथ B. अपने दोस्तों के साथ
C. अपने शत्रुओं के साथ

10. मैं शिक्षक की बातों पर ध्यान देता हूँ।

A. कभी-कभी B. कभी नहीं C. हमेशा

11. मुझे याद आती है।

A. शत्रुओं की B. अपनी पत्नी और बच्चों की
C. किसी की नहीं

12. मैं अपने पड़ोसी से संबंध रखता हूँ।

A. अच्छा B. खराब C. कोई नहीं

13. मैं क्रिकेट खेलता हूँ।

A. सड़क पर B. स्टेडियम में C. छत पर

14. मैं सचिन तेन्दुलकर के खेल को पसन्द करता हूँ।

A. कभी नहीं B. हाँ C. कह नहीं सकता

15. मैं दुविधा या संकोच के साथ बातें करता हूँ।

A. कभी नहीं B. हाँ C. कभी-कभी

16. मैं पूजा-पाठ में विश्वास करता हूँ।

A. कभी-कभी B. हमेशा C. कभी नहीं

17. भारत को पाकिस्तान के साथ संबंध रखना चाहिए।

A. मधुर B. खराब C. कह नहीं सकता

18. मैं कल्पना करता हूँ।

A. गलत विचारों की B. अच्छे विचारों की C. कुछ भी नहीं

19. मैं साफ कपड़े पहनना पसंद करता हूँ।

A. कभी नहीं B. हमेशा C. कभी-कभी

20. मुझे ख्वाहिश है।
A. पहलवान बनने की B. विचारवान पुरुष बनने की
C. बेईमान पुरुष बनने की

21. मुझे गाँव अच्छा लगता है।
A. कभी-कभी B. कभी नहीं C. हाँ

22. मैं व्यर्थ बातों में समय बर्बाद करता हूँ।
A. कभी-कभी B. कभी नहीं C. हाँ

23. मैं स्वास्थ्य के प्रति हमेशा सावधान रहता हूँ।
A. हाँ B. नहीं C. कभी-कभी

24. मुझे बेईमान आदमी से सख्त नफरत है।
A. कभी नहीं B. कभी-कभी C. हमेशा

25. मैं गलत कार्यों में संलिप्त पसन्द करता हूँ।
A. कभी नहीं B. कभी-कभी C. हमेशा

26. अवमूल्यन का विपरीतार्थक है।
A. निर्मूल्यन B. विमूल्यन C. पुनर्मूल्यन

27. मैं भगवान में विश्वास करता हूँ।
A. हाँ B. कभी नहीं C. कभी-कभी

28. मुझे झूठ बोलने में शर्म आती है।
A. कभी-कभी B. हाँ C. कभी नहीं

29. मोटरसाइकिल से जाते समय रास्ते में लिफ्ट मांगने वाले को लिफ्ट देता हूँ।
A. केवल लड़कियों को B. कभी नहीं C. कभी-कभी

30. मैं पति की सेवा करती हूँ।
A. दबाव में आकर B. पैसा के लालच में C. अपनी इच्छा से

31. मैं बुरे वक्त में असहाय हो जाता हूँ।
A. कभी-कभी B. कभी नहीं C. हाँ

32. मैं तनावमुक्त रहना पसन्द करता हूँ।
A. कभी-कभी B. हाँ C. कभी नहीं

33. AZ को 126 कहा जाता है, तो DW को
A. 423 B. 425 C. 420

34. अंधेरा का विपरीतार्थक शब्द क्या है?
A. सवेरा B. उजाला C. काला

35. मुझे अपने लोगों से नफरत है।
A. कभी नहीं B. हाँ C. कभी-कभी

36. मुझे अपने आप पर गर्व महसूस होता है।
A. कभी नहीं B. हाँ C. कभी-कभी

अभ्यास-4

निर्देश (प्रश्न संख्या 1 से 36) : *प्रत्येक प्रश्न के लिए एक उक्ति (Statement) दी गयी है और उसके उत्तर में तीन विकल्प दिए गए हैं। आप अपने विवेक और अभिरुचि के आधार पर प्रश्नों का उत्तर दें। अपने सही उत्तर के लिए दिए गए उत्तर-पत्रक में अंकित गोले को काला करें।*

1. विसर्ग का उच्चारण करते हैं–
A. नाक से B. ओष्ठ से C. कंठ से

2. प्रदेश में एक कॉलेज ऐसा है, जहाँ पढ़ाई–
A. अच्छी होती है B. खराब होती है C. कह नहीं सकते

3. भारत ही एक ऐसा देश है, जहाँ–
A. सभी धर्म के लोग झगड़ते हैं
B. सभी धर्म के लोग मिलकर रहते हैं।
C. केवल एक ही धर्म के लोग रहते हैं

4. स्वास्थ्य केन्द्र पर डॉक्टर देर से आते हैं।
A. हाँ B. नहीं C. कभी-कभी

5. छात्रों का पाठ्यक्रम पूरा हो जाता है, तो वे–
A. पढ़ाई छोड़ देते हैं B. सभी पढ़ाई को दोहराते हैं
C. घूमते हैं

6. कलाकार ध्यान केंद्रित करके चित्रकारी करता है
A. हाँ B. नहीं C. कभी-कभी

7. सोनारा, हीरा-मोती और कल्याण है–
A. धान की किस्में B. गेहूँ की किस्में C. मक्का की किस्में

8. नशीला पदार्थ ग्रहण करने से थकावट दूर होती है।
A. कभी-कभी B. कह नहीं सकता C. हाँ

9. भारत देश में प्रभुता होती है
A. राष्ट्रपति के पास B. जनता के पास C. प्रधानमंत्री के पास

10. मैं बच्चों को बहुत प्यार करता हूँ।
A. हाँ B. कभी-नहीं C. कभी-कभी

11. मुझे ट्रेन में सफर करना अच्छा लगता है।
A. हाँ B. नहीं C. कभी-कभी

12. संगीत सुनकर मुझे खुशी और आनन्द मिलती है।
A. हाँ B. नहीं C. कभी-कभी

13. मुझे खरीदारी करने में खुशी होती होती है।
A. कभी-कभी B. हाँ C. नहीं

14. गरीबों की मदद करने में आनन्द आता है।
A. कभी नहीं B. कभी-कभी C. हाँ

15. धारावाहिक देखने पर मेरा आत्मविश्वास बढ़ता है।
A. हाँ B. कभी-कभी C. कभी-नहीं

16. सामाजिक चलचित्र देखकर मन कौंध उठता है।
A. हाँ B. कभी-कभी C. नहीं

17. हत्यारे को देखकर मन में ईर्ष्या पैदा हो जाती है।
A. कभी नहीं B. कभी-कभी C. हाँ

18. कंगारू आस्ट्रेलिया में है, तो–
A. चीता आर्कटिक में B. ह्वेल हिन्द महासागर में
C. पेंग्विन अंटार्कटिका में

19. पिताजी मेरे प्रति चिंता व्यक्त करते हैं।
A. कभी नहीं B. कभी-कभी C. हमेशा

20. मैं अपना जीवन समर्पित करता हूँ।
A. भगवान के प्रति B. माता-पिता के प्रति C. शत्रुओं के प्रति

21. मुझे अंग्रेजी पढ़ना अच्छा लगता है।
A. कभी-कभी B. नहीं C. कभी नहीं

22. शादी के बाद लोग खुशी मनाते हैं।
A. हाँ B. कभी-कभी C. नहीं

23. मुझे सभी धर्म के लोगों से दोस्ती करने में अपार हर्ष होता है–
A. कभी-कभी B. हाँ C. नहीं

24. मैं अपनी बुद्धि की परीक्षा देने के लिए तैयार रहता हूँ।
A. हमेशा B. नहीं C. कभी-कभी

25. सभी लोग राजनीति में प्रवेश कर सकते हैं।
A. कभी-कभी B. हाँ C. नहीं

26. 'जोरू का गुलाम' का संबंध है–
A. सास-बहु B. समधी-दामाद C. पति-पत्नी

27. प्राचार्य समय पर कॉलेज आते हैं।
A. हाँ B. नहीं C. कभी-कभी

28. कानून बाल-विवाह को हटाने का प्रयास कर रहा है।
A. हाँ B. कभी नहीं C. कभी-कभी

29. मैं वकील बनना चाहता हूँ।
A. कभी-कभी B. हाँ C. कभी नहीं

30. मैं क्रिकेट के बारे में जानना चाहता हूँ।
A. हाँ B. नहीं C. कभी-कभी

31. जनसंख्या में लगातार वृद्धि होती रहेगी।
A. हाँ B. कभी-कभी C. नहीं

32. मैं अपनी आत्मा को जगाना चाहता हूँ।
A. हाँ B. नहीं C. कभी-कभी

33. आप विदेश जाना चाहते हैं।
A. हाँ B. कभी-कभी C. कभी नहीं

34. 'हिन्दुस्तान' एक अच्छा अखबार हो गया है।
A. हमेशा के लिए B. कभी-कभी के लिए C. कह नहीं सकते

35. मैं खुशी से पागल हो जाता हूँ।
A. कभी नहीं B. अच्छी खबर पाकर
C. दुष्ट रिश्तेदारों से मिलकर

36. ग्रामीण लोग शिक्षा के क्षेत्र में विकास करना चाहते हैं।
A. हाँ B. नहीं C. कभी-कभी

अभ्यास-5

निर्देश (प्रश्न संख्या 1 से 36) : *प्रत्येक प्रश्न के लिए एक उक्ति (Statement) दी गयी है और उसके उत्तर में तीन विकल्प दिए गए हैं। आप अपने विवेक और अभिरुचि के आधार पर प्रश्नों का उत्तर दें। अपने सही उत्तर के लिए दिए गए उत्तर-पत्रक में अंकित गोले को काला करें।*

1. दुविधा का पर्याय–
A. दूसरा B. असमंजस C. दैतभाव

2. महात्मा गाँधी सत्य के प्रति निष्ठा रखते थे।
A. कभी-कभी B. हमेशा C. कभी नहीं

3. मैं प्रत्येक दिन अखबार पढ़ता हूँ।
A. हाँ B. नहीं C. कभी-कभी

4. मैं 15 अगस्त को अपने घर में झंडा लहराता हूँ।
A. कभी नहीं B. हाँ C. कभी-कभी

5. गलती करने पर मैं अपने अभिभावक से डरता हूँ।
A. कभी नहीं B. हमेशा C. कभी-कभी

6. मैं अपने परिवार के प्रति हूँ–
A. वफादार B. बेवफा C. समझ में नहीं आता

7. मैं सिनेमा देखना पसंद करता हूँ।
A. कभी नहीं B. कभी-कभी C. हमेशा

8. मुझे नेताओं पर गुस्सा आता है।
A. कभी नहीं B. कभी-कभी C. नहीं

9. कामातुर का पर्याय–
A. लालची B. विषयी C. शरारती

10. संवाद का पर्याय–
A. झगड़ा B. वार्तालाप C. संगीत

11. अभिशाप का विपरीतार्थक है।
A. वरदान B. भर्त्सना C. गर्हणा

12. अविवाहित का पर्यायवाची है।
A. अल्पवयस्का B. विधवा C. कुंवारी

13. मैं गलत बातों को बर्दाश्त करता हूँ।
A. कभी-कभी B. नहीं C. कभी नहीं

14. मैं अपने बच्चों के बारे में सोचता हूँ।
A. हमेशा B. नहीं C. कभी नहीं

15. जब मुझे कोई परेशान करता है, तो मैं उसे–
A. डाँटता हूँ B. गाली देता हूँ C. समझाता हूँ

16. मैं खाली समय में कुछ-कुछ करता हूँ।
A. नहीं B. कभी-कभी C. हमेशा

17. मैं दिल की बातें दूसरों से कहता हूँ।
A. कभी-कभी B. कभी नहीं C. हमेशा

18. मैं हमेशा शंकित रहता हूँ।
A. कभी नहीं B. कभी-कभी C. कह नहीं सकता

19. 'प्रभावी' का विलोम क्या है?
A. प्रभावयुक्त B. निष्प्रभावी C. बे-असर

20. भ्रष्ट नेताओं पर विश्वास करना चाहिए।
A. कभी नहीं B. कभी-कभी C. हमेशा

21. मुझे बाल-विवाह पसंद है।
A. हाँ B. कभी-कभी C. कभी नहीं

22. AZ का संबंध BY से है, CX का संबंध–
A. DW B. WD C. DX

23. कौन अन्य से भिन्न है?
A. न्यायपालिका B. न्यायालय C. व्यवस्थापिका

24. कोई जबरदस्ती काम कराना चाहता है, तो मैं–
A. विरोध नहीं करता B. काम करता हूँ
C. काम करने से मना करता हूँ

25. मैं तरक्की चाहता हूँ।
A. कभी नहीं B. कभी-कभी C. हाँ

26. मैं वाहन तीव्र गति से चलाता हूँ।
A. कभी नहीं B. कभी-कभी C. हमेशा

27. यदि मैं पक्षी होता, तो–
A. जहाज पर बैठ जाता B. आकाश में विचरण करता
C. सभी के घरों में बैठता

28. मैं लोगों को अपने भविष्य के बारे में बताता हूँ।
A. हाँ B. बहुत कम C. नहीं

29. मैं परीक्षा में दूसरे पर निर्भर रहता हूँ।
A. कभी नहीं B. हमेशा C. कभी-कभी

30. मैं जरूरतमंद व्यक्तियों को रक्त देता हूँ।
A. कभी नहीं B. हाँ C. कभी-कभी

31. मैं पिक्चर देखना पसंद करता हूँ।
A. सेक्स से संबंधित B. ज्ञान से संबंधित
C. लड़ाई, मार-पीट से संबंधित

32. बीरबल एक हाजिर जवाब व्यक्ति था।
A. कभी नहीं B. हाँ C. कह नहीं सकते

33. कभी-कभी मैं निराशा महसूस करता हूँ।
A. हाँ B. कह नहीं सकते C. नहीं

34. सुबह टहलना स्वास्थ्य के लिए लाभदायक है।
A. हाँ B. नहीं C. कभी-कभी

35. कुछ लोग भगवान की पूजा नहीं करते हैं।
A. हाँ B. कह नहीं सकते C. ऐसा नहीं

36. दो व्यक्तियों के मध्य बात करते समय कोई टिप्पणी करता है, तो मुझे–
A. गुस्सा आता है
B. अपनी बात को रोक कर उसे बोलने देता हूँ
C. घबराहट होती है

उत्तरमाला

अभ्यास-1

1	2	3	4	5	6	7	8	9	10
B	A	C	A	C	B	C	A	A	B
11	**12**	**13**	**14**	**15**	**16**	**17**	**18**	**19**	**20**
B	B	C	C	B	C	A	C	B	A
21	**22**	**23**	**24**	**25**	**26**	**27**	**28**	**29**	**30**
C	A	A	A	A	B	A	A	A	A
31	**32**	**33**	**34**	**35**	**36**				
B	B	B	A	B	A				

अभ्यास-2

1	2	3	4	5	6	7	8	9	10
A	C	A	A	A	A	B	A	B	B
11	**12**	**13**	**14**	**15**	**16**	**17**	**18**	**19**	**20**
C	A	B	C	A	A	C	A	A	B
21	**22**	**23**	**24**	**25**	**26**	**27**	**28**	**29**	**30**
A	A	A	A	B	C	A	B	C	B
31	**32**	**33**	**34**	**35**	**36**				
A	A	A	B	A	A				

अभ्यास-3

1	2	3	4	5	6	7	8	9	10
B	C	C	B	C	A	A	C	A	C
11	**12**	**13**	**14**	**15**	**16**	**17**	**18**	**19**	**20**
B	A	B	B	A	B	A	B	B	B
21	**22**	**23**	**24**	**25**	**26**	**27**	**28**	**29**	**30**
C	B	C	C	A	B	A	B	C	C
31	**32**	**33**	**34**	**35**	**36**				
B	B	A	B	A	B				

अभ्यास-4

1	2	3	4	5	6	7	8	9	10
C	A	B	C	B	A	B	A	B	A
11	**12**	**13**	**14**	**15**	**16**	**17**	**18**	**19**	**20**
					A	C	C	C	B
							28	**29**	**30**
							A	B	A

	8	9	10
	B	B	B
	18	**19**	**20**
	A	B	A
7	**28**	**29**	**30**
3	B	A	B

12

कथन एवं निष्कर्ष परीक्षण
(Statement & Conclusion Test)

इस प्रकार के परीक्षण के अन्तर्गत प्रत्येक प्रश्न में एक कथन दिया गया होता है और उसके नीचे चार निष्कर्ष दिए गए होते हैं। प्रश्न में दिये गये कथन को ध्यान में रखकर आपको अपने विवेक के अनुसार दिये गये विकल्प में से सबसे सही और सटीक निष्कर्ष का चयन करना होता है।

उदाहरण:

कथन: औद्योगिकीकरण से वनों का तेजी से विनाश हो रहा है, जिससे पर्यावरण को भारी क्षति पहुँच रही है।

A. वृक्ष काटने के लिए लगाए जाते हैं।
B. कृषि विकास के लिए वनों को हटाना अनिवार्य है।
C. पर्यावरण की क्षति-अन्य कारणों से ज्यादा हो रही है।
D. वृक्षों की कटाई रोकने सम्बंधी कानून को कड़ाई से लागू किया जाना चाहिए।

उत्तर: उपरोक्त सभी निष्कर्षों में निष्कर्ष D सबसे उपयुक्त है क्योंकि वृक्षारोपण द्वारा पर्यावरण की क्षति को रोका जा सकता है।

अभ्यास-1

निर्देश (प्रश्न संख्या 1 से 20): *नीचे प्रत्येक प्रश्न में एक कथन और विकल्प में चार निष्कर्ष दिए गए हैं। अपने विवेक के अनुसार दिए गए कथन के आधार पर सही निष्कर्ष का चयन कर उत्तर-पत्रक में अंकित गोले को काला करें।*

1. कथन- भारतीय सामाजिक संस्कृति में पश्चिमीकरण की तेज हवा से नवअस्तित्ववाद का तेजी से प्रसार हो रहा है।

A. भारत की संस्कृति स्थिर हो गई है।
B. पश्चिम की सभ्यता और भारतीय संस्कृति दोनों समान हैं।
C. पश्चिम की सभ्यता भारतीय संस्कृति पर हावी होती दिख रही है।
D. भारत के लोग धनी होते जा रहे हैं।

2. कथन- पिछले साल तहलका जैसे प्रकरण से देश में एक भूचाल-सा आ गया।

A. तहलका प्रकरण द्वारा देश के कई शीर्षस्थ नेता शंका के घेरे में पड़ गए।

B. तहलका प्रकरण द्वारा संसद की कार्यवाही को रोका जा सकता है।

C. तहलका ओडिशा राज्य के विध्वंसकारी तूफान का क्षेत्र है।

D. तहलका तमिलनाडु राज्य के समुद्री इलाके का क्षेत्र है।

3. कथन- अमेरिका ने ओसामा बिन लादेन को पकड़ने के लिए एड़ी-चोटी एक कर दिया।

A. ओसामा बिन लादेन अफगानिस्तान के राष्ट्रपति थे।

B. ओसामा बिन लादेन अमेरिका सरकार की पकड़ से बाहर था।

C. अमेरिका ओसामा बिन लादेन को राष्ट्रपति पुरस्कार देना चाहता था।

D. ओसामा बिन लादेन पाकिस्तान के प्रधानमंत्री चुने गए।

4. कथन- महात्मा गाँधी ने हमें आजादी दी और जवाहरलाल नेहरू ने भारतीय जनता को एक मजबूत राजनीतिक संगठन के रूप में ढाला।

A. जवाहरलाल नेहरू भारतीय जनता से खिन्न रहते थे।

B. जवाहरलाल और महात्मा गाँधी एक-दूसरे के राजनीतिक विरोधी थे।

C. महात्मा गाँधी नहीं चाहते थे कि भारतीय जनता को आजादी मिले।

D. जवाहरलाल नेहरू और महात्मा गाँधी ने आजादी के लिए राजनीति में बढ़-चढ़कर भाग लिया।

5. कथन- श्रीमती इन्दिरा गाँधी ने बहुत दुनिया देखी थी पर उनके व्यक्तित्व की आधारशिला थी उनकी भारतीयता।

A. श्रीमती इन्दिरा गाँधी को भारत की धरती और जनता से बहुत लगाव था।

B. श्रीमती इन्दिरा गाँधी दूसरी दुनिया में बसना चाहती थीं।

C. श्रीमती इन्दिरा गाँधी भारत का विकास नहीं चाहती थी।

D. श्रीमती गाँधी अपने व्यक्तित्व को पूरी दुनिया को दिखाना चाहती थी।

6. कथन- 1980 के दशक के बाद भारत में मत्स्यपालन के क्षेत्र में लगातार वृद्धि हो रही है।

A. 1980 ई. के बाद मछली खाने वालों की संख्या में वृद्धि हुई है।

B. उच्च शक्ति के इंजन वाली नौकाओं, मजबूत जाल और अत्याधुनिक विधियों का प्रयोग।

C. भारत में मत्स्यपालन पर सरकार बहुत ध्यान दे रही है।

D. जापान सरकार भारत में मत्स्यपालन पर बहुत ध्यान दे रही है।

7. **कथन-** पर्यावरण और पारिस्थितिकी तंत्र में गड़बड़ी पैदा करने में प्रदूषण का बड़ा हाथ रहा है।
   A. लोग प्रदूषण से अभ्यस्त हो चुके हैं।
   B. पर्यावरण का प्रदूषण से कोई संबंध नहीं है।
   C. जल-प्रदूषण से जलीय पर्यावरण एवं पारिस्थितिकी में अनेक समस्याएँ उत्पन्न हो रही हैं।
   D. सरकार पर्यावरण के बारे में चिंतित है।

8. **कथन-** यदि मानवाधिकारों के उल्लंघन की जाँच की आड़ में आतंकवाद से लोहा लेनेवाले अधिकारियों का उत्पीड़न किया जाए, तो भविष्य में आतंक के खिलाफ लड़ाई लड़ना मुश्किल ही होगा।
   A. आतंक के खिलाफ लड़ाई लड़ने वाले अधिकारियों को पूरी तरह अधिकार दिया जाए।
   B. अधिकारी आतंकवाद से डरते हैं।
   C. मानवाधिकार और आतंकवाद के बीच अच्छे संबंध हैं।
   D. मानवाधिकार आयोग आतंकवाद को बढ़ावा देने में सहयोग करते हैं।

9. **कथन-** जम्मू-कश्मीर में गठबंधन सरकार चलाने के लिए सहमत होने के साथ ही कांग्रेस और पीपुल्स डेमोक्रेटिक पार्टी ने न्यूनतम साझा कार्यक्रम तैयार किया है
   A. जम्मू-कश्मीर में सिर्फ कांग्रेस ही सरकार चला सकती है।
   B. कांग्रेस और पीपुल्स डेमोक्रेटिक पार्टी के बीच न्यूनतम साझा कार्यक्रम तैयार नहीं किया गया है।
   C. जम्मू-कश्मीर में आतंकवादियों ने कांग्रेस और पीपुल्स डेमोक्रेटिक पार्टी के साथ हाथ मिलाया है।
   D. जम्मू-कश्मीर में गठबंधन सरकार ने न्यूनतन साझा कार्यक्रम के तहत सरकार चलाने के लिए योजना तैयार की है।

10. **कथन-** हमारे स्वयंभू पंथनिरपेक्षी व मुस्लिम वर्ग के नेता संबधित समुदाय को शिक्षित करने के लिए समुचित कदम उठा रहे हैं।
   A. इनके नेता द्वारा उक्त समुदाय के अंदर शिक्षित करने की चेतना जागृत करने की कोशिश की जा रही है।
   B. उक्त समुदाय के नेता अपने वोट बैंक बढ़ाने के लिए कर रहे हैं।
   C. मुस्लिम वर्ग शिक्षित नहीं होना चाहता है।
   D. पंथनिरपेक्षी और मुस्लिम वर्ग दोनों बिल्कुल मूर्ख हैं।

11. कथन- आजकल हॉस्पीटल के डॉक्टर अपनी निजी प्रैक्टिस पर ज्यादा ध्यान देते हैं।

A. डॉक्टर अधिक धन कमाने के चक्कर में निजी प्रैक्टिस पर ध्यान देते हैं।
B. हॉस्पीटल में डॉक्टर के पास मरीज नहीं जाते हैं।
C. हॉस्पीटल में मरीज परेशान हो जाते हैं।
D. हॉस्पीटल मं समुचित व्यवस्थाएँ नहीं हैं।

12. कथन- सरकार को चाहिए कि इंटरनेट को बन्द करा दे।

A. इंटरनेट से बिजली की खपत अधिक होती है।
B. हमारे मासूम बच्चे घर पर इंटरनेट की आदत डाल लेते हैं और उनकी पढ़ाई धीमी हो जाती है।
C. इंटरनेट देखने से आँख खराब होने की सम्भावना होती है।
D. इंटरनेट व्यक्ति के दिमाग को बोझिल बना देता है।

13. कथन- आधुनिक परिवार में शिक्षा का भी दिन-प्रतिदिन आधुनिकीकरण होता जा रहा है।

A. सरकार अपने पाठ्यक्रम में भी समय-समय पर परिवर्तन कर सामंजस्य बनाये रखती है।
B. आधुनिक परिवेश में शिक्षा काफी मँहगी हो गयी है।
C. शिक्षा में राजनीतिक वर्चस्व बढ़ गया है।
D. शिक्षा में परिवर्तन अनिवार्य है।

14. कथन- लोक कल्याणकारी कार्यों में हमारा राज्य राजस्व खर्च ज्यादा करता है तथा रिजल्ट नगण्य ही रहता है।

A. राज्य सरकार विकास नहीं चाहती है।
B. कार्यों का धन ऊपर से लेकर नीचे तक कमीशन बाँटने में समाप्त हो जाता है।
C. राज्य सरकार कल्याणकारी कार्यों में खर्च नहीं करना चाहती है।
D. केन्द्र सरकार राज्य को धन मुहैया नहीं कराती।

15. कथन- समाज में फैले हुए दमन, अपराध, शोषण और अन्याय को समाप्त करने हेतु विचारों व बुद्धिमत्ता के माध्यम से सुधार और विकास लाने की आवश्यकता है।

A. समाज के लोग सुधार और विकास नहीं चाहते हैं।
B. समाज में अपराध बढ़ रहा है।
C. समाज में फैले हुए दमन, अपराध, शोषण और अन्याय समाप्त नहीं होंगे।
D. समाज में रचनात्मक कार्य करने के लिए बुद्धि व विवेक की जरूरत है।

16. कथन- समूचे मुस्लिम देशों में अमेरिका विरोधी भावना उभरने के कारण अब आत्मघाती दस्तों को तैयार करना बहुत आसान हो गया है।

A. मुस्लिम देशों के लोग अमेरिका को नष्ट करने के लिए खुद आत्मघाती दस्ते बनने के लिए तत्पर हैं।

B. अमेरिकी सरकार मुस्लिमों के प्रति खिन्न है।

C. मुस्लिम देश आत्मघाती दस्ते बनने के लिए बहुत पैसे देते हैं।

D. अमेरिका मुस्लिम देशों में कोई सहयोगात्मक कार्य नहीं करता है।

17. कथन- ईरान पर अमेरिकी हमले की धमकी मात्र से विश्व बाजार में पेट्रोलियम पदार्थों के दाम तेजी से बढ़ जाने की संभावना है।

A. ईरान में पेट्रोलियम पदार्थो की कमी होती जा रही है।

B. ईरान पर अमेरिकी हमले की धमकी के कारण विश्व बाजार में पेट्रोलियम पदार्थों का आयात रुक जाने से कीमत में वृद्धि होगी।

C. अमेरिका में पेट्रोलियम पदार्थ समाप्त हो रहे हैं।

D. ईरान और अमेरिका के बीच मधुर संबंध हैं।

18. कथन- आधुनिक युग के युवक धर्मों के प्रति आस्था नहीं रखते हैं।

A. इसलिए कि उन्हें धर्मों के प्रति सही जानकारी नहीं है।

B. आधुनिक युग में वृद्ध लोग धर्म में विश्वास करते हैं।

C. आधुनिक युग में धर्मों के बीच विवाद उत्पन्न होते हैं।

D. हिन्दू धर्म को मानने वालों की संख्या ज्यादा है।

19. कथन- क्रिकेट सभी खेलों में राजा माना जाता है, क्योंकि

A. इसमें ग्यारह खिलाड़ी होते हैं।

B. खेल आसान होता है।

C. इसमें अधिक पैसे तथा इज्जत और शोहरत मिलते हैं।

D. इस खेल को सभी देश खेलते हैं।

20. कथन- आधुनिक संस्कृति में युवा पीढ़ी अपने पथ से भटक गई है।

A. अनपढ़ होने के कारण। B. रीति-रिवाज बदलने के कारण।

C. नैतिक पतन होने के कारण। D. धन-संपदा नहीं होने के कारण।

अभ्यास-2

निर्देश (प्रश्न संख्या 1 से 20): *नीचे प्रत्येक प्रश्न में एक कथन और विकल्प में चार निष्कर्ष दिए गए हैं। अपने विवेक के अनुसार दिए गए कथन के आधार पर सही निष्कर्ष का चयन कर उत्तर-पत्रक में अंकित गोले को काला करें।*

1. **कथन-** जो व्यक्ति शादी के लिए दहेज को एक शर्त बनाता है वह स्त्री जाति का अपमान करता है।
   A. जो शादी में दहेज नहीं लेते हैं, वे स्त्री जाति का सम्मान करते हैं।
   B. शादी दहेज के लिए की जाती है।
   C. स्त्री को अपना वर खुद चुनना चाहिए।
   D. स्त्री की शादी के लिए दहेज देना बहुत जरूरी है।

2. **कथन-** आतंकवादियों की एक छोटी-सी धमकी पर सरकार ने कई खूंखार अपराधियों को रिहा कर दिया।
   A. सरकार नहीं चाहती है कि कोई आतंकवादी मरे।
   B. सरकार और आतंकवादियों के बीच सांठ-गांठ है।
   C. सरकार विवश होकर आतंकवादियों के सामने घुटने टेक देती है।
   D. आतंकवादियों में एकता बहुत अधिक है।

3. **कथन-** कश्मीर में हुए चुनाव व उनके परिणाम लोकतंत्र की जीत का जीता-जागता उदाहरण हैं। विश्व समुदाय ने इसकी खुलकर प्रशंसा की है।
   A. कश्मीर में चुनाव के बाद आतंकवादी गतिविधियाँ बढ़ेंगी।
   B. हिंसा व आतंकी गतिविधियाँ होने के बावजूद कश्मीर में सफल चुनाव कराना लोकतंत्र की जीत है।
   C. आतंकवादी चुनाव चाहते थे।
   D. कश्मीर की जनता किसी खास पार्टी को वोट देना नहीं चाहती थी।

4. **कथन-** भारत के प्रत्येक गाँव में बुनियादी शिक्षा होना अत्यन्त आवश्यक है।
   A. भारत के कई गाँवों में शिक्षा-स्तर बहुत निम्न पाया गया है।
   B. गाँव के लोग पढ़ना नहीं चाहते हैं।
   C. शिक्षा मंत्री गाँव में जाना नहीं चाहते हैं।
   D. भारत के ग्रामीण इलाकों में शिक्षक जाना नहीं चाहते हैं।

5. **कथन-** रेलवे की किसी प्रवेश परीक्षा में सम्मिलित होने वाले अभ्यर्थी को कठिन परिश्रम करना पड़ता है।
   A. रेलवे में पूछे गए प्रश्न बहुत सरल व आसान होते हैं।
   B. जो व्यक्ति रेलवे का कोई पद पाना चाहता है, उसके लिए कोई सरल उपाय नहीं है।
   C. अभ्यर्थी को केवल दिन में ही अध्ययन करना चाहिए।
   D. रेलवे का कोई भी पद पाने के लिए पैसे अवश्य खर्च करने पड़ते हैं।

6. कथन- अमेरिका का वर्ल्ड ट्रेड सेन्टर, मास्को का थियेटर, गुजरात का अक्षरधाम ये तीनों कुछ वर्ष पूर्व अखबार की सुर्खियों में रहे हैं।

A. इन तीनों जगहों पर नई फिल्म सिटी बनाई गई है।

B. वर्ल्ड ट्रेड सेन्टर, मास्को का थियेटर और अक्षरधाम इन तीनों स्थानों पर आतंकवादियों का हमला हुआ।

C. उक्त स्थानों पर दुनिया का सबसे बड़ा मेला आयोजित हुआ।

D. अक्षरधाम, वर्ल्ड ट्रेड सेन्टर और मास्को का थियेटर विश्व के खूबसूरत शहर हैं।

7. कथन- विकसित देश विकासशील देशों की अपेक्षा अधिक उन्नत और संपन्न हैं।

A. विकसित देशों के पास उत्पादक भूमि अधिक है।

B. अमेरिका के पास आधुनिक उपकरण और प्रति व्यक्ति आय भारत से अधिक है।

C. विकसित देशों की जनसंख्या बहुत अधिक है।

D. विकासशील देश विकसित देशों की अपेक्षा धनी हैं।

8. कथन- भारत में इस वर्ष धान के उत्पादन ने अपने सभी रिकार्ड तोड़ डाले।

A. इस साल धान का उत्पादन अन्य सालों से अधिक है।

B. इस वर्ष चावल महँगा हो जाएगा।

C. पिछले वर्ष की तुलना में इस वर्ष वर्षा कम हुई।

D. इस साल भारत के किसानों ने अधिक मेहनत की है।

9. कथन- बिहार राज्य में बढ़ते अपराध को लेकर जनता सरकार पर आक्रोश जता रही है।

A. इससे राज्य के राजस्व में वृद्धि होगी।

B. यहाँ के लोगों की प्रति व्यक्ति आय में वृद्धि होगी।

C. राज्य सरकार अपराध को कम कर रही है।

D. बिहार में गुंडागर्दी, रंगदारी और अपहरण की वृद्धि से जनता को बहुत नुकसान हो रहा है।

10. कथन- भारत देश को सोने की चिड़िया कहा जाता था।

A. भारत में चिड़िया सोने के अण्डे देती थी।

B. भारत में सभी चिड़ियाँ सोने की थी।

C. भारत देश आर्थिक एवं खनिज सम्पदा से परिपूर्ण था।

D. भारत के खेतों में सोना उगाया जाता था।

11. कथन- आजकल कम्प्यूटर का अनुप्रयोग सभी क्षेत्रों में किया जा रहा है।

A. कम्प्यूटर की मांग दिनों-दिन बढ़ती जा रही है।

B. कम्प्यूटर व्यक्ति को शिथिल बना देता है।

C. कम्प्यूटर प्रयोग करने वाले व्यक्ति की आँखें खराब हो जाती हैं।

D. कम्प्यूटर महँगी वस्तु है।

12. कथन- आधुनिक युग में चश्मा पहनने वालों की संख्या में बहुत वृद्धि हो रही है।

A. वातावरण में प्रदूषण और गंदगी फैलने से आँखें दूषित/खराब होती जा रही हैं।

B. चश्मों की कीमत घट रही है।

C. चश्मे से वाहन चलाने में सुविधा होती है।

D. चश्मा ऐसी वस्तु है जिसे सभी लोग पसन्द करते हैं।

13. कथन- उच्च शिक्षा प्राप्त करने के लिए लोग विदेशों में पलायन कर रहे हैं।

A. उच्च शिक्षा प्राप्त करने वाले व्यक्ति विदेशों में ही बसते हैं।

B. विदेशों में शिक्षा प्राप्त करने के लिए काफी पैसे खर्च करने पड़ते हैं।

C. अपने देश में उच्च शिक्षा की व्यवस्था नहीं है।

D. उच्च शिक्षा गरीब व्यक्तियों के लिए नहीं है।

14. कथन- गुरु गोविन्द सिंह सिखों के दसवें और अन्तिम गुरु माने जाते हैं।

A. क्योंकि वे भारत में सिखों की शक्ति के वास्तविक संस्थापक थे और इनके अलावा कोई गुरु नहीं बचे थे।

B. क्योंकि इनका जन्म बिहार की राजधानी पाटलिपुत्र (पटना) में हुआ।

C. क्योंकि इनके जीवनकाल का अधिकांश भाग मुगलों से युद्ध करने में बीता।

D. गुरु गोविन्द सिंह गुरु नानक के भाई थे।

15. कथन- भिक्षावृत्ति एक सामाजिक एवं आर्थिक समस्या है। भारत में इसके समाधान हेतु इस पर प्रतिबन्ध लगना चाहिए।

A. भिक्षा देना लोग पुण्य का काम समझते हैं।

B. भिक्षावृत्ति रोजगार का एक साधन है।

C. देश में भिक्षावृत्ति पर प्रतिबंध लगाने से इस समस्या का समाधान हो सकता है।

D. भिक्षा देने से गरीब लोगों का उद्धार हो जाता है।

16. कथन- मरुस्थलों में एक जगह से दूसरी जगह जाने के लिए ऊँट का ही सहारा लेना पड़ता है।

A. क्योंकि ऊँट अन्य जानवरों की अपेक्षा काफी ऊँचा होता है।
B. मरुस्थलों में ऊँट ही आवागमन का सबसे उत्तम साधन है।
C. ऊँट पर बैठने में बहुत आनन्द आता है।
D. ऊँट के पैर लम्बे होने के कारण वे अपने गंतव्य स्थान तक जल्द पहुँचते हैं।

17. कथन- यद्यपि वह बहुत होशियार है फिर भी वह अपने सहकर्मियों में पर्याप्त लोकप्रिय नहीं है।
A. होशियार व्यक्ति अपने सहकर्मियों को मूर्ख बनाते हैं।
B. सहकर्मी मूर्ख व्यक्ति को लोकप्रिय बनाते हैं।
C. होशियार व्यक्ति अपने को महान बनाने की कोशिश करते हैं।
D. केवल बुद्धि से लोकप्रियता नहीं मिलती।

18. कथन- अंत में प्रतीक्षा सूची के बीस यात्रियों को राजधानी एक्सप्रेस में आरक्षण मिल ही गया।
A. प्रतीक्षा सूची के यात्रियों को प्रायः राजधानी एक्सप्रेस में आरक्षण कठिनाई से मिलता है।
B. राजधानी एक्सप्रेस में आरक्षित शायिकाओं की संख्या कम होती है।
C. राजधानी एक्सप्रेस प्रायः अपने नियत समय से विलम्ब से पहुँचती है।
D. कुछ दिनों पहले राजधानी एक्सप्रेस दुर्घटनाग्रस्त हो गई थी।

19. कथन- रेलवे की परीक्षाओं में कुछ लोगों को परीक्षा देने से वंचित कर दिया गया।
A. अक्सर परीक्षाओं में कुछ शरारती तत्व के लोग देखे जाते हैं।
B. क्योंकि वे लोग पढ़ने में बहुत तेज थे।
C. इनकी रेलवे अधिकारियों से सांठगांठ नहीं थी।
D. ये लोग रेलवे की परीक्षा देना नहीं चाहते थे।

20. कथन- नवीनतम शोधों से ज्ञात हुआ कि पीलिया रोग का मूल कारण यकृत का खराब होना है।
A. पीलिया रोग को दूर करने के लिए यकृत का इलाज करना आवश्यक है।
B. बाह्या भागों पर क्रीम लगाना व्यर्थ है।
C. पीलिया रोग में शरीर पीला हो जाता है
D. पीलिया रोग गंदे जल के सेवन से होता है।

अभ्यास-3

निर्देश (प्रश्न संख्या 1 से 20): *नीचे प्रत्येक प्रश्न में एक कथन और विकल्प में चार निष्कर्ष दिए गए हैं। आप अपने विवेक के अनुसार दिए गए कथन के आधार पर सही निष्कर्ष का चयन कर उत्तर-पत्रक में अंकित गोले को काला करें।*

1. कथन- गुजरात राज्य की आर्थिक विकास की स्थिति मंद पड़ती जा रही है।

A. यह राज्य कुछ दिनों पहले भूकम्प, सांप्रदायिक दंगे और आतंकवादियों से पीड़ित रहा है।

B. गुजरात की जनता पलायन कर रही है।

C. विश्व बैंक इस राज्य को सहायता नहीं दे रहा है।

D. पिछले साल इस राज्य में अकाल की स्थिति उत्पन्न हो गई थी।

2. कथन- जापान में प्रति व्यक्ति आय की वृद्धि हो रही है और आर्थिक विकास में तेजी आ रही है।

A. जापान में कुछ वर्ष पहले बहुमूल्य पदार्थ मिले हैं।

B. जापान की जनता कम परिश्रमी होती है।

C. इसे विकसित देशों से बहुत धन प्राप्त हुआ है।

D. अन्य देशों की अपेक्षा जापान विकसित और आर्थिक संपन्न बनता ज़ा रहा है।

3. कथन- पिछले साल विश्व बैंक ने भारत को अरबों रुपये की सहायता राशि की मंजूरी प्रदान की।

A. गुजरात में भूकम्प पीड़ित व्यक्तियों की सहायता के लिए।

B. भारत में परमाणु बम बनाने के लिए।

C. मादक पदार्थों के तस्करों से लड़ने के लिए।

D. जरूरत पड़ने पर पाकिस्तान से लड़ सकें।

4. कथन- 11 सितम्बर, 2001 को पूरे विश्व में हंगामा मच गया।

A. उस दिन से विश्व बैंक ने अपनी कार्यप्रणाली बंद कर दी।

B. उस दिन अमेरिका के वर्ल्ड ट्रेड सेन्टर और अन्य ऊँची इमारतों को आतंकवादियों ने नष्ट कर दिया।

C. उस दिन अमेरिका आजादी का जश्न मना रहा था।

D. उस दिन विश्व के सभी सरकारी काम-काज बन्द थे।

5. कथन- दीपावली पर्व में सभी लोग अपने घरों में साफ-सफाई और पूजा करते हैं।

A. इस पर्व में लक्ष्मी पूजा की जाती है।
B. ताकि जुआ में अधिक पैसे जीत सकें।
C. घरों की साफ-सफाई करने से पुरानी वस्तुओं की बिक्री हो जाती है।
D. ताकि दीपावली में पटाखे और मिठाइयों की बिक्री बढ़ सके।

6. **कथन-** गाँधीजी ने हमेशा यह बात स्वीकार की कि उनके मन में महिलाओं की सेवा करने की भावना विद्यमान रही है।
A. मोहनदास करमचंद गाँधी की महिलाओं से हार्दिक हमदर्दी थी।
B. गाँधीजी पुरुषों की भावना का आदर नहीं करते थे।
C. महिलाएँ गाँधीजी की खूब तारीफ करती थी।
D. गाँधीजी महिलाओं के पक्षधर थे।

7. **कथन-** गाँधीजी की हँसी चार प्रकार की होती थी मानसिक, शारीरिक, बौद्धिक और आध्यात्मिक।
A. गाँधीजी अपनी हँसी को एक कॉमेडी मानते थे।
B. गाँधीजी अपने हास्य के आधार पर दूसरों को मूर्ख बनाते थे।
C. गाँधीजी कटाक्ष प्रवृत्ति के थे।
D. गाँधीजी का हास्य उनके अनुशासित मन और स्थिर चित्तवृत्ति का परिणाम था।

8. **कथन-** समुद्री संसाधनों की संपदा भारतीयों को प्रकृति का उदार उपहार माना जा सकता है।
A. भारत को समुद्री संसाधनों से तथा मछली के उत्पादन से करोड़ों रुपये का लाभ हुआ है।
B. भारत की समुद्री तट-रेखा अंडमान निकोबार द्वीप समूह तक फैली हुई है।
C. समुद्र में बहुत-सा सोना व हीरे पाए गए हैं।
D. भारत की समुद्री तट-रेखा सिमटती जा रही है।

9. **कथन-** कुछ लोगों को अपने पसंद की नौकरी पाने और अपनी दिलचस्पी का काम खोजने में बड़ा वक्त लग जाता है।
A. असल में कई लोग कई नावों में बैठकर अपनी मंजिल पर पहुँचने की कोशिश करते हैं।
B. पैसे देने पर नौकरी तुरंत मिल जाती है।
C. विज्ञापनों के आधार पर नौकरी खोजने में बहुत वक्त लग जाता है।
D. नौकरी पाना बहुत कठिन काम है।

10. कथन- कहा जाता है कि विद्यार्थी को सभी विषयों के साथ-साथ गणित पर विशेष ध्यान देना चाहिए।

A. ताकि सब्जी बेचने वाले ज्यादा पैसे न लें।

B. जिन्दगी के प्रत्येक क्षेत्र में गणित की बहुत आवश्यकता है।

C. लोग हिसाब-किताब में मूर्ख नहीं बनाएंगे।

D. व्यापार करने में गणित की सख्त जरूरत होती है।

11. कथन- आजकल इंजीनियर और डॉक्टर की पढ़ाई के लिए बहुत अधिक पैसे की जरूरत होती है, जो गरीब लोगों के लिए संभव नहीं है।

A. अमीर लोग इंजीनियर और डॉक्टर नहीं बनना चाहते हैं।

B. जिनके पास काफी पैसे हैं, वही इंजीनियर और डॉक्टर बन सकते हैं।

C. गरीब लोगों को इंजीनियर और डॉक्टर के बारे में जानकारी नहीं है।

D. डॉक्टर की पढ़ाई के लिए धैर्य बहुत जरूरी है।

12. कथन- भारत संचार निगम लिमिटेड (BSNL) की सस्ती सेलवन सेवा को राज्य में शुरू होने में काफी समय लगेगा।

A. कुछ दिनों के बाद आमलोग मोबाइल सेवा के प्रति आकर्षित होंगे।

B. सरकार इसके प्रति तीव्र गति से ध्यान नहीं दे रही है।

C. भारत संचार निगम लिमिटेड के कर्मचारी अभी हड़ताल पर हैं।

D. राज्य में टेलिफोन सेवा बन्द हो जाएगी।

13. कथन- काले लोगों की त्वचा में वह पदार्थ अधिक होता है, जिससे त्वचा में रंग आता है। प्रोटीन की बनी मेलेनिन से त्वचा का रंग बनता है।

A. काले लोग प्रोटीन ज्यादा इस्तेमाल करते हैं।

B. मेलेनिन काले लोगों में अधिक पाया जाता है।

C. गोरे लोग प्रोटीन कम इस्तेमाल करते हैं।

D. मेलेनिन से त्वचा का रंग साफ होता है।

14. कथन- राज्य में बेरोजगारों की संख्या बढ़ती जा रही है।

A. राज्य के लोगों में सरकारी नौकरी की चाहत है।

B. यहाँ कल-कारखाने की वृद्धि हो रही है।

C. राज्य सरकार बेरोजगारों के लिए योजना बना रही है।

D. बेरोजगार लोग आराम से रहना पसंद करते है।

15. कथन- महिलाओं के बराबरी के मुद्दे पर गाँधीजी के विचार एकदम स्पष्ट हैं और वे इसे न्यायपूर्ण समाज की स्थापना के लिए अनिवार्य मानते हैं।

A. महिलाएँ पुरुषों से आगे बढ़ना चाहती हैं।

B. गाँधीजी महिलाओं के पक्षधर थे।
C. महिलाएँ अपनी समस्याओं के प्रति जागरूक नहीं हैं।
D. न्यायपूर्ण समाज में महिलाओं को पुरुषों के बराबरी का दर्जा मिले।

16. **कथन-** आजकल बहुत-सी महिलाओं के साथ दुर्व्यवहार हो रहा है तथा उन्हें गलत नजरों से देखा जा रहा है।
A. आजकल महिलाओं में आत्मशक्ति की कमी हो गई है।
B. आज भी कुछ लोग महिलाओं को निरीह और गलत समझ रहे हैं।
C. प्रशासन महिलाओं की सुरक्षा पर कम ध्यान दे रही है।
D. सरकार में कोई महिला मंत्री नहीं होने के कारण।

17. **कथन-** ग्रामीण लोग अपने घरों में परिश्रम करने से हिचकिचाते हैं।
A. परिश्रम के अनुसार पैसे नहीं मिलते हैं।
B. उन्हें शर्म महसूस होती है।
C. ग्रामीण जनता मूर्ख होती है।
D. ग्रामीण लोगों के पास जमीन की कमी है।

18. **कथन-** पिछले कई वर्षों से रेल-दुर्घटना में बढ़ोत्तरी देखी जा रही है, जिससे काफी जान-माल की क्षति हो रही है।
A. इन दिनों गाड़ियों की संख्या बढ़ गई है।
B. आजकल गाड़ियाँ कमजोर लोहे की बनती हैं।
C. रेलवे कर्मचारी अपने काम के प्रति लापरवाह और कम जागरूक हैं।
D. आजकल रेलगाड़ी काफी तीव्र गति से चलती हैं।

19. **कथन-** क्रिकेट जगत में सचिन ने डॉन ब्रेड मैन की बराबरी कर ली।
A. सचिन और डॉन ब्रेड मैन की ऊँचाई बराबर है।
B. सचिन ने डॉन ब्रेड मैन से दोस्ती का प्रस्ताव रखा।
C. डॉन ब्रैड मैन और सचिन के बल्ले बिल्कुल समान हैं।
D. डॉन ब्रैड मैन के द्वारा बनाए गए रन के रिकार्ड को सचिन ने तोड़ डाला।

20. **कथन-** भारत की जनता अंतर्राष्ट्रीय फुटबॉल मैच देखना खूब पसंद करती है।
A. क्योंकि अंतर्राष्ट्रीय खिलाड़ी अच्छे खेल दिखाते हैं।
B. भारतीय खिलाड़ियों में प्रतिभा की कमी है।
C. भारत के लोगों को फुटबॉल के बारे में जानकारी नहीं है।
D. अमेरिका का राष्ट्रीय खेल फुटबॉल है।

उत्तरमाला

अभ्यास-1

1	2	3	4	5	6	7	8	9	10
C	A	B	D	A	B	C	A	D	A
11	**12**	**13**	**14**	**15**	**16**	**17**	**18**	**19**	**20**
A	B	A	B	D	A	B	A	C	C

अभ्यास-2

1	2	3	4	5	6	7	8	9	10
A	C	B	A	B	B	B	A	D	C
11	**12**	**13**	**14**	**15**	**16**	**17**	**18**	**19**	**20**
A	A	C	A	C	B	D	A	A	D

अभ्यास-3

1	2	3	4	5	6	7	8	9	10
A	D	A	B	A	A	D	A	A	B
11	**12**	**13**	**14**	**15**	**16**	**17**	**18**	**19**	**20**
B	A	B	A	D	B	B	C	D	A

टैस्ट पेपर्स
(हल सहित)

समानता परीक्षण
(Similarity Test)

निर्देश (प्रश्न संख्या 1 से 72) : *नीचे चार-चार प्रश्नों के समूह की आकृतियां बायीं तरफ दी गयी हैं तथा इन चार प्रश्नों में दर्शाई गयी आकृतियों की पांच प्रतिकृतियां दायीं तरफ दी गयी हैं। आपको दी गयी पांच उत्तर आकृतियों (A, B, C, D तथा E) में से उन उत्तर आकृतियों को ज्ञात करना है जो हू-ब-हू प्रश्न आकृतियों के समान हैं।*

1. 
2. 
3. 
4. 

A 
B 
C 
D 
E 

5. 
6. 
7. 

A 
B 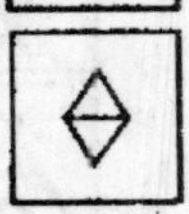
C 

8. 

D 
E 

9. 
10. 
11. 
12. 

A 
B 
C 
D 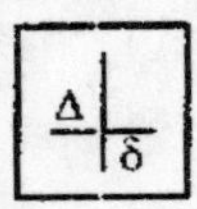
E 

13.
14.
15.
16.

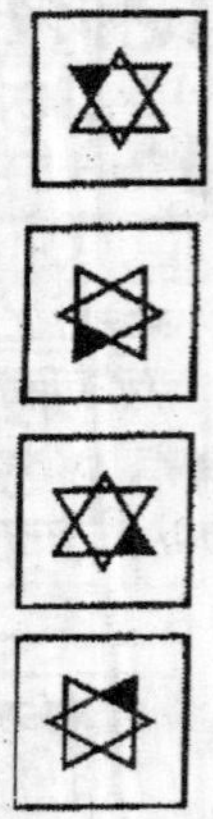

A
B
C
D
E

17.
18.
19.
20.

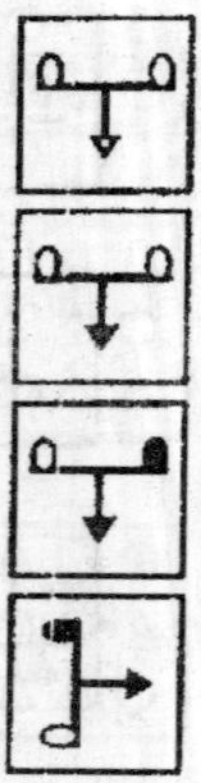

A
B
C
D
E

21.
22.

A
B

23.
24.

C
D
E

25.
26.
27.
28.

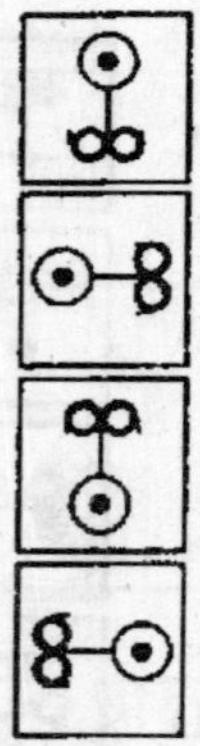

A
B
C
D
E

29.
30.
31.
32.

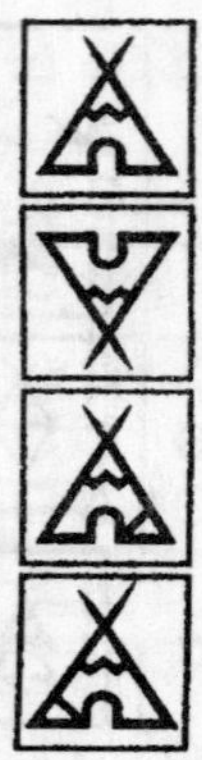

A
B
C
D
E

33.
34.
35.
36.

A
B
C
D
E

37.
38.
39.
40.

A
B
C
D
E

41.
42.
43.
44.

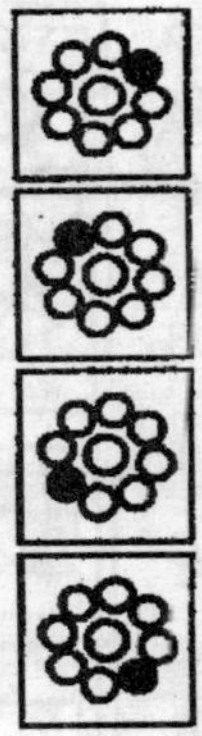

A
B
C
D
E

45.
46.
47.
48.

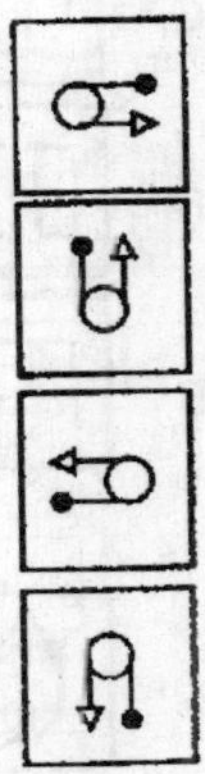

A
B
C
D
E

49.
50.
51.

A
B
C

52.

D, E

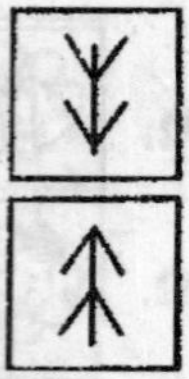

53. 54. 55. 56.

A, B, C, D, E

57. 58. 59. 60.

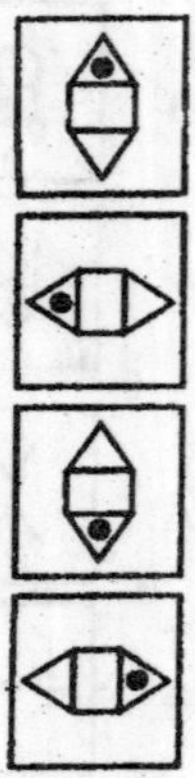

A, B, C, D, E

61. 62. 63. 64.

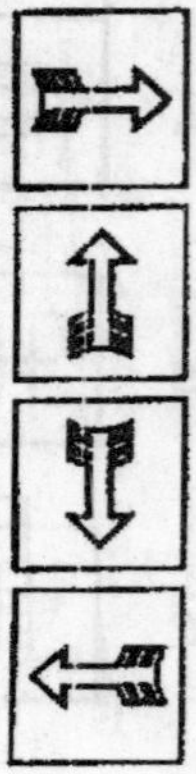

A, B, C, D, E

65. 66. 67. 68.

A, B, C, D, E

69. 70.

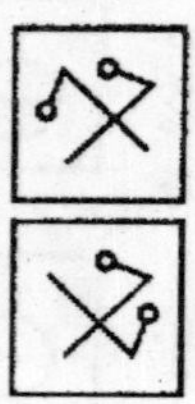

A, B

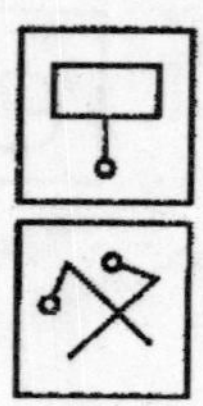

71.  C 

72.  D  E 

उत्तरमाला

1	2	3	4	5	6	7	8	9	10
D	A	B	E	E	D	A	B	D	E
11	**12**	**13**	**14**	**15**	**16**	**17**	**18**	**19**	**20**
A	B	D	A	E	B	D	E	B	A
21	**22**	**23**	**24**	**25**	**26**	**27**	**28**	**29**	**30**
D	C	A	E	B	D	A	E	C	A
31	**32**	**33**	**34**	**35**	**36**	**37**	**38**	**39**	**40**
D	B	C	E	A	B	C	E	A	B
41	**42**	**43**	**44**	**45**	**46**	**47**	**48**	**49**	**50**
D	C	A	B	B	E	A	C	D	A
51	**52**	**53**	**54**	**55**	**56**	**57**	**58**	**59**	**60**
E	B	C	D	A	B	B	C	A	E
61	**62**	**63**	**64**	**65**	**66**	**67**	**68**	**69**	**70**
C	A	E	B	C	E	A	B	B	D
71	**72**								
A	C								

चित्र और संख्या मिलान परीक्षण
(Figure and Number Comparison Test)

निर्देश (प्रश्न संख्या 1 से 21): *नीचे दिये गये स्मृति-पृष्ठ पर के चित्रों के सामने अंकित अंकों का ध्यानपूर्वक अवलोकन करें तथा उसके बाद प्रश्न-पृष्ठ पर दिये गये उन्हीं चित्रों के सामने के चार वैकल्पिक अंकों में से सही अंक को अपने उत्तर-पत्रक पर व्यक्त करें।*

स्मृति–पृष्ठ

	12		94		88
	24		23		79
	28		5		64
	27		34		83
	99		51		32

	55		47		40
	58		20		61

प्रश्न पृष्ठ

1		A. 61 B. 41 C. 30 D. 37	5		A. 87 B. 49 C. 40 D. 56	9		A. 99 B. 70 C. 95 D. 51
2		A. 40 B. 11 C. 32 D. 60	6		A. 24 B. 71 C. 55 D. 20	10		A. 34 B. 48 C. 90 D. 16
3		A. 80 B. 41 C. 83 D. 18	7		A. 07 B. 95 C. 55 D. 89	11		A. 98 B. 40 C. 25 D. 28
4		A. 39 B. 21 C. 99 D. 22	8		A. 79 B. 54 C. 33 D. 23	12		A. 55 B. 59 C. 64 D. 39

13		A. 58 B. 72 C. 09 D. 29	**16**		A. 66 B. 41 C. 24 D. 99	**19**		A. 98 B. 40 C. 51 D. 88
14		A. 5 B. 45 C. 90 D. 39	**17**		A. 87 B. 32 C. 47 D. 94	**20**		A. 41 B. 71 C. 94 D. 30
15		A. 88 B. 60 C. 90 D. 27	**18**		A. 47 B. 33 C. 80 D. 23	**21**		A. 12 B. 58 C. 91 D. 98

उत्तरमाला

1	**2**	**3**	**4**	**5**	**6**	**7**	**8**	**9**	**10**
A	C	C	C	C	D	C	A	D	A
11	**12**	**13**	**14**	**15**	**16**	**17**	**18**	**19**	**20**
D	C	A	A	D	C	C	D	D	C
21									
A									

ईंट परीक्षण
(Brick Test)

निर्देश (प्रश्न संख्या 1 से 50): *ईंटों के पारस्परिक स्पर्श पर आधारित आगे 50 प्रश्न दिये गये हैं। ये प्रश्न 10 भागों में विभाजित हैं। प्रत्येक भाग में ईंटों को विभिन्न रूपों में रखकर घन का या किसी अन्य आकृति का स्वरूप प्रदान किया गया है। प्रत्येक भाग में कुछ ईंटों पर A, B, C, D और E अंकित है। प्रत्येक भाग में A, B, C, D तथा E से अंकित ईंट कितनी अन्य ईंटों को स्पर्श करती है यह आपको बताना है।*

भाग-1

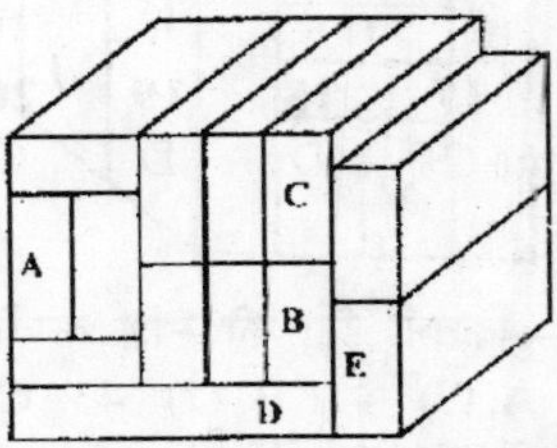

प्रश्न—कितनी ईंटों को स्पर्श करती है?

1. A. (?) 2. B. (?) 3. C. (?)
4. D. (?) 5. E. (?)

भाग-2

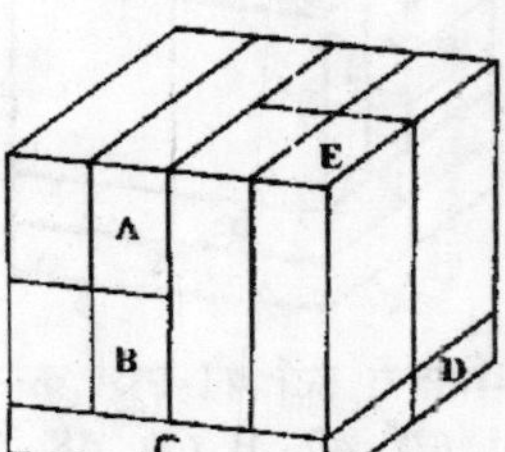

प्रश्न—कितनी ईंटों को स्पर्श करती है?

6. A. (?) 7. B. (?) 8. C. (?)
9. D. (?) 10. E. (?)

भाग-3

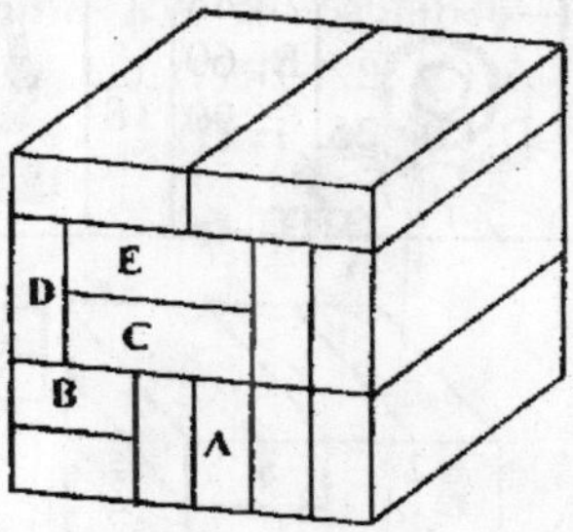

प्रश्न—कितनी ईंटों को स्पर्श करती है?

11. A. (?) 12. B. (?) 13. C. (?)
14. D. (?) 15. E. (?)

भाग-4

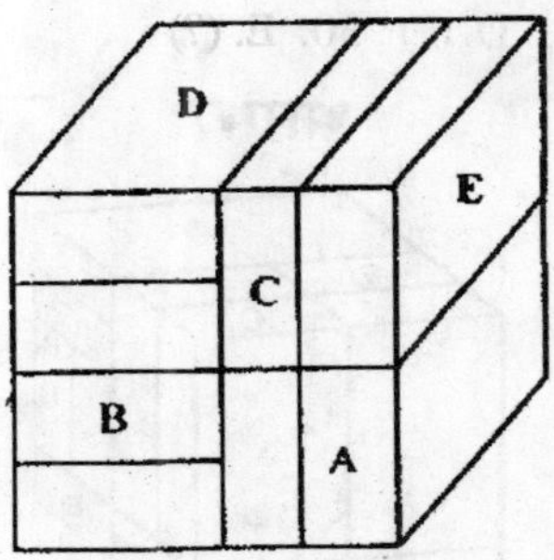

प्रश्न—कितनी ईंटों को स्पर्श करती है?

16. A. (?) 17. B. (?) 18. C. (?)
19. D. (?) 20. E. (?)

भाग-5

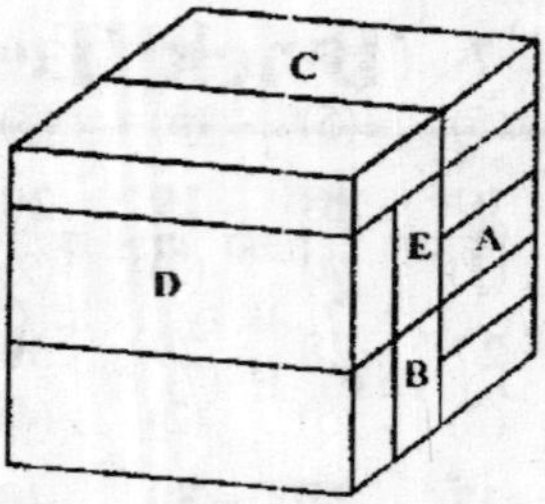

प्रश्न—कितनी ईंटों को स्पर्श करती है?

21. A. (?) 22. B. (?) 23. C. (?)
24. D. (?) 25. E. (?)

भाग-6

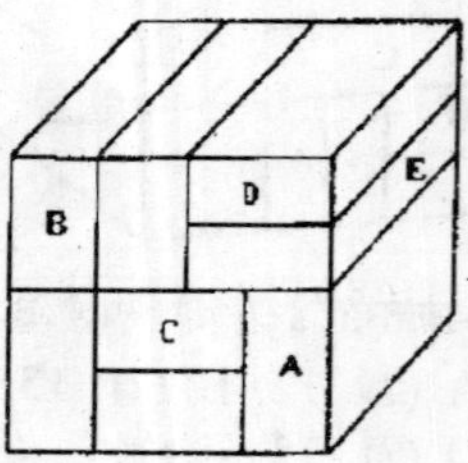

प्रश्न—कितनी ईंटों को स्पर्श करती है?

26. A. (?) 27. B. (?) 28. C. (?)
29. D. (?) 30. E. (?)

भाग-7

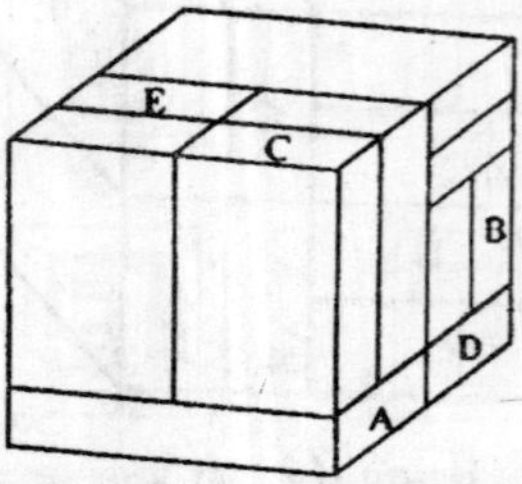

प्रश्न—कितनी ईंटों को स्पर्श करती है?

31. A. (?) 32. B. (?) 33. C. (?)
34. D. (?) 35. E. (?)

भाग-8

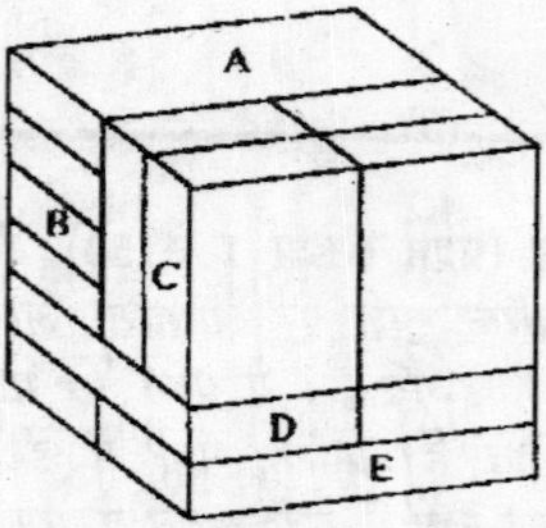

प्रश्न—कितनी ईंटों को स्पर्श करती है?

36. A. (?) 37. B. (?) 38. C. (?)
39. D. (?) 40. E. (?)

भाग-9

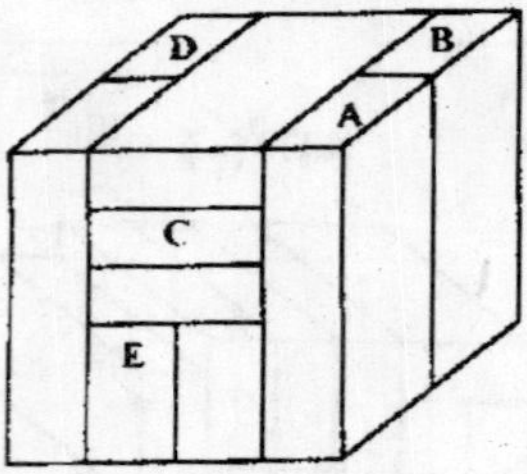

प्रश्न—कितनी ईंटों को स्पर्श करती है?

41. A. (?) 42. B. (?) 43. C. (?)
44. D. (?) 45. E. (?)

भाग-10

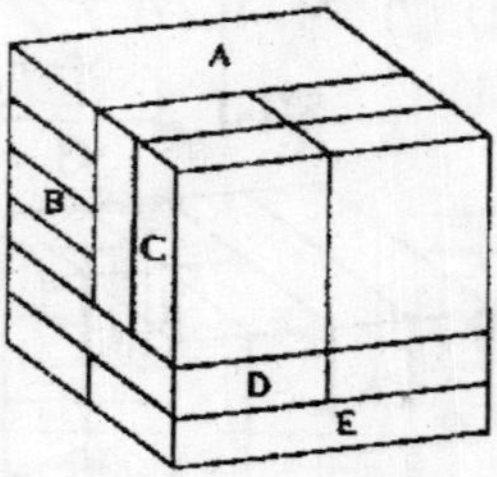

प्रश्न—कितनी ईंटों को स्पर्श करती है?

46. A. (?) 47. B. (?) 48. C. (?)
49. D. (?) 50. E. (?)

उत्तरमाला

1	2	3	4	5	6	7	8	9	10
(3)	(5)	(3)	(5)	(3)	(4)	(5)	(5)	(5)	(3)
11	**12**	**13**	**14**	**15**	**16**	**17**	**18**	**19**	**20**
(3)	(4)	(6)	(4)	(5)	(2)	(3)	(4)	(2)	(2)
21	**22**	**23**	**24**	**25**	**26**	**27**	**28**	**29**	**30**
(3)	(4)	(2)	(3)	(5)	(3)	(2)	(5)	(2)	(4)
31	**32**	**33**	**34**	**35**	**36**	**37**	**38**	**39**	**40**
(5)	(3)	(3)	(3)	(6)	(3)	(2)	(3)	(6)	(3)
41	**42**	**43**	**44**	**45**	**46**	**47**	**48**	**49**	**50**
(5)	(5)	(6)	(5)	(4)	(3)	(4)	(3)	(6)	(3)

अंकों पर आधारित परीक्षण
(Numbers Based Test)

निर्देश (प्रश्न संख्या 1 से 75): *निम्नलिखित दिये गये प्रश्नों में से उस विकल्प का चुनाव कीजिए जिसमें अंक '6' का प्रयोग हुआ है। यदि किसी भी विकल्प में अंक '6' का प्रयोग नहीं हुआ हो या किसी विकल्प में एक से अधिक बार अंक '6' का प्रयोग हुआ हो तो आपका उत्तर 'E' होगा।*

1.	A. 191988768	B. 7654321	C. 544789231	D. 231453247
2.	A. 30313263	B. 3031323	C. 353378	D. 3940417567
3.	A. 43444523	B. 400047489	C. 49505152	D. 5354558
4.	A. 1298324	B. 9187344554	C. 543621	D. 1234517
5.	A. 18358350	B. 228351923	C. 40675321	D. 1234578
6.	A. 19876543	B. 92323631	C. 1562312	D. 8345671
7.	A. 1987543	B. 3213212	C. 712321	D. 3343577
8.	A. 37335346	B. 363323130	C. 63031323	D. 3334635
9.	A. 009383987	B. 198543	C. 8854321	D. 99123451
10.	A. 456410152	B. 303546041	C. 455051	D. 789232
11.	A. 24681012	B. 1411820	C. 224264545	D. 2527283
12.	A. 233031323	B. 134353637	C. 3738639	D. 494142463
13.	A. 112445584	B. 0764849	C. 90650721	D. 2312336
14.	A. 4344454	B. 4478449	C. 5051525	D. 53545556
15.	A. 559849849	B. 39849845	C. 274984984	D. 32149855
16.	A. 987543	B. 875432	C. 78910162	D. 336213151
17.	A. 247486	B. 49505152	C. 4535455	D. 5575859
18.	A. 4748987	B. 8546987	C. 987892	D. 928754
19.	A. 11999987	B. 889754	C. 321632133	D. 4545789
20.	A. 495056152	B. 5356455	C. 55758767	D. 59612349
21.	A. 5234588	B. 7891061112	C. 136141517	D. 1819202
22.	A. 02324252	B. 023246252	C. 232425	D. 62322589
23.	A. 229988877	B. 54321	C. 5213234	D. 55321623
24.	A. 44354555	B. 5575185	C. 98991765	D. 12345455457
25.	A. 215649819	B. 19819819	C. 39996998	D. 19654980

26. A. 1919323 B. 1981997 C. 1989998 D. 1998889
27. A. 7702103104 B. 105101007 C. 108109110 D. 7711211314
28. A. 15165251 B. 17714 C. 3167183 D. 1819202
29. A. 1234555 B. 455454321 C. 2134511 D. 78910675
30. A. 82232642 B. 25242627 C. 282682930 D. 3132545
31. A. 3577372 B. 383140 C. 41424312 D. 344543215
32. A. 178678 B. 2342387864 C. 23645832 D. 783454
33. A. 134547 B. 589102 C. 578234 D. 1346578
34. A. 1234567 B. 7654321 C. 234578 D. 2346489
35. A. 123498 B. 987543 C. 121234 D. 56789
36. A. 9867543 B. 321453 C. 6782345 D. 2368974
37. A. 3343212 B. 2122443 C. 345321 D. 123456
38. A. 997543 B. 321537 C. 478923 D. 278911
39. A. 888699 B. 2345632 C. 4434567 D. 578911
40. A. 8922968 B. 2335321 C. 9234555 D. 5463212
41. A. 545234523 B. 2323632 C. 2345573 D. 789611
42. A. 78993213 B. 2345232 C. 5453263 D. 42345630
43. A. 79234506 B. 37869234 C. 47890232 D. 7892622
44. A. 23654071 B. 2436409 C. 283213 D. 246222
45. A. 43141516 B. 227181920 C. 202612223 D. 2324625252
46. A. 4122232425 B. 2522728 C. 272936031 D. 12336345
47. A. 01323556 B. 94353631 C. 9637381 D. 38394601
48. A. 10770415 B. 94883959 C. 95979896 D. 9910162034
49. A. 77014105 B. 19161084 C. 160111 D. 77211411
50. A. 13475016 B. 101101 C. 10101103 D. 1011601103
51. A. 44923456 B. 789231 C. 789231 D. 732123
52. A. 987659 B. 554578961 C. 11312345 D. 24535889
53. A. 272829565 B. 373839 C. 404146243 D. 444547
54. A. 48495213465 B. 5051525 C. 52537754 D. 555444758
55. A. 12234532543 B. 83845 C. 999783 D. 97070715
56. A. 22987054 B. 19819976 C. 5677812 D. 923454554
57. A: 1986705 B. 5564321 C. 9768078 D. 33455576
58. A. 198998 B. 5432121 C. 2345447 D. 4569788

59.	A. 8564532123	B. 89362333	C. 00587896	D. 03457896
60.	A. 54321188	B. 23457786	C. 878999	D. 987543216
61.	A. 121326134	B. 454545	C. 321321633	D. 6344555
62.	A. 789231	B. 78923211	C. 2687814141	D. 543654421
63.	A. 1989768954	B. 19876534345	C. 0254356	D. 002345732
64.	A. 319681999	B. 39898699	C. 63989998	D. 8756321
65.	A. 0102986999	B. 23453	C. 654321	D. 3213216333
66.	A. 0098969	B. 98654321	C. 32326333	D. 4532156
67.	A. 6123325	B. 57890896	C. 231362331	D. 5543216
68.	A. 1987453548	B. 32122334	C. 57894367	D. 234578
69.	A. 5599398	B. 8886777	C. 6543216	D. 234523
70.	A. 7986717223	B. 747567222	C. 67787980	D. 818286381
71.	A. 858878	B. 8886990	C. 91929394	D. 9599798
72.	A. 6273747	B. 7267374	C. 75777	D. 7892361
73.	A. 23456123	B. 62345123	C. 344389231	D. 23145622
74.	A. 1987500	B. 65432114	C. 005432811	D. 154321179
75.	A. 198757	B. 00789231	C. 6954321	D. 99213213321

उत्तरमाला

1	**2**	**3**	**4**	**5**	**6**	**7**	**8**	**9**	**10**
E	E	E	C	C	E	E	E	E	E
11	**12**	**13**	**14**	**15**	**16**	**17**	**18**	**19**	**20**
E	E	E	D	E	E	A	B	C	E
21	**22**	**23**	**24**	**25**	**26**	**27**	**28**	**29**	**30**
E	E	D	C	E	E	E	E	D	E
31	**32**	**33**	**34**	**35**	**36**	**37**	**38**	**39**	**40**
E	E	D	E	D	E	D	E	E	E
41	**42**	**43**	**44**	**45**	**46**	**47**	**48**	**49**	**50**
E	E	E	E	E	E	E	E	E	E
51	**52**	**53**	**54**	**55**	**56**	**57**	**58**	**59**	**60**
A	E	E	A	E	E	E	D	E	E
61	**62**	**63**	**64**	**65**	**66**	**67**	**68**	**69**	**70**
E	E	E	E	E	E	E	C	E	E
71	**72**	**73**	**74**	**75**					
B	E	E	B	C					

स्मृति परीक्षण
(MemoryTest)

निर्देश (प्रश्न संख्या 1 से 12) : *स्मरण पृष्ठ का ध्यान से अवलोकन कर प्रश्न पृष्ठ पर अंकित चित्रों/आकृतियों की सही स्थिति को ज्ञात कीजिए।*

अभ्यास-1

स्मरण पृष्ठ

प्रश्न पृष्ठ

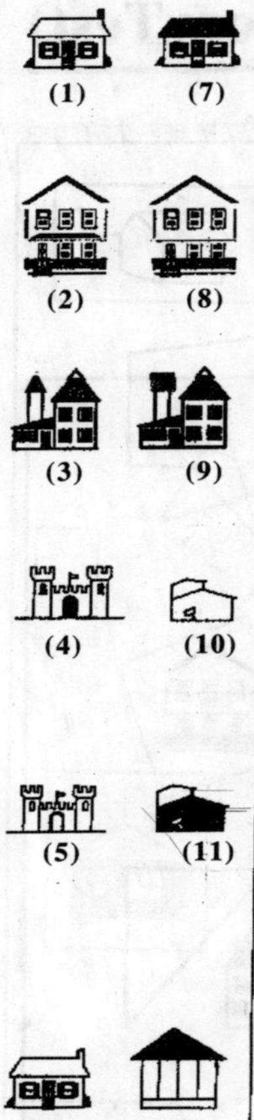

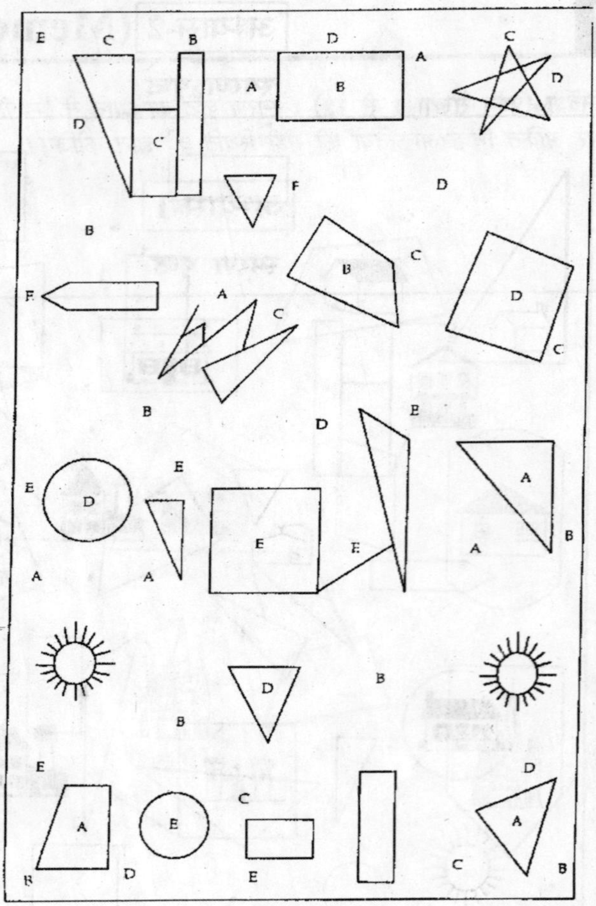

उत्तरमाला

1	2	3	4	5	6	7	8	9	10
B	D	C	E	B	A	D	D	A	A
11	12								
C	B								

निर्देश (प्रश्न संख्या 1 से 12): *स्मरण पृष्ठ का ध्यान से अवलोकन कर प्रश्न पृष्ठ पर अंकित चित्रों/आकृतियों की सही स्थिति को ज्ञात कीजिए।*

अभ्यास-2

स्मरण पृष्ठ

प्रश्न पृष्ठ

(1)

(7)

(2)

(8)

(3)

(9)

(4)

(10)

(5)

(11)

(6)

(12)

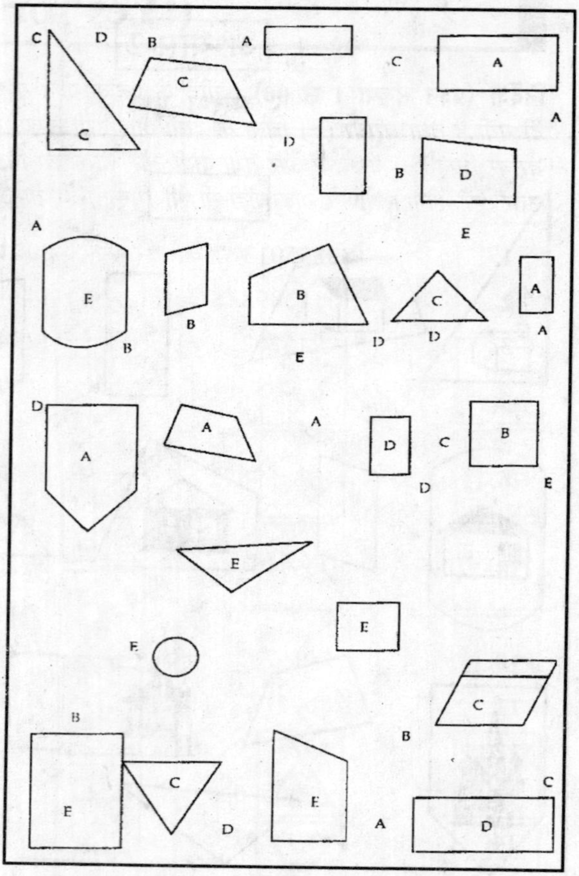

उत्तरमाला

1	2	3	4	5	6	7	8	9	10
C	E	C	B	A	E	D	B	A	A
11	**12**								
C	E								

'हाँ' या 'नहीं' परीक्षण
('Yes' or 'No' Test)

निर्देश (प्रश्न संख्या 1 से 96) : *नीचे के प्रत्येक प्रश्न में कुछ अंकों की एक संख्या दी गयी है तथा बराबर (=) चिन्ह के दायीं ओर उसी संख्या की पुनरावृत्ति हुई है। यदि बराबर चिन्ह (=) के बायीं ओर तथा दायीं ओर की संख्या बिल्कुल समान हो तो आपका उत्तर 'हाँ' होगा। लेकिन यदि थोड़ी-सी भी भिन्नता हो तो आपका उत्तर 'नहीं' होगा।*

1.	89835013	=	89835013	हाँ	नहीं
2.	14143898	=	14143898	हाँ	नहीं
3.	512946262	=	512946262	हाँ	नहीं
4.	892387	=	892387	हाँ	नहीं
5.	846367	=	846367	हाँ	नहीं
6.	44029696	=	44029696	हाँ	नहीं
7.	6644861	=	6644861	हाँ	नहीं
8.	39269101	=	39269101	हाँ	नहीं
9.	6265975	=	6265975	हाँ	नहीं
10.	5476753	=	5467573	हाँ	नहीं
11.	28805177	=	28805177	हाँ	नहीं
12.	8524319	=	8524319	हाँ	नहीं
13.	796576	=	796576	हाँ	नहीं
14.	9602241	=	9602241	हाँ	नहीं
15.	858509	=	858509	हाँ	नहीं
16.	5204278	=	5204278	हाँ	नहीं
17.	67073011	=	67073011	हाँ	नहीं
18.	3066082	=	3006628	हाँ	नहीं
19.	68479224	=	68479224	हाँ	नहीं
20.	6548103	=	6548103	हाँ	नहीं
21.	5594254	=	5594254	हाँ	नहीं

22.	592503202	=	925530202	हाँ	नहीं
23.	87505121	=	87505121	हाँ	नहीं
24.	88741166	=	88741166	हाँ	नहीं
25.	5290275	=	5290275	हाँ	नहीं
26.	5216556	=	5216556	हाँ	नहीं
27.	0429257	=	0429257	हाँ	नहीं
28.	905828	=	905828	हाँ	नहीं
29.	5637499	=	563949	हाँ	नहीं
30.	2804988	=	2804988	हाँ	नहीं
31.	8768245	=	8768245	हाँ	नहीं
32.	6252655	=	6252655	हाँ	नहीं
33.	77786511	=	77786511	हाँ	नहीं
34.	28220959	=	2822059	हाँ	नहीं
35.	5323202	=	5323202	हाँ	नहीं
36.	5179574	=	5179574	हाँ	नहीं
37.	16553150	=	16553150	हाँ	नहीं
38.	1619753434	=	1619753434	हाँ	नहीं
39.	9716359	=	9716359	हाँ	नहीं
40.	698832	=	698823	हाँ	नहीं
41.	407808	=	407808	हाँ	नहीं
42.	810484	=	810484	हाँ	नहीं
43.	25101212	=	25101212	हाँ	नहीं
44.	4337520	=	4337520	हाँ	नहीं
45.	579182	=	579182	हाँ	नहीं
46.	43253434	=	43253434	हाँ	नहीं
47.	236786	=	237668	हाँ	नहीं
48.	6350605605	=	6350605605	हाँ	नहीं

49.	168025443	=	168052443	हाँ	नहीं
50.	52994721	=	52994721	हाँ	नहीं
51.	74522551	=	74522551	हाँ	नहीं
52.	6810922	=	6810922	हाँ	नहीं
53.	040330991	=	040330991	हाँ	नहीं
54.	56933591	=	369353991	हाँ	नहीं
55.	124438121	=	124438121	हाँ	नहीं
56.	60574272	=	60574272	हाँ	नहीं
57.	96388277	=	96388277	हाँ	नहीं
58.	703632551	=	703632551	हाँ	नहीं
59.	674785428	=	67478528	हाँ	नहीं
60.	68201	=	68201	हाँ	नहीं
61.	4084366421	=	4084364121	हाँ	नहीं
62.	310736231	=	31706321	हाँ	नहीं
63.	6523321	=	6523321	हाँ	नहीं
64.	330288121	=	330288121	हाँ	नहीं
65.	47252888	=	47528288	हाँ	नहीं
66.	1719354242	=	1719354242	हाँ	नहीं
67.	26451424	=	26451424	हाँ	नहीं
68.	904196124	=	9049161124	हाँ	नहीं
69.	1282788941	=	12827878914	हाँ	नहीं
70.	1225886155	=	1225886155	हाँ	नहीं
71.	6728282823	=	6728282824	हाँ	नहीं
72.	881017994	=	880197994	हाँ	नहीं
73.	82733214	=	82733214	हाँ	नहीं
74.	7438045	=	7438045	हाँ	नहीं
75.	443025002	=	440302502	हाँ	नहीं
76.	945004001	=	945004004	हाँ	नहीं

77.	560652541	=	560652542	हाँ	नहीं
78.	805089669	=	805099696	हाँ	नहीं
79.	875595717	=	758595771	हाँ	नहीं
80.	7540145	=	7540145	हाँ	नहीं
81.	60747542	=	607475421	हाँ	नहीं
82.	81404771	=	81404771	हाँ	नहीं
83.	4039522	=	4039523	हाँ	नहीं
84.	5606524522	=	5606521522	हाँ	नहीं
85.	601080404	=	601080404	हाँ	नहीं
86.	404431322	=	4044133322	हाँ	नहीं
87.	434885661	=	4348856661	हाँ	नहीं
88.	837633321	=	8376333321	हाँ	नहीं
89.	64101854	=	64101845	हाँ	नहीं
90.	4221284828	=	4221284828	हाँ	नहीं
91.	8261041424	=	861041424	हाँ	नहीं
92.	3206305	=	32063025	हाँ	नहीं
93.	783301464	=	783301464	हाँ	नहीं
94.	3062630	=	30626300	हाँ	नहीं
95.	527143131	=	5271143131	हाँ	नहीं
96.	761805214	=	7618052214	हाँ	नहीं

उत्तरमाला

1	**2**	**3**	**4**	**5**	**6**	**7**	**8**	**9**	**10**
हाँ	हाँ	हाँ	हाँ	हाँ	हाँ	हाँ	हाँ	हाँ	नहीं
11	**12**	**13**	**14**	**15**	**16**	**17**	**18**	**19**	**20**
हाँ	हाँ	हाँ	हाँ	हाँ	हाँ	हाँ	नहीं	हाँ	हाँ
21	**22**	**23**	**24**	**25**	**26**	**27**	**28**	**29**	**30**
हाँ	नहीं	हाँ	हाँ	हाँ	हाँ	हाँ	हाँ	नहीं	हाँ

31	32	33	34	35	36	37	38	39	40
हाँ	हाँ	हाँ	नहीं	हाँ	हाँ	हाँ	हाँ	हाँ	नहीं
41	42	43	44	45	46	47	48	49	50
हाँ	हाँ	हाँ	हाँ	हाँ	हाँ	नहीं	हाँ	नहीं	हाँ
51	52	53	54	55	56	57	58	59	60
हाँ	हाँ	हाँ	नहीं	हाँ	हाँ	हाँ	हाँ	नहीं	हाँ
61	62	63	64	65	66	67	68	69	70
नहीं	नहीं	हाँ	हाँ	नहीं	हाँ	हाँ	नहीं	नहीं	हाँ
71	72	73	74	75	76	77	78	79	80
नहीं	नहीं	हाँ	हाँ	नहीं	नहीं	नहीं	नहीं	नहीं	हाँ
81	82	83	84	85	86	87	88	89	90
नहीं	हाँ	नहीं	नहीं	हाँ	नहीं	नहीं	नहीं	नहीं	हाँ
91	92	93	94	95	96				
नहीं	नहीं	हाँ	नहीं	नहीं	नहीं				

समान आकृति परीक्षण
(Similar Figure Test)

निर्देश (प्रश्न संख्या 1 से 72) : *नीचे चार-चार प्रश्नों के समूह की आकृतियां बायीं तरफ दी गयी हैं तथा इन चार प्रश्नों में दर्शाई गयी आकृतियों की पांच प्रतिकृतियां दायीं तरफ दी गयी हैं। आपको दी गयी पांच उत्तर आकृतियों (A, B, C, D तथा E) में से उन उत्तर आकृतियों को ज्ञात करना है जो हू-ब-हू प्रश्न आकृतियों के समान हैं।*

1.  **(A)** 

2.  **(B)** 

3.  **(C)** 

4. 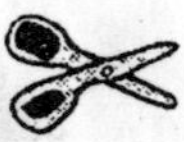 **(D)** 

(E) 

5.  **(A)** 

6.  **(B)** 

7.  **(C)** 

8.  **(D)** 

(E) 

9.  **(A)** 

10.  **(B)** 

11.  **(C)** 

12.  **(D)** 

(E) 

13.  **(A)** 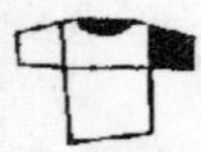

14.  **(B)** 

15.  **(C)** 

16. 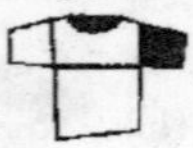 **(D)** 

(E) 

17. **18.** **19.** 

(A) **(B)** **(C)** 

20. 

(D) 

(E) 

21. 

(A) 

22. 

(B) 

23. 

(C) 

24. 

(D) 

(E) 

25. 

(A) 

26. 

(B) 

27. 

(C) 

28. 

(D) 

(E) 

29. 

(A) 

30. 

(B) 

31. 

(C) 

32. 

(D) 

(E) 

33. (A) 34. (B) 35. (C) 36. (D) (E)

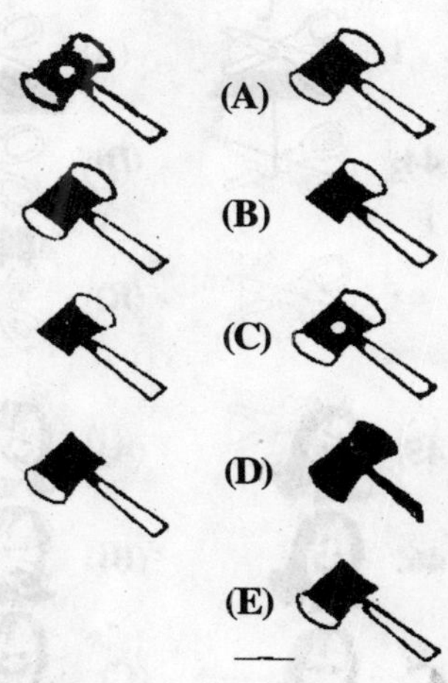

37. (A) 38. (B) 39. (C) 40. (D) (E)

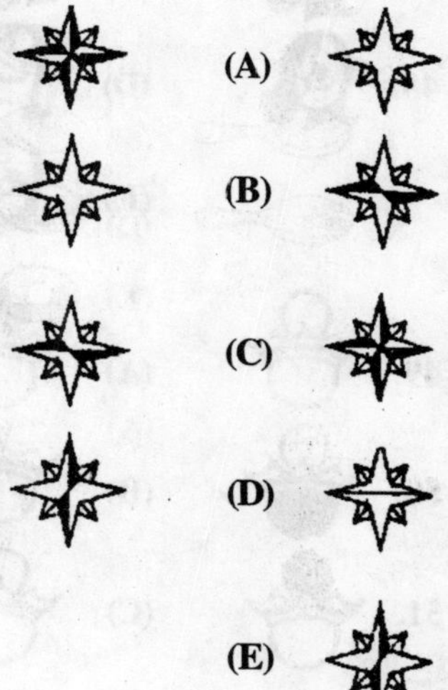

41.  (A) 

42.  (B) 

43.  (C) 

44.  (D) (E) 

45.  (A) 

46.  (B) 

47.  (C) 

48.  (D) (E) 

49.  (A) 

50.  (B) 

51.  (C) 

52.  (D) (E) 

53.  (A) 

54.  (B) 

55.  (C) 

56.  (D) (E) 

57.  (A) 

58.  (B) 

59.  (C) 

60.  (D) (E) 

61.  **(A)** 

62.  **(B)** 

63.  **(C)** 

64.  **(D)** 

(E) 

65.  **(A)** 

66.  **(B)** 

67.  **(C)** 

68.  **(D)** 

(E) 

69.  **(A)** 

70.  **(B)** 

71.  **(C)** 

72.  **(D)** 

(E) 

उत्तरमाला

1	2	3	4	5	6	7	8	9	10
B	D	A	C	B	A	D	C	B	D
11	**12**	**13**	**14**	**15**	**16**	**17**	**18**	**19**	**20**
A	C	C	D	B	A	C	D	A	B
21	**22**	**23**	**24**	**25**	**26**	**27**	**28**	**29**	**30**
C	A	D	B	B	A	E	C	B	C
31	**32**	**33**	**34**	**35**	**36**	**37**	**38**	**39**	**40**
A	E	C	A	B	E	C	A	B	E
41	**42**	**43**	**44**	**45**	**46**	**47**	**48**	**49**	**50**
D	C	A	B	C	A	B	E	C	D
51	**52**	**53**	**54**	**55**	**56**	**57**	**58**	**59**	**60**
A	B	C	D	B	A	B	E	A	C
61	**62**	**63**	**64**	**65**	**66**	**67**	**68**	**69**	**70**
C	E	A	B	B	A	E	C	C	A
71	**72**								
D	B								

Your Space